Breitenwischer | Die Geschichte des Hip-Hop

Reclam Sachbuch premium

Dustin Breitenwischer
Die Geschichte des Hip-Hop

111 Alben

Reclam

3., durchgesehene und aktualisierte Auflage

RECLAMS UNIVERSAL-BIBLIOTHEK Nr. 19677
2021, 2025 Philipp Reclam jun. Verlag GmbH,
Siemensstraße 32, 71254 Ditzingen
info@reclam.de
Umschlagabbildung: Emiliano Vittoriosi / Unsplash
Gestaltung: Cornelia Feyll, Friedrich Forssman
Druck und Bindung: Esser printSolutions GmbH,
Untere Sonnenstraße 5, 84030 Ergolding
Printed in Germany 2025
RECLAM, UNIVERSAL-BIBLIOTHEK und
RECLAMS UNIVERSAL-BIBLIOTHEK sind eingetragene Marken
der Philipp Reclam jun. GmbH & Co. KG, Stuttgart
ISBN 978-3-15-019677-9
reclam.de

Inhalt

Intro

Hip-Hop ist einer der bedeutsamsten Spielräume für den Kampf um individuelle und kulturelle Selbstermächtigung unserer Zeit. In zahlreichen gesellschaftlichen Bereichen prägt er unser Verständnis von Coolness, ästhetischem Widerstand und popkulturellem Selbstbewusstsein. Ob im Profisport oder in der Mode, im Film, Fernsehen oder in anderen Musikgenres, Hip-Hop macht seinen Einfluss seit einigen Jahrzehnten universell geltend. Hip-Hop-Musiker:innen wie Jay-Z, Kanye West, Cardi B oder Die Fantastischen Vier führen Medienunternehmen, besitzen Anteile von Sportvereinen, gestalten Modelinien, sie engagieren sich politisch in Bildungs- und Sozialreformbewegungen oder steigen in das Rennen um die US-Präsidentschaft ein. Gleichzeitig bestimmen sie schon seit Jahren die internationalen Charts. Und auf den gängigen Streaming-Plattformen produzieren sie gigantische Klickzahlen, wenn sie jene nicht sogar selbst besitzen. In der 2020 vom *Rolling Stone* veröffentlichten Liste der 500 besten Alben der Musikgeschichte ist Hip-Hop mit mehr als 60 Alben zum ersten Mal in der Geschichte dieses Kanons das am häufigsten vertretene Genre – Tendenz: steigend. Wie aber konnte diese an Jazz, Funk und der Discoszene orientierte urbane Subkultur, die in den späten 70er Jahren in den Armutsvierteln New Yorks ihre Ursprünge hatte, zu einem globalen Phänomen mit kulturellem, politischem und wirtschaftlichem Führungsanspruch werden? Welche Alben sind dafür verantwortlich, dass sich Hip-Hop im Pop-Mainstream verstetigen und sich gleichzeitig immer wieder neu als avantgardistische Sub- und Gegenkultur erfinden konnte? Und wie hält ein einzelnes Musikgenre, dessen Künstler:innen seit den Anfängen mit an Größenwahn grenzendem Selbstbewusstsein kokettieren, die ständig voranschreitende und oft spannungsreiche Heterogenisierung innerhalb der Popkultur aus, ohne sich dabei bis in die Bedeutungslosigkeit aufzureiben?

Dieses Buch erzählt entlang von 111 Alben eine Geschichte der Hip-Hop-Musik. Dabei soll ein möglichst vielfältiges und dennoch schlüssiges Bild von diesem wohl einflussreichsten Genre der internationalen Popmusik entstehen. Die Auswahl orientiert sich an etablierten Kanons, berücksichtigt dabei aber vornehmlich jene Alben, die im größeren Kontext kulturhistorischer Kommunikation entweder besondere Anschlussfähigkeit bewiesen haben oder mit einem außerordentlichen Avantgardismus bestechen. Zwar geht es hier nicht um die Nacherzählung einer wie auch immer gearteten Einfluss- oder Distinktionsgeschichte, doch es soll diesem Buch gelingen, seine Leser:innen mit einschlägigen Hörempfehlungen zu versorgen und sie dabei gleichzeitig in die Matrix einer der wichtigsten kulturellen Praktiken der vergangenen Jahrzehnte einzuführen. Es ist ein Buch für Fans und jene, die es womöglich noch werden; ein Buch für Insider:innen und Neugierige, angelegt als ein Gang durch die Hip-Hop-Geschichte mit Kopfhörern auf den Ohren.

111 Alben von 1980 bis heute

The Sugarhill Gang
Sugarhill Gang (1980)

Sugar Hill

Now what you hear is not a test
I'm rappin' to the beat
Wonder Mike in »Rapper's Delight«

Wenn die Sugarhill Gang aus den Boxen ertönt, werden in allen Ecken der Welt Hände zum Klatschen, Füße zum Hüpfen und Hüften zum Schwingen gebracht. Das von Sylvia Robinson (der »Mother of Hip-Hop«) produzierte und 1980 bei Sugar Hill Records erschienene Album *Sugarhill Gang* der gleichnamigen Gruppe hat die Hip-Hop-Musik in die internationale Popkultur katapultiert, bevor überhaupt von einer eigenständigen Hip-Hop-Bewegung die Rede sein konnte. Dabei ist zweierlei besonders hervorzuheben: Zum einen übernahm mit Sugar Hill ein u. a. von Schwarzen Produzent:innen gegründetes Label und mit Sylvia Robinson eine Frau die Pionierarbeit im kommerziell erfolgreichen Hip-Hop; zum anderen wurde mit »Rapper's Delight« ein Track ins noch unerprobte Feld geführt, der es vermochte, das Beliebte (den Disco-Sound) mit dem Neuen (dem Rap) so zu verbinden, dass Hip-Hop nicht mit einem radikalen Bruch aufwarten musste, sondern geschmeidig erste Gehversuche unternehmen durfte. (Mit dem zwei Jahre später ebenfalls bei Sugar Hill erschienenen *The Message* von Grandmaster Flash & The Furious Five durfte er sich dann zumindest textlich schon etwas kratzbürstiger zeigen.) Wenngleich die Musik von *Sugarhill*

Gang also im Grunde den Konventionen der Disco-Musik folgt, das Album mit seinen nur sechs Tracks verhältnismäßig kurz ist und es neben »Rapper's Delight« und seinem berühmten »I said a hip-hop, the hippie, the hippie / To the hip, hip-hop and you don't stop« keine weiteren Highlights vorweisen kann, vermochten es die Mitglieder der Sugarhill Gang, den neuartig ›gerappten‹ Sprechgesang zu einer anerkannten musikalischen Kommunikationsform zu machen. Mit *Sugarhill Gang* war der Anfang gemacht: Hip-Hop begann, die Welt zu erobern.

Zum Weiterhören: *8th Wonder* (1981)

Grandmaster Flash & The Furious Five
The Message (1982)

Sugar Hill

Broken glass everywhere
People pissin' on the stairs, you know they just don't care
Grandmaster Melle Mel in »The Message«

Nachdem die Sugarhill Gang ein stattliches Stück Hip-Hop aus dem Disco-Marmor der späten 70er Jahre gehämmert hatte, gewährten Grandmaster Flash & The Furious Five der Popwelt einen ersten Einblick in den rauen Mikrokosmos dieses neuen Musikgenres: die Straße. Mit *The Message* gab die Hip-Hop-Kultur der Popmusik zu verstehen, dass sie mehr zu geben hatte als schwingende Hüften und ein loses Mundwerk. Hip-Hop präsentierte sich fortan (auch) als eine subversive Gegenkultur mit ›Botschaft‹, die sich aus der Armut und sozialen Ausgrenzung ihrer Protagonist:innen speiste und mithilfe deren die Musiker:innen symbolisches und politisches Kapital akkumulieren wollten. Im harmonischen Miteinander von exaltiertem Glamour und exaltierter Härte wurde der Mythos einer unbedingten *Realness* geboren, einer gleichermaßen wirkungsmächtigen und kompromisslosen Wahrhaftigkeit in Text, Sound und Performance, die Hip-Hop zu einem Modephänomen und einer quasi-missionarischen Widerstandsbewegung im Kampf gegen bedeutungslosen Oberflächenplastikpop stilisierte. Und so tritt das bei Sylvia Robinsons Label Sugar Hill erschienene Debütalbum der furiosen New Yorker vom ersten Takt an mit dem Selbst- und Sendungsbewusstsein einer sozialkritischen Pionierarbeit auf. Zum einen zeigt sich diese in dem vollkommen neuen und von Grandmaster Flash perfekt beherrschten Spiel mit den Plattentellern und der Erzeugung von Breakbeats, zum anderen in der politischen Sprengkraft der teilweise nicht mehr discofreundlichen Texte. Die Hauptbotschaft: Hier geschieht auf allen Ebenen etwas noch nie Dagewesenes. Mitreißend wie ein Bee-Gees-Track und aufrührerisch wie eine Rede von Malcolm X schepperten Tracks wie »The Message« oder »It's a Shame (Mt. Airy Groove)« fortan aus den Boomboxen und Fernsehgeräten des Kalten-Krieg-Westens. In Lederhosen und Lederkappen, Nietengürteln und -armbändern, Baseballcaps, Paillettenhemden und Cowboystiefeln gekleidet und mit der zarten Naivität der Jackson Five und der poprevolutionären Kraft des Motown-

Sounds im Rücken war die Gruppe ein völlig neues ästhetisches Großereignis. Mit *The Message* braute sich ein Sturm über der Popmusik zusammen. Der Rest ist Geschichte. Jene Geschichte, die in diesem Buch erzählt wird.

Zum Weiterhören: Grandmaster Flash, *The Official Adventures of Grandmaster Flash* (2002)

Afrika Bambaataa & The Soulsonic Force
Planet Rock – The Album (1986)

Tommy Boy / Warner Bros.

In den frühen 2010er Jahren wurde der Hip-Hop-Pionier Afrika Bambaataa von mehreren Männern beschuldigt, ihnen sexuell, emotional und psychisch Gewalt angetan zu haben, als sie schutzbedürftige Kinder und Jugendliche waren. Bambaataa wies die Anschuldigungen zurück, soll seither aber unauffindbar untergetaucht sein. Unterdessen scheinen sich die Vorwürfe zu verhärten und so wird an dieser Stelle auf eine würdigende Besprechung von *Planet Rock – The Album* von Afrika Bambaataa & The Soulsonic Force verzichtet.

Es mag sich angesichts dieser Geschehnisse als zynisch herausstellen, dass Bambaataa die Hip-Hop-Kultur als positive, kreative und sozialreformerische Kraft verstanden wissen wollte. Er verschrieb sich dem Kampf gegen soziale Ungleichheit und rassistisch motivierte Marginalisierung und gründete mit anderen New Yorker Straßengang-Mitgliedern in den 70er Jahren die afrozentrische *Universal Zulu Nation*, eine Art paramilitärisch organsierte Sozialarbeitermiliz, die u. a. mit Partys, Essensausgaben und Kinderbetreuung in unterprivilegierten Nachbarschaften Ordnung und Perspektiven schaffen wollte. In der Logik von Grandmaster Flash & The Furious Fives *The Message* sollte Hip-Hop nicht nur Party-Pop, sondern politische Intervention sein. Ausgelassenheit und Selbstdisziplinierung sollten sich nicht gegenseitig ausschließen, und so gab Bambaataa der Hip-Hop-Kultur ihren ganz eigenen Moralkodex, dessen Dogmen fortan die Kultur von der Bronx bis nach Heidelberg prägten.[1] Die vier Säulen des Hip-Hop – MCing, Breakdance, Graffiti und DJing – wurden von Bambaataa und seinen Getreuen um eine fünfte ergänzt: *Knowledge*. Frei nach dem Motto »Wissen ist Macht« setzen die Zulus auf Selbstbestimmung, Eigenverantwortung und gemeinschaftliche Solidarität. In diesem Kampf um kulturelles, soziales, politisches und ökonomisches Wissen erschien Bambaataa mit geradezu gottgleicher Omnipotenz und machte sich zum Epizentrum einer die Welt auf Jahrzehnte hin erschütternden Sub- und Gegenkultur. Womöglich aber wird er als einer jener Menschen in die Geschichte eingehen, die ihre Macht und ihren Einfluss zum Schaden anderer ausnutzten.

1 Die Zulu Nation ist bis heute aktiv und mittlerweile eine international agierende Gemeinschaft. Beispielsweise gehört die Heidelberger Gruppe Advanced Chemistry zu den ersten und bekanntesten deutschsprachigen Hip-Hopper:innen, die Mitglieder der Zulus wurden.

Run-D.M.C.
Raising Hell (1986)

Profile

This speech is my recital, I think it's very vital
Run in »It's Tricky«

Nachdem die Sugarhill Gang sowie Grandmaster Flash & The Furious Five den Hip-Hop erfolgreich in die Popwelt entlassen hatten, entwuchs er Mitte der 80er Jahre nicht nur seinen Kinderschuhen, sondern tauschte sie selbstbewusst gegen ein Paar Adidas Superstars ein. Mithilfe des unwahrscheinlichen, aber umso kongenialeren Produzententeams Russell Simmons (Bruder des Rappers Run) und Rick Rubin sowie ihres Pionierlabels Def Jam Recordings wurde die New Yorker Gruppe Run-D.M.C. (oder auch Run DMC) zum Epizentrum der ersten Professionalisierung und Kommerzialisierung des Hip-Hop. Rubin gründete Def Jam Recordings noch als Schüler. Nachdem DJ-Legende Jazzy Jay ihn Anfang der 80er Jahre zum Hip-Hop gebracht hatte und er kurze Zeit später Simmons kennenlernte, begann die unvergleichliche Erfolgsgeschichte des Labels, das mit LL Cool J, den Beastie Boys und Run-D.M.C. umgehend Speerspitzen der noch jungen Musik im Popgeschäft etablierte. Die Gruppe um den DJ Jam Master Jay und die beiden Rapper Run und D.M.C. hatte sich mit ihren ersten beiden Alben *Run-D.M.C.* (1984) und *King of Rock* (1985) bereits nachdrücklich als international einflussreiche Stimme dieses noch jungen Pop-Genres gefestigt, doch fanden sie vollends erst mit *Raising Hell* und Tracks wie »My Adidas«

oder dem oben zitierten »It's Tricky« in ihren ureigenen Sound, in dem gleichermaßen schwungvoll rhythmisierte und aggressiv geschmetterte Raps und schlaghammerartig wummernde Drum-Beats eine bis dahin ungehörte und, man möchte sagen, unerhörte Symbiose eingingen. Hip-Hop hatte sich vom Disco-Sound der 70er Jahre gelöst und beschallte nun mit kompromisslosen Drum-Computereffekten die schmuddeligen Straßen der Großstädte. Aber es waren Run-D.M.C., die genau diesen Sound von den Straßen ins weltweit sichtbare Flackerlicht des Musikfernsehens überführten. Das Selbstbewusstsein der Gruppe war grenzenlos, und *Keepin' it real* hin oder her: Run-D.M.C. verstanden, dass auch Hip-Hop in der selbstbezüglichen Logik des Pop einen Eventcharakter entwickeln und dass sich eine Gruppe als Marke positionieren muss, um den knallharten Gesetzen des Musikgeschäfts standhalten zu können und keine Existenz im finanzschwachen Untergrund fristen zu müssen. Einer Uniform ähnlich, waren sie meist in schwarze Trainingsanzüge, Hüte, verspielt große Goldketten und die immer gleichen weißen, schnürsenkellosen Sneakers gekleidet und verkörperten so die Coolness und das Selbstverständnis der afroamerikanischen Jugend in der Reagan-Ära. Und sie machten *Raising Hell* zum Ausdruck eines Hip-Hop, der sich selbst nicht genug sein, sondern in Kommunikation mit der ihn umgebenden Popmusik treten wollte. Lange bevor Jay-Z eine Mashup-EP mit Linkin Park aufnahm (*Collision Course*, 2004) und Mainstream-Hip-Hop sich als Musik verstand und vermarktete, deren Künstler:innen ihre Fühler in alle Pop-Genres und Fangruppierungen ausstreckten, kam es auf *Raising Hell* zu einer der witzigsten und im Endeffekt sogar gelungensten Hip-Hop-

Rock-Kollaborationen aller Zeiten, dem Remake des Songs »Walk This Way« von und mit Aerosmith. Der Track war für beide Gruppen ein Wagnis, das sich auszahlen sollte – und er wäre wohl ohne die Zusammenarbeit der bereits erwähnten Produzenten Simmons und Rubin undenkbar gewesen. Das Ergebnis: ein Beat und ein Gitarrenriff für die Ewigkeit. Und obwohl es sicherlich ein Segen für alle Hip-Hop- und Rockfans ist, dass es nicht sehr viel mehr dieser Kollaborationen gab, ist es ein großes Glück für die Popmusik, dass es zu *ebendieser* kam.

2002 wurde Jam Master Jay in seinem Studio erschossen, die Gruppe löste sich offiziell auf, und die Ära von Run-D.M.C. endete tragisch, wie es im Hip-Hop leider viel zu häufig vorkommt.

Zum Weiterhören: *Run-D.M.C.* (1984); *Tougher than Leather* (1988)

Beastie Boys
Licensed to Ill (1986)

Def Jam / Columbia

Your mom busted in and said, ›What's that noise?‹
Aw, Mom, you're just jealous. It's the Beastie Boys!
»Fight For Your Right«

Jetzt gibt's was auf die Ohren! So viel war klar, als die Beastie Boys nach einer kurzen Karriere als Untergrundpunkband

The Young Aborigines das grelle Licht der Hip-Hop-Bühne erblickten. Die Gruppe begann bereits Anfang der 80er Jahre mit Rick Rubin, dem Überproduzenten in spe, als DJ zusammenzuarbeiten, so dass es nur folgerichtig war, dass sie nach Rubins und Russell Simmons' Gründung von Def Jam Recordings (auf die im vorigen Eintrag zu Run-D.M.C.s *Raising Hell* näher eingegangen wird) ihren ersten Plattenvertrag als Hip-Hop-Gruppe unterschrieben. Geschickt stellten sich die drei New Yorker Mike D, Ad-Roc und der 2012 verstorbene MCA in den Windschatten der Kollegen von Run-D.M.C. und waren zu Beginn ihrer Hip-Hop-Karriere so etwas wie deren eigenwilliges (weil punkiges und irgendwie nerdiges, weißes) Gegenbild, aber in keiner Weise deren Abklatsch. Rubin schnappte sich die drei jüdischen Bengel und machte sich einen unwahrscheinlichen Spaß daraus, die eigene Arbeit am nur einige Monate zuvor erschienenen *Raising Hell* noch zu überbieten. Mit den Beasties schuf er einen Sound, dessen ästhetische Sprengkraft sich in erster Linie aus Anarchie, Unkonventionalität und Aufruhr speiste. Provokativ, ironisch und vor allem *laut* haben die Beastie Boys wie keine Gruppe vor oder nach ihnen nicht nur sprichwörtlich, sondern hörbar den Punk in den Hip-Hop gebracht und so eine Musik geschaffen, die nie moderat war und sich stets dem modernistischen Diktat des Neuen verschrieben hat. Bei den Beasties werden Verse nicht mehr gerappt, sondern gebrüllt, Drum-Effekte nicht einfach gesetzt, sondern mithilfe des berühmten 808-Drum-Computers an die Grenzen des Zerschmetterns hingeworfen, und Melodien und Harmonien werden sich durch kreischende E-Gitarren fast schon selbst unkenntlich. Es genügt, die ersten 30 Sekunden des eröffnenden Tracks »Rhymin & Stealin« zu hören, um zu verstehen, wie originell der Beastie-Sound ist. Ein kurzes Scratchen, bretthartes Schlagzeug, wieder ein Scratchen und dann – lauthals geschrien – der erste Vers: »Because mutiny on the Bounty is what we're all about.« Bam! Zapp! Da habt ihr's, Suckers! Hier werden keine Gefangenen genommen, eher wird das Schiff zum Sinken gebracht. Hier rappen drei, die zumindest so tun, als hätten sie nichts zu verlieren außer ihren Humor. Und dazu immer wieder Drums, Drums, Drums, die nie um die Ecke gedacht sind und dennoch brutal außergewöhnlich sind. Ohnehin gibt es bei den Beasties keine unüberbrückbare Kluft zwischen genialischem Wahnsinn und naiv-leichtem Kinderspiel, zwischen komplexen Soundkaskaden und simplen Taktloops. Die Beastie-Ästhetik ist ein nachdrücklich arroganter Tanz auf dem Drahtseil. Der mögliche Absturz ist Teil des Appeals und einer perfekt (in diesem Falle von Rick Rubin) abgestimmten und kalkulierten Choreographie des Anarchischen. Auch darin waren sie wegweisend für nicht minder grenzgängerische Musiker:innen wie Eminem. Nach seiner Veröffentlichung erklomm *Licensed to Ill* als erstes Hip-Hop-Album Platz 1 der US-amerikanischen Billboard-Charts – was wohl nicht zuletzt auch daran lag, dass sie eben keine Schwarzen Hip-Hopper waren und in einer von Vorurteilen bestimmten Gesellschaft symptomatisch eine breitere Hörerschaft ansprachen. Im Hip-Hop selbst wurden sie hingegen noch längst nicht von allen vollends ernst genommen. Zahlreiche Alben später gab es aber keine Zweifel mehr: Diese drei schwer erziehbaren Punks gehören zum Besten, das je seinen Weg in den Hip-Hop gefunden hat. Das kann man gerne in die Welt hinausschreien.

Zum Weiterhören: *Paul's Boutique* (1989); *Check Your Head* (1992); *Ill Communication* (1994); *Hello Nasty* (1998)

Salt-N-Pepa
Hot, Cool & Vicious (1986)

Next Plateau

> C'mon girls, let's go show the guys that we know
> How to become number one in a hot party show
> *»Push It«*

Lange bevor TLC Mitte der 90er Jahre *crazy, sexy* und *cool* durch den Grenzbereich zwischen R'n'B und Rap zogen, waren Salt-N-Pepa bereits *hot, cool* und *vicious*. In einer Kultur, in der von Beginn an nicht nur Männer, sondern mit ihnen Misogynie und Sexismus den Ton angaben, galt es für eine rein weibliche Band zunächst einmal, sich zu behaupten. Und der Weg zur Selbstbehauptung führte auch im Falle von Salt-N-Pepa am schnellsten über die Provokation. Noch bevor die drei New Yorkerinnen Salt, Pepa und DJ Latoya Hanson (ab 1987 DJ Spinderella) die Popwelt 1991 aufforderten, über Sex zu reden, wirbelten sie mit lasziv-progressiven, also gleichermaßen anrüchigen und aufrührerischen Tracks wie »Push It«, »Tramp« oder »I'll Take Your Man« den Staub in den von Machismen durchzogenen Plattenregalen auf. Geradezu organisch schlug die Musik Salt-N-Pepas die Brücke zwischen ungeschminktem Hip-Hop-Sprech und einem Tanzpartys zum Durchdrehen bewegenden Pop-Sound. Die kulturelle Ausnahmestellung der drei Pionier:innen ist kaum zu überschätzen, sind sie doch gleichermaßen verantwortlich für die Weiterentwicklung und kritische Selbstreflexion des Hip-Hop und die Initiation weiblicher (genauer: Schwarzer weiblicher) Stimmen, Perspektiven und – insbesondere – Politik innerhalb des noch jungen Musikgenres. (An dieser Stelle muss jenseits von *Hot, Cool & Vicious* der 1995 erschienene und Dr. Dre persiflierende Track »Ain't Nuthin' But a She Thing« erwähnt werden.) Dabei standen Salt-N-Pepa dem ›klassischen‹ Feminismus der 70er und 80er Jahre skeptisch gegenüber, wie insbesondere Tricia Rose in ihrer ebenfalls als Pionierarbeit zu bezeichnenden Studie *Black Noise* (1994) verdeutlicht. Die Gruppe wurde zwar berühmt für ihre bewusst politischen, weil grenzgängerisch provokativen Texte und Musikvideos, in denen die drei Musikerinnen regelmäßig neue Möglichkeiten suchten, selbstbewusste Weiblichkeit zu inszenieren und klischeehafte Repräsentationen von (Schwarzen) Frauen zu bekämpfen – im Englischen würde man von *sex positivity* sprechen. Damit wandten sie sich jedoch nicht an den Feminismus einer vornehmlich weißen, akademischen Mittel- und Oberschicht, sondern suchten mithilfe von Drum-Computern, Synthie-Sounds und schmuddeligen Texten auch den (wenn auch konfrontativen) Dialog mit einer ihrerseits von Ausgrenzung und kulturellen Klischees überfrachteten Hip-Hop-Männerwelt. Denn der Kampf, den Musiker:innen wie Salt-N-Pepa, aber auch Queen Latifah oder MC Lyte, zu kämpfen hatten, war ein doppelter, der gleichzeitig gegen die Hegemonie des Patriarchats und einen ebenso die männlichen Musiker affizierenden Rassismus geführt werden musste.

Kaum vorstellbar ist der Spagat, den Schwarze Künstlerinnen nicht zuletzt in der Popwelt nach wie vor zu meistern haben. Salt-N-Pepa gelang er bereits 1986 mit dem Debütalbum. Und dies nicht nur *crazy, sexy* und *cool*, sondern unverhohlen *hot, cool* und *vicious*.

Zum Weiterhören: *A Salt with a Deadly Pepa* (1988); *Blacks' Magic* (1990)

Eric B. & Rakim
Paid in Full (1987)

4th & Broadway

It can be done, but only I can do it
For those that can't dance, just clap your hands to it
»I Know You Got Soul«

Es heißt, Eric B. & Rakim hätten gerade einmal eine Woche benötigt, um ihr Debütalbum *Paid in Full* in den New Yorker Power Play Studios aufzunehmen. Unvorstellbar, selbst wenn man bedenkt, dass die meisten Texte bereits vorverfasst und die Beats und Samples vorkomponiert waren. Unvorstellbar aber nur so lange, bis man hört, wie intuitiv gut DJ Eric B. und sein MC Rakim sind. Hier und da muckt das Album zwar etwas – hier ein Vers, der nicht haargenau auf den Takt passt, da ein Sample, das etwas hölzern in den Beat fällt –, doch man spürt, dass es den beiden Künstlern gar nicht um das perfekte Ausbalancieren von Nuancen geht, sondern um eine Revolution des großen Ganzen: Hip-Hop soll ab sofort so klingen, wie Eric B. und Rakim es verlangen. Basta! Es mag diesem kulturrevolutionären Anspruch vielleicht sogar gedient haben, dass Eric B. und Rakim keine Jugendfreunde, sondern eine kurz vor der Aufnahme von *Paid in Full* zusammengeführte Zweckgemeinschaft waren. Eric B. wollte eine Hip-Hop-Platte aufnehmen und suchte einen MC. Über Umwege stieß er auf Rakim, der zwar mit Hip-Hop vertraut war, aber eigentlich den Wunsch hegte, Quarterback im Football zu werden. Letztlich ließen sich der DJ und der MC aufeinander ein und machten im wahrsten Sinne das Beste daraus: das schillerndste Album im Golden Age of Hip-Hop. *Paid in Full* wurde zum Teil in Marley Marls privatem Studio aufgenommen. Marley Marl war bereits in den 80er Jahren eine Radio-DJ-Legende und Gründungsmitglied der legendären Juice Crew, die zum Sprungbrett für Musiker wie MC Shan, Biz Markie, Masta Ace und Big Daddy Kane wurde und den frühen Hip-Hop über Jahre geprägt hatte. In diesem kreativen Umfeld also entstand das Debütalbum von Eric B. & Rakim. Und es wurde schnell zum besten Beweis dafür, dass Hip-Hop nicht nur eine Kooperations-, sondern wahrlich eine Wiederverwertungskultur ist. Und damit ist nicht allein der kongeniale Einsatz von James-Brown-, Funkadelic-, und Jackson-Five-Samples gemeint. Es gibt darüber hinaus kaum eine Hip-Hop-Platte, deren Beats und Rhymes in den Folgejahren für derart viele Samples, Scratches und Cuts im internationalen Hip-Hop herhalten musste wie *Paid in Full* selbst. Und während Eric B.s Rolle in der Erfolgsgeschichte der Combo zwar keineswegs zu unterschätzen ist, ist da vor allen Dingen Rakim, dieser im

Hip-Hop bis heute fast alle überragende MC. Mit gerade einmal 19 Jahren zeigt er sich als lyrischer Großmeister mit einem außerordentlichen Gespür für den Effekt mühelos ineinanderfließender Enjambements. Als könne er nur in Versen denken und sprechen, setzt Rakim Zeile für Zeile derart selbstverständlich in Beziehung, dass man meinen könnte, seine Texte wären gerade nicht das Resultat aneinandergefügter Reimketten, sondern immer schon aus sich herauswachsende Organismen. Er ist ein Ästhet, der auf Inhalt und Form besteht und sich dem klischeehaften Diktat prahlerischer Hip-Hop-Performances konsequent verweigert. Diese Konsequenz macht seinen Rap zu einem metaphysisch anmutenden Spektakel, in dem er mit jedem Vers erkennen lässt, dass er im Herzen immer ein Jazzer geblieben ist, dem das Saxophon John Coltranes näher ist als der Sprechgesang eines Kurtis Blow. Eric B. hatte das große Los gezogen, als er sich dafür entschied, seine Mainstream-Karriere als DJ an den Rap des zunächst zögerlichen Rakim zu binden. Mit *Paid in Full* brach das Duo mit dem Drum-Machine-Stakkato-Rap-Einerlei seiner Zeit und schenkte dem Hip-Hop den *Flow*.

Zum Weiterhören: *Follow the Leader* (1988); Rakim, *The 18th Letter* (1997)

Ice-T

Rhyme Pays (1987)

Sire

6 in the morning, police at my door
Fresh Adidas squeak across the bathroom floor
»6 'N the Mornin'«

Crime pays, ›Kriminalität zahlt sich aus‹. So lautet die Devise in einer von Zynismus zerfleischten Welt, in der man schlicht selbst schuld ist, wenn man versucht, sich mit einem rechtschaffenen Leben über Wasser zu halten. Das schnell verdiente Geld findet sich andernorts, und zwar im undurchsichtigen Bereich des Illegalen. Aber, so mag man tröstend entgegensetzen, auch die Produktion eines Hip-Hop-Albums kann sich bezahlt machen, sollte man das nötige Talent für Sprechgesang haben. Zudem bietet gerade der Hip-Hop seinen Künstler:innen die besondere Möglichkeit, die eigene, oftmals von Kriminalität und ihren juristischen Konsequenzen geprägte Erfahrungswelt musikalisch zu verarbeiten, um daraus wiederum völlig legal Profit zu schlagen: *Rhyme pays* lautet dann die Devise, und im noch jungen Hip-Hop der 80er Jahre wusste dies kaum jemand so gut für sich zu nutzen wie der in Los Angeles aufgewachsene Ice-T. Mit ihm zogen der brandgefährlich anmutende Gangster und der faszinierend *smoothe* Zuhälter, der sogenannte *Pimp*, in den Hip-Hop ein. Während Eric B. & Rakim sich im weit entfernten New York daranmachten, den Hip-Hop-Sound zu revolutionieren und ihm den Disco-Muff früher Jahre auszutreiben, machte Ice-T den hybriden Typus des urbanen Soziopathen zur kulturellen Kontrastfolie in einer Welt, in der eine kaum mehr zu bändigende Wirtschaft die soziale Ungleichheit und die urbane Ghettoisierung unverhältnismäßig befeuerte. Dabei war der Gangster-Pimp Ice-Ts eine gleichermaßen authentische und durch und durch stilisierte Figur, die sich modisch, habituell und ohne viele Umschweife in das prüdere Arsenal poptauglich frisierter Figuren einfügte. In einer optisch und musikalisch ansprechenden Mischung aus Blaxploitation- und Gangbanger-Ästhetik feierte Ice-T in einer sich an Sexismus und Hypermännlichkeit labenden Kultur das transgressive Moment, das die Verschränkung von Kriminalität und Kunst der Popkultur bereitet. Vor dem Hintergrund einfacher, aber keineswegs einfältiger Beats, kalifornisch leichter Melodien und mithilfe einer Stimme, die so geölt dahingleitet wie der Pferdeschwanz des Rappers, geht es in *Rhyme Pays* in jedem Track darum, der hässlichen Wahrheit der Straße mit einer gewissen Eleganz zu trotzen und ein wenig Glamour und Extravaganz in eine in der Außenwahrnehmung gänzlich von Glamour und Extravaganz befreite Lebenswelt zu bringen. Ice-T verschreibt sich kompromisslos dem Verdikt, Kriminalität zahle sich aus, und übersetzt es in einen Hip-Hop-Sound, der zum einen dem knallharten Guerilla-Stil von N.W.A und der selbstironischen Player-Inszenierung eines Big Daddy Kane den Weg ebnen sollte und dabei zum anderen mit einer Offenheit bestach, die Genregrenzen obsolet und den fulminanten Crossover-Thrash-Metal-Rap von seiner Gruppe Body Count möglich werden ließ.

Zum Weiterhören: *O. G. Original Gangster* (1991); Body Count, *Body Count* (1992)

EPMD

Strictly Business (1988)

Fresh

Relax your mind, let your conscience be free
And get down to the sounds of EPMD
Erick Sermon in »You Gots to Chill«

Ein Jahr nachdem Eric B. & Rakim mit *Paid in Full* den Hip-Hop in den Grenzbereich eines erhöhten ästhetischen Anspruchs getrieben hatten, gaben EPMD ihm mit ihrem Debütalbum den letzten Stoß. Dabei ging es den beiden Rappern Erick Sermon und Parrish Smith (die ihrem Crewnamen entsprechend angetreten sind, um Kohle zu machen: EPMD = Erick and Parrish Making Dollars) nicht um künstlerisches Kleinklein, sondern *Strictly Business*. Und das Geschäft wird am ehesten dadurch belebt, dass man der Musik unverhoffte Impulse gibt. Auch EPMD ließen den lieblichen Disco-Sound der frühen 80er Jahre deutlich hinter sich und speisten ihren samplelastigen Hip-Hop mit den Klängen progressiver Rockmusik. Das Ergebnis war ein funky Mix aus pumpenden Beats, groovigen Riffs und herzerfrischendem Party-Rap. *Strictly Business* ist eine jener besonders nachdrücklichen musiktherapeutischen Interventionen, die dem Hip-Hop Ende der 80er Jahre seine Kinderkrankheiten nahmen. Und der eine oder andere Dollar dürfte für EPMD auch abgefallen sein.

Zum Weiterhören: *Unfinished Business* (1989)

MC Lyte
Lyte as a Rock (1988)

First Priority Music / Atlantic

Lyte as a rock, or should I say a boulder
Rolling down your neck, pounding on your shoulders
»Lyte as a Rock«

Im Golden Age beschleunigte Hip-Hop immer aggressiver auf der popkulturellen Überholspur. Hip-Hop war jung, hungrig und hatte noch unzählige Meilensteine und Nova vor sich. In diesen Möglichkeitsraum unverhoffter Entwicklungen trat MC Lyte. Mit gerade einmal siebzehn Jahren war die gebürtige New Yorkerin nicht nur die jüngste, sondern überhaupt die *erste* weibliche Rapperin, die ein Soloalbum veröffentlichte. Konsequent mäandernd zwischen pumpendem Party-Rap, aufmüpfigem Battle Rap und feministischem Conscious Rap ist das Album das Werk eines Wunderkinds, das bereits besonders sensible Sensoren für die Bedürfnisse seiner Kultur ausgebildet hatte und in den im weiblichen Rap noch nicht besetzten Bereich zwischen Salt-N-Pepas lasziv-aufrührerischem und Queen Latifahs aktivistisch-politischem Hip-Hop trat. MC Lyte half mit ihrem Debüt aber nicht nur dabei, weiter Licht ins Dunkel dieses von Männern und Stereotypen dominierten Musikgeschäfts zu bringen: *Lyte as a Rock* besticht mit einer ganz eigenen Schwerkraft und ist insofern wahrlich kein Leichtgewicht. Denn während Eric B. & Rakim dem Hip-Hop den *Flow* gaben, bescherte MC Lyte ihm eine ordentliche Portion *Freshness* und hatte nicht zuletzt mit einem der wichtigsten Diss-Tracks aller Zeiten, dem oft zitierten und gesampelten »10 % Dis«, ihren unumstrittenen Anteil daran, das Ansehen und das Selbstverständnis dieser schon bald als Goldenes Zeitalter in die Geschichte eingehenden Ära des Hip-Hop ordentlich aufzubürsten.

Zum Weiterhören: *Ain't No Other* (1993)

N.W.A

Straight Outta Compton (1988)

Ruthless/Priority

As I leave, believe I'm stompin'
But when I come back, boy, I'm comin' straight outta
Compton

Ice Cube in »Straight Outta Compton«

Seit dem Ende der 80er Jahre hat kaum ein Album die Welten dies- und jenseits der Hip-Hop-Kultur derart auf den Kopf gestellt wie *Straight Outta Compton* der aus Los Angeles stammenden Gruppe N.W.A. Mit ihrem ersten – finanziell erfolgreichsten und kulturhistorisch nachhaltigsten – Studioalbum präsentierten die Rapper, Musiker, DJs und Produzenten Ice Cube, Eazy-E, MC Ren, Arabian Prince, Dr. Dre und DJ Yella einen Hip-Hop, der zwar nicht das Ende der Jheri Curls (jener so beliebten Dauerwellenfrisur), wohl aber das des Disco-Hip-Hop besiegelte und so den Straßenrap in noch unbekannte Gefilde zu lotsen wusste. Dabei erscheint *Straight Outta Compton* beim ersten (und womöglich auch beim zweiten, dritten und vierten) Hören kaum mainstreamfähig. Harte, zum Teil hektisch pumpende Beats, schrille, den Funk zitierende, ihn aber gleichzeitig verzerrende Melodien und wie von Steroiden befeuerte und durch die Lautsprecher peitschende Stimmen untermalen und befördern Texte, die noch heute nicht nur ob ihrer lyrischen Finesse imponieren, sondern die aufgrund ihrer ungeschminkten Gewaltdarstellungen und ihres brutalen Realismus erschüttern. Allein eine Liste ausgewählter Tracktitel drückt aus, in welch einem popkulturellen und gesellschaftlichen Grenzbereich sich das Album bewegt: »Fuck tha Police«, »Gangsta Gangsta«, »Parental Discretion Iz Advised«, »Dopeman«. Mit einer in Vortrag und Musik bis dahin nie dagewesenen Aggressivität und mit Texten, in denen sich die Schrecken urbaner Gewalt und der von Gangs dominierte Drogenhandel fast schon physisch Raum nehmen, sicherten sich N.W.A aber nicht nur einen eigenen Platz in der Hip-Hop-Landschaft. Mehr noch begründete die Gruppe ein völlig neues Genre, den sogenannten Gangsta Rap, mit dessen Hilfe N.W.A in Tracks wie »Straight Outta Compton« oder eben »Fuck tha Police« nicht nur die Hip-Hop-Welt auf den Kopf gestellt, sondern die USA der ersten Post-Reagan-Jahre nachhaltig aufgerüttelt und verunsichert haben. (Weiße) Politiker, (weiße) Eltern und (weiße) Medienvertreter:innen zeigten sich schockiert über die Art und Weise, in der N.W.A ihr Recht auf Meinungs- und Kunstfreiheit ausdrückten; und während eines Konzerts in Detroit, Michigan, im Jahr 1989 stürmten Polizisten (der Legende nach) fast die Bühne, als die Gruppe sich spontan dafür entschied, entgegen vorherigen Absprachen »Fuck tha Police« live zu spielen. *Straight Outta Compton* war, ist und bleibt ein kalkulierter Skandal, den N.W.A von Beginn an zu steuern wussten, um dem Album und sich selbst die größtmögliche Aufmerksamkeit zu sichern. Und dennoch: so schnell wie die selbsternannten »Ni**az Wit Attitudes« (dafür steht die Abkürzung N.W.A) die Dynamiken der Popwelt durchschaut und für sich zu nutzen gewusst hatten, so rasch sollte sich die Band in diesen Dynamiken verlieren und an ihnen zerschellen. Denn obgleich die Verkaufszahlen des Albums durchaus zu beeindrucken wussten und den Crewmitgliedern die maximale mediale Aufmerksamkeit zuteilwurde, ergingen sie sich unmittelbar nach Erscheinen von *Straight Outta Compton* in Streitereien, Missgunst und in Zerwürfnissen mit dem Management. Es ist ein Glück, dass die Gruppe dem Hip-Hop zuvor (und auch noch vor dem frühen Aids-Tod von Eazy-E im Jahr 1995) dieses eine besonders wichtige Album beschert hat. Denn trotz aller Kontroversen und all jener sexistischen und misogynen Passagen, an denen es auch diesem Hip-Hop-Album nicht mangelt, ist *Straight Outta Compton* ein Paradebeispiel dafür, welche Widerstandskraft ein Musikalbum im gleichmachenden Mainstream der Popkulturmaschinerie entwickeln kann. Auch Jahrzehnte nach seinem Erscheinen – nach der millionenschweren Biopic-Verfilmung (2015, Regie: F. Gary Gray) und nachdem das Gründungsmitglied Dr. Dre u.a. durch den Verkauf von Kopfhörern zum ersten Hip-Hop-Milliardär wurde – besticht *Straight Outta Compton* noch immer dadurch, Hip-Hop-Künstler:innen wie Kendrick Lamar oder Run the Jewels ein Maßstab für eine gelungene Überblendung der politisch-sozialen und der kommerziellen Dimension von Hip-Hop zu sein.

Zum Weiterhören: Eazy-E, *Eazy-Duz-It* (1988); Ice Cube, *AmeriKKKa's Most Wanted* (1990); Dr. Dre, *The Chronic* (1992)

Public Enemy
It Takes a Nation of Millions to Hold Us Back (1988)

Def Jam / Columbia

The only part your body should be partyin' to
Panther power on the hour from the rebel to you
Chuck D in »Rebel Without a Pause«

25 Jahre nachdem 250 000 Bürgerrechtsaktivist:innen um Martin Luther King Jr. und John Lewis 1963 den »March on Washington« antraten und sieben Jahre bevor 1995 mehrere hunderttausend dem Ruf Louis Farrakhans folgten und sich abermals in Washington zum sogenannten »Million Man March« versammelten, um in breiter Front gegen Rassismus und *White Supremacy* zu demonstrieren, war der New Yorker Gruppe Public Enemy klar: *It Takes a Nation of Millions to Hold Us Back*. Dabei ist der Titel so vielschichtig wie die Musik dieser Hip-Hop-Urgesteine. Denn das »Us« bezieht sich freilich gleichermaßen auf die Gruppe selbst, die mit dem zweiten Studioalbum ihren Führungsanspruch in der noch jungen Hip-Hop-Kultur markiert, aber

auch auf die über Jahrhunderte unterdrückte und geschundene Schwarze Community in den USA, die sich (bis heute) täglich konfrontiert sieht mit einer Nation, die in Politik, Gesellschaft, Kultur und Wirtschaft alle Hebel in Bewegung setzt, Freiheit und Gleichheit zu verhindern. Mit Tracks wie »Bring the Noise«, »Don't Believe the Hype« und »Rebel Without a Pause« ist *It Takes a Nation of Millions to Hold Us Back* gleichzeitig großspurige Kampfansage und nüchterne Gesellschaftsanalyse, avantgardistische Provokation und Ausdruck subkultureller Frustration. Konsequent geprägt vom Gestus der Befehlsform, ist das Album so mitreißend wie widerständig. Wie ihr Westküsten-Pendant N.W.A haben Public Enemy die Zeichen der Zeit erkannt: Vor dem Hintergrund der Wirtschaftspolitik Ronald Reagans (»Reaganomics«), einer sich vornehmlich in Schwarzen Stadtvierteln ausbreitenden Crack-Epidemie und einer nicht enden wollenden Serie an Polizei- und Justizgewalt gegen Schwarze Männer verkörperte kaum eine Hip-Hop-Gruppe so nachdrücklich die von Gil Scott-Heron entworfene Maxime, man sollte bloß nicht glauben, die Revolution würde sich auf den Bildschirmen abspielen. Und was sich in Grandmaster Flash & The Furious Fives *The Message* bereits andeutete, wird bei Public Enemy offensichtlich: Hip-Hop ist immer auch eine politische Musik mit sozialreformerischem, ja, ethischem Anspruch – mag dieser auch ab und an im Gewand bretharter Straßenattitüde erscheinen. Public Enemy erklären sich zum »öffentlichen Feind«, der sich nicht versteckt, sich klar zu erkennen gibt und bereit ist für die Konfrontation. Tatsächlich geriert sich die Gruppe zum Echo des von Marvin Gaye provokativ in den Raum gestellten *What's Going On* (1971). Dabei ist der Hip-Hop von Public Enemy auch noch überaus eingängig. Das vom creweigenen Bomb Squad produzierte Album ist musikalisch eine Mischung aus subversiv verspielten Samples, kratzenden und beißenden Geräuscheffekten und jeder Menge Funk-Loops. Dazu die in Text, Stil und Sound grundsätzlich verschiedenen Raps von Chuck D und Flavor Flav, die insofern musikalisch, aber auch performativ ein eigentümliches Paar sind. Während Chuck D seine Sozialkritik in stoisch coolem Rap-Vortrag gleichzeitig formuliert, reflektiert und so bereits immer schon eine Stufe weiterdenkt, ist Flavor Flavs ganzer Auftritt eine einzige Reizüberflutung. Einem Eulenspiegel gleich springt er einen aus allen Ecken an und geht einem im emphatischen Sinne auf die Nerven. Dazu die undurchsichtigen Sonnenbrillen und die übergroße um den Hals gehängte Uhr, die bei Flav gleichermaßen Zeitmesser und Verweis auf eine tickende Bombe ist. Denn Public Enemy wissen, dass es immer und längst schon höchste Zeit war und ist. Ein Jahr nach *It Takes a Nation of Millions to Hold Us Back* folgte die wohl berühmteste Veröffentlichung der Band, die Single »Fight the Power«, der von Regisseur Spike Lee bestellte Titeltrack für seinen Film *Do the Right Thing*. Hip-Hop, dieses unerhörte Genre der Popmusik, wurde endgültig zum Sprachrohr der Ungehörten.

Zum Weiterhören: *Fear of a Black Planet* (1990); *He Got Game* (1998)

Slick Rick
The Great Adventures of Slick Rick (1988)

Def Jam / Columbia

Relax your mind, and folks unwind
And be kind to a rhythm that you hardly find
»The Ruler's Back«

So manche Hip-Hopper:innen, die beim ersten Hören wie große Erzähler:innen wirken, stellen sich im Endeffekt als Dummschwätzer:innen heraus. Da werden dann die immer selben Klischees, Worthülsen und verbalen Kraftmeiereien bedient, und vom erzählerischen Gehalt bleibt nicht mehr viel übrig. Anders im Falle von Slick Rick, der nicht wenigen als erster und einigen als nach wie vor größter Erzähler im Hip-Hop gilt. Sein Debütalbum *The Great Adventures of Slick Rick* ist eine Pionierarbeit der frühen Hip-Hop-Jahre und hat bis heute die Messlatte für viele unerreichbar hochgelegt. Im Geiste Mark Twains und dessen rotzfrechen *Adventures of Huckleberry Finn* (1884) macht sich der britisch-amerikanische Rapper Slick Rick mit Schiebermütze und Augenklappe daran, Track für Track, von »Children's Story« bis »Teacher Teacher«, die Abenteuer seiner Persona zu erzählen. Fast scheint es, als würde Slick Rick seine Hörer:innen an die Hand nehmen, um mit ihnen durch den urbanen Märchenwald seiner um Liebe, Sex, Konsum und allerlei Alltagsmomente kreisenden und teilweise tief in die Psyche vordringenden Erzählungen lustzuwandeln. Und während andere Rapper:innen ihre Disziplin als Sprint von Punchline zu Punchline definieren, kommt Slick Ricks Flow tatsächlich am ehesten einem Spaziergang, vielleicht einem gechillten Dauerlauf gleich, was noch von den außergewöhnlich stimmigen Produktionen von Public Enemys The Bomb Squad, Jam Master Jay und ihm selbst begünstigt wird. In perfekter Synchronität mit den Beats und mit charmantem britischem Akzent kommt Slick Rick nie aus der Puste, nie verliert er den Faden und behält seine Zuhörerschaft immer im Blick. Das »Let me tell you« wird bei ihm zum geflügelten Wort, denn Rappen ist für Slick Rick eine Kulturpraxis des Erzählens und Weitererzählens. Seine Verse wirft er den Hörer:innen nicht einfach nur vor. Vielmehr legt er sie ihnen kunstfertig in den Mund, indem er Plotlinien produziert und Bilder evoziert, denen es auf Kommunikation und immer weitere Zirkulation ankommt. Große Erzählkunst eben. Walter Benjamin schreibt in seinem Essay »Der Erzähler« (1936): »Erfahrung, die von Mund zu Mund geht, ist die Quelle, aus der alle Erzähler geschöpft haben.« Dieser Einsicht ist nur selten ein:e Hip-Hop-Musiker:in so gerecht geworden wie Slick Rick. Kein Wunder also, dass sein bislang letztes Album den Titel *The Art of Storytelling* (1999) trägt.

Zum Weiterhören: *The Ruler's Back* (1991)

Ultramagnetic MC's
Critical Beatdown (1988)

Next Plateau

You get the hype at the station
Promotion, I put your brain in slow motion
Like lotion, and let it float in the ocean
Kool Keith in »Ain't It Good to You«

Der breite und andauernde Erfolg von Crews wie N.W.A, Gang Starr oder Wu-Tang Clan hat den Einfluss der Ultramagnetic MC's auf die Entwicklungen im Hip-Hop bisweilen verblassen lassen. Dabei bot insbesondere das Debütalbum *Critical Beatdown* der New Yorker Gruppe um Kool Keith, Ced-Gee, TR Love und DJ Moe Love einen Fundus an grenzgenialen Rap- und Sample-Spielereien, die den Hip-Hop vom Gangsta bis zum Conscious Rap über Jahrzehnte prägen sollten. Tracks wie »Travelling at the Speed of Thought«, »Break North« mit seinem minimalistischen Bowie-Gitarrensample oder »Funky«, das bereits vor 2Pacs und Dr. Dres »California Love« (1995) mit einem virtuosen Sample von Joe Cockers »Woman to Woman« (1972) aufwartet, sind Quellen an den Nerven zerrender, elektrisch zitternder Bewusstseinsveränderungen. *Critical Beatdown* ist gleichermaßen funky und rasend. Der Sound ist konsequent groovy, entwickelt dabei aber ein solch bemerkenswertes Tempo, dass das Album beim ersten und zweiten Hören kaum fassbar ist: Ohne sich in ihren Texten mit philosophischen Tiefenbohrungen oder halbgaren Punchlines aufzuhalten, geht es um ein geradezu irres Spiel von Raps,

Beats und Cuts. Verse brechen unvermittelt den Takt auf, Reime werden über mehrere Verse hinweg in irrlichternden Ketten aufgezogen und in Höchstgeschwindigkeit gesetzte Scratches legen sich wie robotische Chöre auf Aufputschmitteln unter die synkopisch rappenden Stimmen. Womöglich war dieser Avantgardismus für die Ultramagnetic MC's nicht durchzuhalten, so dass es in den Jahren nach *Critical Beatdown* nur noch zu sporadischen und eher erfolglosen Veröffentlichungen kam. Und obwohl sich die Gruppe nach diversen Trennungen, Streits und unautorisierten Veröffentlichungen 2007 wieder in Originalbesetzung für eine Albumproduktion zusammenraufte, entwickelte sich insbesondere Kool Keith in den vergangenen Jahrzehnten jenseits der Ultramagnetic MC's zu einem der prägendsten und eigenwilligsten Musiker im Hip-Hop, der unter diversen Pseudonymen – von Dr. Octagon über Black Elvis bis Mr. Nogatco – die avantgardistische Ästhetik der Ultramagnetic MC's weiterentwickelt hat. Wenn an den Einfluss der Gruppe erinnert wird, dann dürfen insbesondere Kool Keiths Alben hier nicht unerwähnt bleiben – nicht zuletzt die zum Weiterhören empfohlenen.

Zum Weiterhören: Kool Keith als Dr. Octagon, *Dr. Octagonecologyst* (1996); Kool Keith, *Sex Style* (1997)

Big Daddy Kane
It's a Big Daddy Thing (1989)

Cold Chillin' / Warner Bros.

My swift tongue's like a sword, that's how severe it is
»Warm It Up, Kane«

In seinem autobiographischen Track »Yellow Brick Road« berichtet Eminem über sich und seinen (mittlerweile verstorbenen) Freund Proof: »We was on the same shit, that Big Daddy Kane shit / Where compound syllables sound combined.« Eminem würdigt hier also Kanes außergewöhnliches Talent, in Mehrfachreimketten zu rappen. Auf dessen zweitem Album, *It's a Big Daddy Thing*, kommt dieses besonders zur Geltung. Unbestritten ist Kane einer der besten MCs aller Zeiten – der musikjournalistische Beitrag, der dies bestreitet, muss erst noch geschrieben werden. Big Daddy Kane, ehemaliges Mitglied der legendären New Yorker Juice Crew um den Produzenten Marley Marl, ist ein Stück Zeitgeschichte und neben Rappern wie LL Cool J, den Beastie Boys, Public Enemy und Rakim einer der zentralen Akteure im sogenannten Golden Age of Hip-Hop der späten 80er und frühen 90er Jahre. Und abgesehen von Rakim gibt es wohl kaum einen Rapper in dieser goldenen Ära, der so innovativ und stilprägend mit Sprache spielte wie Big Daddy Kane. Dennoch fristen seine Alben heute ein Dasein in den staubigen Ecken der Plattenregale. Wer aber *It's a Big Daddy Thing* hört, wird die Virtuosität Kanes erkennen. Mal zeigt sich sein außerordentliches Rap-Talent darin, dass er die oftmals ohnehin rasant beschleunigten

Beats wie ein Wahnsinniger ›überholt‹ und so spielerisch über und neben dem Takt rappt. Dann wieder legt er seine Texte derart entspannt auf den Takt, als würde er sich mit einem Brandy in der Hand ein Bad einlassen. Stets aber bestechen die Geschmeidigkeit seiner tiefen sonoren Stimme und das Spiel mit den von Eminem erinnerten Mehrfachreimen, in dem Kane die einzelnen Verse nach ganz eigenen Regeln zu vermessen scheint: »Confuse and lose, abuse and bruise the crews / Who choose to use my name wrong, they pay dues«, heißt es beispielsweise in seinem Hit »Smooth Operator«. Big Daddy Kane ist ein Ausnahme-Rapper und mit der einschüchternden *Smoothness* eines R'n'B-Sängers gesegnet. So schien eine Karriere als Player vorgezeichnet – als gleichermaßen einfühlsamer und überpotenter Sexgott, der in seiner Beziehung zu Frauen kaum mehr zwischen Verführen und Verunglimpfen unterscheiden kann. Und bereits das Cover von *It's a Big Daddy Thing* hält, was der Titel des Albums verspricht: Mit freiem Oberkörper sitzt der Rapper auf dem Kofferraumdeckel einer weißen Limousine vor einer weißen Villa, er ist umringt von Frauen in knappen Badeanzügen, trägt reichlich Goldschmuck und trinkt Champagner. So plakativ diese Inszenierung auch sein mag, Big Daddy Kane hat das Marketing seiner Zeit verstanden, denn in den späten 80er Jahren hatte der Player im Hip-Hop Hochkonjunktur. Interessanterweise brechen die Texte oftmals mit dieser im Grunde peinlichen Selbstdarstellung, indem sie deutlich komplexer, selbstreflektierter und facettenreicher sind, als die Albencover es vermuten lassen. Während die Selbstinszenierung einzig ein Spiel mit Misogynie und Sexismus vermuten lässt, nutzt Kane in Tracks wie »Calling Mr. Welfare« die Ästhetiken von Battle und Conscious Rap, um im Schulterschluss mit Public Enemy oder Brand Nubian größeren sozialkritischen Belangen wie Armut, Diskriminierung und Chancenungleichheit Ausdruck zu verleihen. Jahrzehnte nach Erscheinen von *It's a Big Daddy Thing* muss man zwar konstatieren, dass Big Daddy Kane in seiner Stilisierung als Player nicht besonders gut gealtert ist und es damals wie heute andere Möglichkeiten gab, dem autobiographischen Selbst eine provokative Persona zur Seite zu stellen. Und dennoch: In Text und Vortrag ist *It's a Big Daddy Thing* ein Ausnahmealbum der frühen Hip-Hop-Geschichte. Sobald man es aus den Tiefen des Plattenregals fischt und sein Gehör auf die Qualität der Rap-Performance richtet, zeigt sich, warum Big Daddy Kane die Messlatte für damalige und künftige MCs gelegt hat.

Zum Weiterhören: *Long Live the Kane* (1988)

De La Soul
3 Feet High and Rising (1989)

Tommy Boy

Somewhere in this hip-hop soul community
Was born three: Mase, Dove and me
And that's the magic number
Posdnuos in »The Magic Number«

Die erste Dekade in der Geschichte des Hip-Hop endete mit einem Knall, dessen Echo bis heute nachhallt: De La Souls *3 Feet High and Rising*. Zwar lässt sich nicht zuletzt an den Verkaufszahlen und der wachsenden Bedeutung von Videos im internationalen Musikfernsehen ablesen, dass Hip-Hop zu diesem Zeitpunkt immer tiefer ins Pop-Business einstieg, doch war er Musikern wie Posdnuos, Trugoy und Maseo noch immer im Wesentlichen eine Herzensangelegenheit. Bevor das Portemonnaie gefüllt wird, müsse die Musik erst einmal aus der Seele aufsteigen, also *de la soul* sein, womit gleichermaßen das individuelle ästhetische Gespür und das Verständnis der musikhistorischen Tradition gemeint war. Ganz ähnlich wie A Tribe Called Quests *The Low End Theory* (1991) ist *3 Feet High and Rising* ein Album, das die Hommage an die Schwarze Musikgeschichte nicht nur als nett gemeinte Geste, sondern als Essenz des Hip-Hop versteht. Ohne ein solches (Selbst-)Bewusstsein, das machen die Musiker aus Long Island, New York, unmissverständlich klar, gibt es keinen Hip-Hop. *3 Feet High and Rising* ist die Ansage, dass das innovative Potential des Hip-Hop nicht allein in seiner musikalischen und kulturellen Selbstbezüglichkeit liegt, sondern immer erst von seiner Bereitschaft zur Würdigung abhängt, sei es in Form von Samples oder synkopischen Taktspielen. Es ist zudem ein besonderer Ausweis von De La Souls ästhetischer Weitsicht und ihres (auch selbst-)ironischen Humors – wundervoll exerziert in ihrem Klassiker-Track »Me Myself and I« –, dass die drei Mitbegründer des Conscious-Rap-affinen und afrozentrischen Kollektivs Native Tongues in ihrer historischen Tiefenbohrung den Bereich Schwarzer Traditionslinien sogar noch verließen und kurzerhand auch die Werke von Hall & Oates, Steely Dan oder Johnny Cash zu Quellen ihres eigenen musikalischen und des größeren subkulturellen *soul searchings* machten. (Von Johnny Cashs Track »Five Feet High and Rising« aus dem Jahr 1959 entlehnten sie dann gar den Titel des Albums.) Der Produzent des Albums, Hip-Hop-Pionier Prince Paul, nennt *3 Feet High and Rising* in einem Interview »ein Album absoluter Aufrichtigkeit« und gerade diese Offenheit für und die anschließende Selbstsituierung in einer komplexen und diversen Musikgeschichte fanden dann auch ihr finanziell lukratives Pendant: De La Soul waren außerhalb der USA noch erfolgreicher als Run-D.M.C. und verkauften allein in Europa mehr als 500 000 Kopien ihres Debütalbums. Auch diesseits des Atlantiks endete die erste Hip-Hop-Dekade also mit einem Knall. Und mit Blick auf Musiker wie MC Solaar, Advanced Chemistry oder Freundeskreis würde sein Echo auch hier noch lange zu hören sein.

Zum Weiterhören: *De La Soul is Dead* (1991); *Buhloone Mindstate* (1993); *and the Anonymous Nobody* (2016)

Geto Boys
Grip It! On That Other Level (1989)

Rap-A-Lot

I'll show you a lunatic if that's what you wanna see
*DJ Akshen aka Scarface in »Trigga Happy Ni**a«*

Noch bevor Outkast, die Rapper von No Limit Records oder auch Killer Mike nachdrücklich bewiesen haben, dass Rap in den USA nicht nur eine Kulturpraxis der Küstenstädte im Osten und Westen ist, sondern sich die US-amerikanische Hip-Hop-Landschaft bis in die Südstaaten erstreckt, mischte der Hardcore Rap der Geto Boys (vormals: Ghetto Boys) aus Houston, Texas, bereits die Szene auf. Dabei ist das zweite Album der Band, *Grip It! On That Other Level*, das insgesamt beeindruckendste. In einer teilweise paradox anmutenden Mischung aus verspielten groove- und funklastigen Beats, erschreckend expliziten Gewaltdarstellungen und sexistischen und misogynen Eroberungsphantasien in den Texten schufen die Geto Boys das ganz eigene Genre des morbiden und okkultistisch-transgressiven Horrorcore Rap. Die Geto Boys öffneten mit *Grip It! On That Other Level* eine alternierende und verstörende Vorstellungswelt im Hip-Hop und erweiterten so das Verständnis seiner ohnehin dominanten Ästhetik der Gewalt. Sie sind verantwortlich dafür, dass Künstler wie Eminem oder D12 überhaupt erst in der Lage waren, die Darstellung von Massenmord, Nekrophilie und Sadomasochismus im Hip-Hop mainstreamfähig zu machen.

Zum Weiterhören: *We Can't Be Stopped* (1991)

Neneh Cherry
Raw Like Sushi (1989)

Virgin

So don't you get fresh with me
»Buffalo Stance«

Die aus Schweden stammende Neneh Cherry gilt als die erste europäische Rapperin. Stilistisch deckt das vokale Multitalent in ihrem Debütalbum die ganze Bandbreite zwischen Soul und »Weltmusik« ab, und in Tracks wie »Buffalo Stance«, »Manchild« oder »My Bitch« verbinden die Sängerin und ihre Musiker:innen scheinbar mühelos Hip-Hop-, Dance- und R'n'B-Elemente. Mit *Raw Like Sushi* legte Neneh Cherry zwar kein klassisches Hip-Hop-Album vor, doch behauptete sie souverän ihre Rolle als Pionierin eines transatlantischen Hip-Hop-Sounds. *Raw Like Sushi* ist ein Pop-Klassiker, der musikalisch irgendwo zwischen Salt-N-Pepa und Madonna anzusiedeln ist und der nicht trotz, sondern gerade wegen seiner genreästhetischen Vielfalt bei jedem Hip-Hop-Fan ins Plattenregal gehört.

Zum Weiterhören: *Man* (1996)

Queen Latifah
All Hail the Queen (1989)

Tommy Boy

Some think that we can't flow
Stereotypes, they got to go
I'm 'a mess around and flip the scene into reverse
With a little touch of ›Ladies First‹
»Ladies First«

Bereits an den oben zitierten Versen lässt sich ablesen, warum Queen Latifahs *All Hail the Queen* bedeutsam für die Geschichte der Hip-Hop-Musik und die Künstlerin eine ihrer wichtigsten Akteurinnen ist. Die Queen nimmt keine Gefangenen und macht sich das Game untertan. Das bei Tommy Boy – dem Hip-Hop-Gründerzeit-Label, das auch Musikern wie De La Soul, Coolio oder House of Pain den Weg ebnete – erschienene Album sicherte der Musikerin langfristig einen Platz in der von Männern dominierten (und von Sexismus und Misogynie durchzogenen) Hip-Hop-Welt, weil es eine Kampfansage an das rigide und in weiten Teilen erschreckend konservative Establishment der Hip-Hop-Community ist. Queen Latifah folgt einem reformerischen Auftrag und verlangt von ihren Hörer:innen, ihrem im Titel deutlich formulierten Befehl zu folgen. Aber wie das Cover bereits verdeutlicht – Queen Latifah in schwarzer Kleidung neben einer Karte des afrikanischen Kontinents – ist *All Hail the Queen* weit mehr als ein in Reime und auf Viervierteltakte gepresstes feministisches Manifest. Es ist ein Ausdruck afroamerikanischen Selbstbewusstseins und afrozentrischer

Ästhetik, der es gerade nicht erlaubt, die soziale Disposition des Geschlechts gegen die auf Diskriminierung basierende Disposition der Hautfarbe auszuspielen. Wie auch ihre Kolleginnen von Salt-N-Pepa war Mama Zulu, wie sie sich im Track »Mama Gave Birth to the Soul Children« mit De La Soul nennt, einem Kampf an mehreren Fronten ausgesetzt. Zum einen galt es, sich im sexistischen Hip-Hop einen Namen zu machen (die Selbstaristokratisierung war freilich ein gelungener Anfang); zum anderen, eine eigene feministische Position zu entwickeln, aus der heraus der Kampf für Gender-Gleichstellung zwar mit Männern, aber nicht auf dem Rücken Schwarzer Männlichkeit geführt wird. Deshalb spricht die Queen auch nicht nur über die Männer, sie spricht mit ihnen, erklärt ihnen kraftvoll, präzise und ausdauernd die Perspektive einer (Schwarzen) Frau in der US-amerikanischen Gesellschaft. Sie definiert die Parameter der Schwarzen Community in einer weißen Gesellschaft und ruft, einer Monarchin entsprechend, zu Einheit und gemeinsamem schöpferischen Streben auf: »It's time to teach the de[a]f, the dumb, the blind / That black-on-black crime only shackles and binds / You to a doom, a fate worse than death«, heißt es in »Evil That Men Do« – wahrlich »A rhyme spoken by a feminine teacher« (»A King and Queen Creation«). Reichlich gespickt mit Versen wie diesen, ist *All Hail the Queen* gleichermaßen moralisches Lehrstück, politisches Pamphlet, kulturelles Bekenntnis und vor allen Dingen ein außerordentlich facettenreiches Hip-Hop-Album. »Queen Latifah is here to lay the law down«, heißt es im Track »Latifah's Law«. Kniet nieder: All Hail the Queen!

Zum Weiterhören: *Order in the Court* (1998)

Brand Nubian

One for All (1990)

Elektra

It's time to drop the bomb and make the devil pay
the piper
Grand Puba in »Wake Up«

Dass Hip-Hop nicht allein eine Bühne für die Selbstdarstellung von Machismo und ökonomischen Aufstiegsnarrativen bietet, beweisen Musiker:innen wie die New Yorker Gruppe Brand Nubian, deren Debütalbum *One for All* aus dem Jahr 1990 ein Meilenstein des Conscious Rap ist. Kurz nach Erscheinen des Albums wussten die Redakteur:innen von *The Source* bereits, dass *One for All* auf ewig einer der kreativsten, originellsten und talentiertesten Ausdrücke Schwarzer Kultur und eines der einflussreichsten Alben der Hip-Hop-Geschichte bleiben wird. Dabei haben sich die vier Künstler von Brand Nubian einem Hip-Hop verschrieben, der vor allem eine Message vermitteln will: Mithilfe von Tracks wie »Wake Up« und »Drop the Bomb« wird Musik zu einem kämpferisch-missionarischen Ausdruck gesellschaftlicher, politischer und religiöser Belange. Eingelassen in den afroästhetischen Sound der späten 80er, den Hip-Hop-Fans bereits von A Tribe Called Quest und De La Soul kannten, strotzt jeder Vers nur so vor *Black Consciousness*. Jeder Track ist eine Verneigung vor den Bürgerrechtler:innen und Sozialreformer:innen der Vergangenheit, von Malcolm X bis Muhammad Ali. Mit dem Selbstbewusstsein revolutionärer Widerstandskämpfer verpflichten sich Brand Nubian auf *One for All* der Lehre der in den 60er Jahren in Harlem, New York City, gegründeten Nation of Gods and Earths. Die insbesondere im Hip-Hop beliebten Dogmen dieser sogenannten Five-Percent Nation (man findet sie in Texten vom Wu-Tang Clan genauso wie in der Musik von Gang Starr) gründen in der islamischen und afrozentrisch codierten Vorstellung einer streng hierarchisierten Welt, in der fünf Prozent der Menschen erleuchtet sind und mit dem Wissen einer göttlichen Wahrheit den unwissenden Teil der Bevölkerung zu bekehren suchen. Vor dem Hintergrund von James-Brown-Samples und Kool-and-the-Gang-Loops bekennen sich Brand Nubian zu diesem Führungsanspruch und verwandeln ihn in *One for All* in eines der musikalisch begnadetsten und textlich provokativsten Alben seit Beginn der 90er Jahre. Dabei muss allerdings konstatiert werden, dass die revolutionäre Inbrunst bisweilen zu fundamentalistischer Ignoranz führt und die Rapper Grand Puba und Sadat X mit Vorherrschaftsphantasien und homofeindlichen Passagen um sich werfen. Nicht zuletzt ernteten Brand Nubian, insbesondere in den Jahren nach der Veröffentlichung von *One for All*, für diese Formen der Diskriminierung zu Recht viel öffentliche Kritik. Und gleichzeitig imponiert *One for All* gerade deshalb auch heute noch: Trotz solcher Passagen besticht das Album mit einer auch im Conscious Rap ungewöhnlich aufrührerischen politischen Radikalität und dem unbedingten Wunsch nach echter Sozialreform. In der von Kontroversen geprägten Geschichte dieser Musik ist *One for All* eines der kontroversesten Alben und Brand Nubian avancierten zu einer Stimme, die selbst in der polyphonen Masse dieser vielseitigen Kultur heraussticht und in historischer Konsequenz nachhallt. Auch wenn die Verkaufszahlen es nicht vermuten lassen, ist der Einfluss von Brand Nubians *One for All* kaum zu überschätzen.

Zum Weiterhören: *In God We Trust* (1993)

Ice Cube
AmeriKKKa's Most Wanted (1990)

Lench Mob / Priority

What I'm kicking to you won't get rotation
Nowhere in the nation
»Turn off the Radio«

Nachdem er sich mit dem Management und einigen Crewmitgliedern überworfen hatte, verließ Ice Cube 1989 das Gangsta-Rap-Ensemble N.W.A und veröffentlichte bereits ein Jahr später sein Debütalbum *AmeriKKKa's Most Wanted.* Doch wenngleich er sich Ende der 80er Jahre auf eigene Beine gestellt sah, wollte er sich mit seinem Solodebüt keineswegs neu erfinden, sondern an die Ästhetik und die Performance anknüpfen, die ihn berühmt gemacht hatten. Bereits in seinen N.W.A-Jahren bewies Ice Cube ein bemerkenswertes Rap-Talent und erfüllte alle Voraussetzungen, um als Hip-Hop-Performer weltweit zu reüssieren. *AmeriKKKa's Most Wanted* ist der Wegbereiter für Ice Cubes Karriere als Solokünstler und Entertainer und ein außergewöhnliches Beispiel dafür, was Hip-Hop zu leisten imstande ist: Mit gekonntem Sampling und poetisch messerscharfen Texten schafft es das Album scheinbar mühelos, pointierte (und erschreckend aktuell gebliebene) Gesellschaftsanalysen mit der Vielfalt seiner größeren musikalischen Tradition zu verbinden. Von George Clinton und James Brown über Parliament und Betty Davis bis hin zu Kool & The Gang, Young MC und Run-D.M.C. bedient sich *AmeriKKKa's Most Wanted* bei allem, was in der Pop-Geschichte Rang und Namen hat, um dem inhaltlichen Anliegen des Rappers eine angemessene musikalische Grundlage zu bieten. Das Album besticht bereits rein instrumental als facettenreicher Klangteppich aus Samples und Loops. Ice Cube beweist überdies in Tracks wie »You Can't Fade Me / JD's Gaffilin'« eine erzählerische Kraft, mit der er heranreicht an die Kunst der ganz großen Hip-Hop-Erzähler wie Slick Rick oder 2Pac. Ice Cube bewegt sich lyrisch und narrativ durch die Bruchstellen der amerikanischen Gesellschaft. Entscheidend für die überzeugende Wirkung des Albums ist in diesem Zusammenhang seine Beharrlichkeit, das bereits in Zeiten von N.W.A kultivierte Selbstbild des reflektierten, aber unerschrocken aggressiven Gangsta-Rappers aus South Central Los Angeles aufrechtzuerhalten. In Tracks wie »The Bomb« wird ihm dadurch eine unüberwindbar scheinende Wut zum elementaren Kraftstoff seines Sprechgesangs. Und in der Tat: Ice Cube rappt nicht nur, in vielen seiner Songs schreit er seine Reime geradezu ins Mikrofon. Wobei sein Rap in solchen Passagen eher einer leidenschaftlichen Predigt gleicht als einem wahllosen rhetorischen Um-sich-Schießen. Denn Quelle und Ziel seiner Wut sind schnell ausgemacht: Schon allein mit der Referenz zum Ku-Klux-Klan (dem »KKK«) im Albumtitel unterstreicht Ice Cube die bereits von N.W.A etablierte Kritik an einem rassistischen Staatsapparat. Im titelgebenden Track »AmeriKKKa's Most Wanted« heißt es entsprechend: »It's time to take a trip to the suburbs. / Let 'em see a ni**a invasion, / Point blank on a Caucasian«. Ice Cube ist wahrlich nicht gekommen, um zu spielen. Dieser einem urbanen Armutsviertel entstammende junge afroamerikanische Mann ist angetreten, um das Herz einer xenophoben Gesellschaft auszuhöhlen – was, wenn man den Medienberichten der Zeit glaubt, eine für die weiße Bevölkerung geradezu angsteinflößende Vorstellung gewesen sein muss. Ein Jahr bevor der Afroamerikaner Rodney King von Polizisten in Los Angeles lebensbedrohlich verletzt wurde, sich in der Folge brutale Aufstände Bahn brachen und Bürgerrechtsinitiativen gegründet wurden, destilliert und orchestriert Ice Cubes Rap jene Ängste und Phantasien einer von stereotypen Denkmustern zersetzten Gesellschaft, in der der junge und energiegeladene afroamerikanische Rapper zu einer in Dauerschleife zirkulierenden Drohkulisse stilisiert wird. Ice Cube beginnt hier, was Kendrick Lamar mit *To Pimp a Butterfly* (2015) fortführen wird. *AmeriKKKa's Most Wanted* ist eine Provokation, weil es – wie bereits das N.W.A-Album *Straight Outta Compton* (1988) – eine hochemotionale kulturelle, politische und soziale Reaktion auf ein Unrechtssystem ist, das vom Künstler für Armut, Drogenmissbrauch und Gewalt in afroamerikanischen Elendsvierteln in Los Angeles und darüber hinaus verantwortlich gemacht wird. Und im Unterschied zu Dr. Dre, der sich 1992 auf seinem Solodebütalbum *The Chronic* dafür entschied, die sozialkritische Agenda der N.W.A-Jahre hinter sich zu lassen, um stattdessen die raue Straßenattitüde mit misogyner Verachtung und kalifornischer Gelassenheit zu verschmelzen, ist Ice Cube nach der schmerzhaften und konfliktreichen Trennung von N.W.A darum bemüht, zwar ab und an die Lässigkeit des G-Funk und die Cabrio-Ästhetik der West-Coast-Harmonien aufzurufen (wie z.B. im Track »Once Upon a Time in the Projects«), diese Coolness aber in Texten und Beats immer wieder mit der von N.W.A bekannten Härte zu kontrastieren. Diese musikalische, performative und ästhetische Hybridität mag auch der Tatsache geschuldet sein, dass es ihm nach dem Zerwürfnis mit N.W.A vertraglich nicht erlaubt war, sein Album, wie zunächst geplant, von Dr. Dre produzieren zu lassen, und er sich stattdessen dafür entscheiden musste, *AmeriKKKa's Most Wanted* vornehmlich mit dem Produzententeam von Public Enemy, The Bomb Squad, zu produzieren. Infolgedessen hat Ice Cube mit *AmeriKKKa's Most Wanted* nicht nur inhaltlich eine außerordentlich politische und ungemein explosive Platte im zerrütteten Amerika der Post-Reagan-Ära platziert, sondern dem Selbstverständnis seiner Politik auch musikalisch mit der teils rohen Derbheit und dabei durchaus jazzigen Experimentalität New-York-geprägter Beats (wie in »Endangered Species« oder »Who's the Mack?«) Ausdruck verliehen. Doch trotz (oder gerade wegen) dieser küstenübergreifenden Zusammenarbeit ist Ice Cubes Debütalbum eine konsequente Fortführung dessen, womit sich N.W.A in den Jahren zuvor einen Namen machte: den lokalen Patriotismus und das Gros gesellschaftlich relevanter Themen künstlerisch in Einklang zu bringen. Es galt zum einen, Los Angeles glaubhaft im von Ostküstenkünstler:innen dominierten Hip-Hop zu platzieren, um zum anderen den größeren Nexus einer von weißer Vorherrschaft strukturierten und systemisch sabotierten Gesellschaft und (Pop-)Kulturlandschaft herauszustellen und zu desavouieren. Bis heute ist dies kaum einem Hip-Hop-Album derart überzeugend gelungen wie Ice Cubes *AmeriKKKa's Most Wanted.*

Zum Weiterhören: *War & Peace Vol. 1* und *Vol. 2* (1998 und 2000); N.W.A, *Straight Outta Compton* (1988)

LL Cool J
Mama Said Knock You Out (1990)

Def Jam / Columbia

All the sophisticated suckers catch a heart attack
'Cause they don't understand why I act this way
»The Boomin' System«

Ob die Ladys ihn nun wirklich so sehr lieben, wie der Name es vorgibt, ist wohl nicht zu klären. Klar aber ist, dass der New Yorker Rapper LL Cool J mit seinem vierten Studioalbum *Mama Said Knock You Out* im Jahr 1990 endgültig eine Platte vorgelegt hatte, die den Hip-Hop in vollkommen neue Sphären der männlich sexualisierten Lässigkeit beförderte. Während Public Enemy und N.W.A die Untiefen der rassistischen Gewalt, des Drogenhandels und der urbanen Verwahrlosung konfrontierten, erging sich LL Cool J auf dem hauptsächlich von Marley Marl produzierten Album in seiner unnachahmlichen Homeboy-Ästhetik, in der raue Beats auf flotte Reime treffen und in der ein aus der Dunkelheit hervorkriechender Sound über die Oberflächen eines hedonistischen Materialismus gleitet. Dazu ein durchtrainierter Körper, dicke Goldketten und der *smooth* in die Stirn gezogene Kangol-Hut. LL Cool J war die logische Fortsetzung von Run-D.M.C., und er machte Hip-Hop so dermaßen cool und stylish, dass dieser mit einem Mal auch im Bereich der Bekleidung ein krisenfestes Modephänomen wurde – unabhängig davon, ob die Ladys diesen Cool J nun liebten oder nicht.

Zum Weiterhören: *Bigger and Deffer* (1987); *G. O. A. T. (The Greatest of All Time)* (2000)

Cypress Hill
Cypress Hill (1991)

Ruffhouse/Columbia

Sawed off shotgun, hand on the pump
Left hand on a forty, puffin' on a blunt
»Hand on the Pump«

Wer die aus Los Angeles stammende Gruppe Cypress Hill um DJ Muggs und die Rapper Sen Dog und B-Real auf ihre ab und an comicartig überzeichnete Leidenschaft für Marihuana reduziert, erkennt den fulminanten musikalischen Einfluss nicht, den insbesondere das Debütalbum *Cypress Hill* bis heute im Hip-Hop hat. Das Album bewegt sich auf einem Level mit Eric B. & Rakims *Paid in Full*, derart beeindruckend ist das Arsenal an nachfolgend von anderen Musiker:innen zitierten Beats, Samples und Textstellen. (So kennen wohl einige die oben zitierten Verse vornehmlich aus dem 1999 erschienenen Track »Da Rockwilder« von Method Man & Redman.) Bereits das Debütalbum ist gekennzeichnet von DJ Muggs' unverkennbarem Trip-Hop-Synthie-Sound, in dem scheinbar autark agierende Basslinien sich unter ein wie von Bläsern nachgeahmtes, rhythmisiertes Hupen und Kreischen legen und der mit House of Pains »Jump Around« breitere Bekanntheit im Mainstream erreicht hatte. Hinzu kommen der brummende und dann wieder an die Geschmeidigkeit Ice Cubes erinnernde Rap von Sen Dog und nicht zuletzt die unnachahmliche, nasale Stimme B-Reals. An diesem Punkt muss dann auch betont werden, dass Cypress Hill eine der wenigen im Mainstream erfolgreichen Hip-Hop-Gruppen ist, deren Rapper der Latinx-Community angehören, und dass nicht zuletzt dieser lateinamerikanische Einschlag im Klang und der Färbung der Stimmen (insbesondere bei B-Real) die ohnehin virtuose musikalische Mischung der Gruppe maßgeblich bereichert. Die Erfahrungen dieser Community bestimmen dann auch die ungeschminkt bissigen, lakonisch ironischen und brutal realistischen Texte über das Leben und Leiden in Los Angeles, die den Sound von *Cypress Hill* so hitzig erscheinen lassen, wie es sonst nur die Straßen dieser Metropole selbst sind. Cypress Hill haben mit dem Debütalbum etwas ganz Eigenes zu formulieren versucht, und es ist ihnen gelungen: Ohne in größere ästhetische und kulturelle Konflikte treten zu müssen, hebt sich die Gruppe sowohl vom etablierten Westküsten-Gangsta-Rap und vom

Native-Tongues-Hip-Hop im Stile De La Souls als auch vom immer poppiger werdenden Hip-Hop von Musikern wie LL Cool J ab. Ihr Hip-Hop ist gleichermaßen beeinflusst von den Ultramagnetic MC's und Public Enemy, aber auch von Rockgrößen wie Led Zeppelin und vom Metal-Sound der 80er Jahre. Dementsprechend zelebriert er viel mehr als nur die Freude am Kiffen. Und deshalb ist es auch nicht erstaunlich, dass es Cypress Hill bis heute gelingt, die diversen Hip-Hop-Vorlieben zu bündeln und auch noch der letzten subkulturellen Fraktion unter den Hip-Hop-Fans ein musikalisches Zuhause zu geben.

Zum Weiterhören: *Black Sunday* (1993); DJ Muggs, *Muggs Presents... The Soul Assassins Chapter I* (1997)

Gang Starr
Step in the Arena (1991)

Chrysalis/EMI

Not really preaching or teaching but just reaching
Out to a brother or sister who is keeping the faith
And trying hard to get it straight
»Street Ministry«

Stellte man sich eine Welt vor, in der »Hip« und »Hop« im Sinne individuell agierender Prinzipien der Logik von Yin und Yang folgten, würden sie verkörpert von Guru und DJ Premier. Als Gang Starr brachten der MC aus Boston, Massachusetts, (dessen Name Guru für »Gifted Unlimited Rhymes Universal« steht) und sein DJ aus Houston, Texas, ihren jazzigen Hardcore Rap Ende der 80er Jahre in die neue Wahlheimat New York. Ihre Musik verstanden sie konsequent als ein Spiel kongenial aufeinander wirkender und sich komplementär zueinander verhaltender Kräfte und kultivierten diesen Ansatz auf sechs Studioalben. Während das Debütalbum *No More Mr. Nice Guy* (1989) zwar bereits vielversprechend, aber noch etwas ungelenk mit der philosophischen Brechstange und bemüht jazzaffinen Beats und Cuts daherkam, ist Gang Starrs zweites Album, *Step in the Arena*, in gewisser Weise das Gründungsdokument ihrer einzigartigen Hip-Hop-Ästhetik. Zum ersten Mal wird das prägende Prinzip der Gruppe fulminant in Szene gesetzt: in der Kultur mitmischen, sie dabei aufmischen, um sich kreativ vom Rest abzusetzen. Ohne Gang Starrs musikästhetischen Führungsstil wären ihnen nachfolgende Acts wie Blahzay Blahzay, Madvillain oder Run the Jewels heute nur schwer denkbar. Guru wurde mit seinem (womöglich gottgegebenen?) Talent zum die Wahrheit verkündenden Rap-Predigen ein Vorbild für all jene, die in ihrer Musik der harschen Realität der Straße, der Gewalt einer von Rassismus geprägten Gesellschaft und den unzähligen Folgen sozialer und ökonomischer Ungleichheit mit Demut und religiöser Weisheit begegnen wollen. Und DJ Premier produzierte dafür seine wegweisenden und nach wie vor unverwechselbaren Boom-Bap-Beats, die ein solches Volumen zu haben scheinen, dass man mit ihnen nicht enge Clubs, Geländewagen oder Jugendzimmer, sondern Kathedralen beschallen müsste. Gang Starr waren so innovativ, kraftvoll und unerschrocken, dass sie den internationalen Hip-Hop über Jahrzehnte prägten und nicht selten auch polarisierten. So waren beispielsweise Premiers Beatproduktionen derart stilbildend und autoritär, dass manche Produzent:innen alles dafür taten, gegen ihn zu rebellieren. Das nennt man dann wohl »tonangebend«. Im Intro des 1998 erschienenen Albums *Moment of Truth* hört man Guru in einem Interviewausschnitt über Gang Starrs außerordentliche ästhetische Gleichung sagen: »The rhyme style is elevated, the style of beats is elevated, but it's still Guru and Premier. And there's always a message involved.« Hip und Hop als Yin und Yang? Im besten Falle ergibt sich aus dieser spannungsgeladenen Paarung ein Duo wie Gang Starr. Auch auf die Gefahr hin, dass das Zerren und Reißen im kreativen Ausgleich solch komplementärer Kräfte im schlimmsten Falle zum Riss führen kann. So geschehen im Jahr 2003, sieben Jahre vor dem frühen Krebstod Gurus, als Gang Starr sich im Konflikt auflösten. Nachdem DJ Premier sich in einem juristischen Streit mit Gurus vormaligem Kollegen, dem Produzenten Solar, über die Verwendung von Aufnahmen unveröffentlichter Rap-Parts einigen konnte, darf das auf diesen Parts basierende *One of the Best Yet* (2019), das von vielen Fans und Kritiker:innen als siebtes Album bezeichnet wird, durchaus als kreative Versöhnung jenseits der Grenzen von Diesseits und Jenseits gedeutet werden. Im Grunde ein angemessenes Ende für diese einmalige Gruppe.

Zum Weiterhören: *Hard to Earn* (1994); *Moment of Truth* (1998); *The Ownerz* (2003); Guru, *Jazzmatazz Vol. 1* (1993)

MC Solaar
Qui Sème le Vent Récolte le Tempo (1991)

Musicrama

On me traite de traître quand je traite de la défaite du silence
Le silence est d'or, mais j'ai choisi la cadence
Une vague, un cyclone, que dit la météo?
»Qui Sème le Vent Récolte le Tempo«

Qui Sème le Vent Récolte le Tempo ist das Debütalbum des im Senegal geborenen französischen Rappers MC Solaar. Als Einwandererkind in einer noch immer von Kolonialismus und bürgerlichen Kulturidealen geprägten Gesellschaft geht es MC Solaar in seinen Texten und seiner Musik vornehmlich darum, einen angemessenen Ausdruck für seine Erfahrungen in der afrikanischen Diaspora zu finden, für das Leben in der Fremde, konfrontiert mit Rassismus, Ausgrenzung und dem Bewusstsein für die zum Teil gekappten kulturellen Wurzeln. Nachdem der junge Claude M'Barali über Afrika Bambaataa und die Zulu Nation den Zugang zum Hip-Hop gewann, besticht *Qui Sème le Vent Récolte le Tempo* durch seinen außerordentlichen Facettenreichtum. Musikalische Anleihen nimmt das Album bei Jazz und Funk, so dass es insbesondere an die frühen Alben von A Tribe Called Quest, De La Soul und in Teilen sogar an Eric B. & Rakim erinnert und sich somit in den Reigen der wichtigen Conscious-Rap-Alben der frühen 90er Jahre einreiht. Diesem ästhetischen und narrativen Anspruch folgend, konzentriert sich MC Solaar in seinem Debütalbum auf autobiographisches Erzählen und gesellschaftskritische Reflexion, anstatt sich im aggressiven Gebaren des Gangsta Rap und Straßenrap zu verlieren. Es gilt, die Missstände, Bedürfnisse und die kulturelle Vielfalt der diasporischen Schwarzen Community angemessen zu vertonen. Dementsprechend bereicherte MC Solaar mit *Qui Sème le Vent Récolte le Tempo* die junge französische Rap-Szene mit einem Album, das sich in Stil, Rhetorik und Wortwahl deutlich von den frühen Alben seiner Kollegen von IAM unterschied, die zur selben Zeit in die internationale Hip-Hop-Gemeinschaft eintraten. Wie auch im Falle von IAM gilt aber: Man muss kein Französisch können, um zu verstehen, was dieser Künstler zu sagen hat.

Zum Weiterhören: *Paradisiaque* (1997)

Das EFX
Dead Serious (1992)

East West

I'm cocky like Rocky, I biggedy-bangs the best
So tiggedy-tell your friend, chump, 'cause here comes
Das EFX
Dray in »Mic Checka«

Das EFX (steht für »Dray and Skoob Effects«) ist eine jener guten alten Crews, deren früher Hip-Hop konsequent geprägt ist von wummernden Bässen, sampleaffinen Melodien und überdreht referentiellen Texten. Das zum Großteil selbstproduzierte *Dead Serious* verbindet die melodische *Funkiness* von A Tribe Called Quest, die poetische Unmittelbarkeit von Brand Nubian und die raue Straßenästhetik New Yorks mit dem fortan unverkennbaren Rap-Stil der beiden MCs Dray (Krazy Drayz) und Skoob, der vornehmlich dafür berühmt geworden ist, Wörter wahllos auf »-iggity« enden zu lassen. Obwohl (oder vielleicht gerade weil) die beiden New Yorker MCs von Das EFX sich an der Uni in Virginia und dementsprechend jenseits des Trubels des die Ostküste prägenden Großstadt-Hip-Hop formierten, legten sie mit *Dead Serious* ein ungemein autarkes, konzentriertes und dabei verspielt eigenwilliges Album vor, das in jedem Plattenregal zwischen EPMD und Gang Starr selbstbewusst seinen Platz behaupten kann.

Zum Weiterhören: *Hold It Down* (1995)

Die Fantastischen Vier
4 Gewinnt (1992)

Columbia

Herzlichen Glückwunsch, Smudo, toi, toi, toi
Du kannst dir sicher sein, dass ich mich für dich freu
Thomas D in »Die da!?!«

Die Rolle der Fantastischen Vier in der Hip-Hop-Geschichte ist ein einziges Für und Wider. Optisch kaum zu unterscheiden von einer Boyband wie East 17, aber ausgestattet mit dem Hip-Hop-typischen Selbstbewusstsein von LL Cool J und Public Enemy, brachen die vier Stuttgarter DJ Hausmarke (Michi Beck), Thomas D, And.Ypsilon und Smudo zunächst mit *Jetzt geht's ab* (1991) und dann mit *4 Gewinnt* in eine noch vom Synthie-Sound der 80er Jahre geprägte Popwelt ein. Die Neue Deutsche Welle im Rücken und die Anstrengungen der Wiedervereinigung vor der Brust, begaben sich Die Fantastischen Vier (die Fantas) auf eine missionarische Reise durch die Republik, um der deutschen Popsprache endgültig das Ungelenke zu nehmen. Deutsch sollte so richtig flowen und die Fantastischen Vier hatten einen ausgezeichneten Riecher. Sie etablierten den Sprechgesang und stürmten mit ihrem zweiten Album und ihrer Hit-Single »Die da!?!« unverhofft die Charts in Deutschland, Österreich und der Schweiz. Auch die zwei weiteren Single-Auskopplungen aus *4 Gewinnt*, »Saft« und »Laß die Sonne rein«, erregten Aufmerksamkeit innerhalb der Sprachgrenzen. Als ›Hip-Hopper‹ waren die Fantas für Hip-Hop-fremde Hörer:innen aufregende Exoten und sie vertraten mit ihrem Rap eine bis dahin im deutschen Pop-Mainstream völlig unbekannte Musikästhetik. Um diese unmissverständlich zu verdeutlichen, wurde alles mit einem beinahe albernen Nachdruck betrieben: Nicht kopfnicken, sondern KOPFNICKEN, das Versende nicht betonen, sondern BETONEN, nicht mit den Händen gestikulieren, sondern GESTIKULIEREN, nicht in Ausfallschritten herumhampeln, sondern IN AUSFALLSCHRITTEN HERUMHAMPELN, damit auch die Letzte versteht, DAS IST HIP-HOP! Aber, und diese Frage begleitet die Fantas seit den frühen 90er Jahren, ist das wirklich Hip-Hop? Und wer bestimmt das? Der Erfolg schien ihnen Recht zu geben, doch sie befremdeten die noch kleine, aber strenge Hip-Hop-Community, die sich mit dem klamaukigen Rumgepose der Fantas nicht identifizieren (lassen) wollte. (Es lohnt sich, auf YouTube oder anderen Plattformen Live-Auftritte der Fantastischen Vier im deutschen Fernsehen der frühen 90er Jahre anzusehen, um ein Gefühl dafür zu bekommen, was für einen kuriosen Eindruck die Knie hochziehenden, Kangol-Hüte und Baggy-Klamotten tragenden jungen Männer bei den Zuschauer:innen jenseits der 40 hinterlassen haben müssen und warum sie von Untergrund-Dogmatiker:innen so früh schon für ihre vermeintlich anbiedernde Kommerzialisierung verachtet wurden.) In dieser Ambivalenz richtete sich die Band spätestens mit *4 Gewinnt* ein. Von manchen gefeiert als Speerspitze einer breiteren kulturellen Popularisierung, von anderen verachtet als Wurmfortsatz ihrer nahezu heiligen Kultur, haben sich Die Fantastischen Vier unanfechtbar im Musikgeschäft etabliert, werden dabei aber in weiten Teilen des Hip-Hop bis zur Bedeutungslosigkeit marginalisiert. Man könnte denken, die Fantas wären aufgrund ihres unbestreitbaren Erfolgs so etwas wie der FC Bayern München des Hip-Hop, aber die kulturinterne Kritik ist viel harscher, denn dem FC Bayern wird nicht von der Mehrzahl der Bundesligisten unterstellt, sie würden zwar den Ball mit den Füßen, aber im Grunde gar keinen Fußball spielen. Insofern zielt das (Vor-)Urteil über die Fantas auch nicht auf die Details ihrer Fähigkeiten, sondern auf die das Schaffen bestimmende Attitüde. Grundsätzlich waren die Fantas mit Blick auf ihr Rap-, DJ- und Produktionstalent nicht mehr oder weniger talentiert als die meisten anderen deutschsprachigen Hip-Hopper:innen ihrer Zeit. Aber im Unterschied zu ihren Kolleg:innen MC Rene, Cora E oder die subkulturell politisierten Mitglieder von Advanced Chemistry entzogen sie sich systematisch der bis dahin noch erschreckend doktrinären Selbstromantisierung des Hip-Hop. Den Fantas ging es nicht um Improvisation, Jams, *Realness* und die Verbrüderung mit Graffiti-Artists und Breakdancern, sondern um professionellen Erfolg, und dies so schnell und nachhaltig wie möglich. Sie hatten kein Problem damit, Teflon zu sein in einer von Straßenattitüde, Kellergerüchen und Marihuanarauch ästhetisch aufgerauten Hip-Hop-Welt. Sie haben Hip-Hop gemacht, ohne sich zum Hip-Hop zu bekennen. Sie haben Hip-Hop gemacht, weil sie gespürt haben, dass es Zeit war, Hip-Hop nach Deutschland zu bringen. Und diese gleichzeitige Nähe und Distanz zum Hip-Hop, den sie zwar postertauglich verkörperten, der ihnen aber stets fremd – vielleicht sogar egal – geblieben ist, macht Die Fantastischen Vier in einer auf Distinktion ausgerichteten Kultur einzigartig. Bis heute wird in kaum einer Kolumne in der Musikpresse und in kaum einem Interview mit anderen Künstler:innen ein Hehl daraus gemacht, dass den Fantastischen Vier irgendwie – und allein aufgrund des Erfolgs von »Die da!?!« – das erste Kapitel in der deutschsprachigen Hip-Hop-Geschichte zusteht, dass sie aber irgendwie doch gar nicht so richtig dazugehören. Im Streit um die Fantas gibt es keine Wahrheit. Hörer:innen müssen selbst entscheiden, ob die Gruppe einfach vor allen anderen verstanden hat, dass Hip-Hop auch nur ein oberflächliches Pop-Phänomen ist, das es auszuschlachten gilt. Oder ob sie sich hemmungslos an den Richtlinien der Pop-Industrie orientiert hat, so dass ihr die subkulturelle Neuartigkeit und das kreative Widerstandspotential des Hip-Hop nur zweckgebunden, nicht aber kulturell oder musikalisch entsprochen hat. Was zu einer letzten Ambivalenz führt, ohne die der Stellenwert der Fantastischen Vier nicht zu verstehen ist. Was die Entwicklung des deutschsprachigen Hip-Hop angeht, waren und sind die Fantas als Musikgruppe stille Beobachter. Als Künstler gaben sie sich vom ersten Album an absolut autark und konsequent darauf bedacht, eine ganz eigene Nische zu schaffen, in die niemand eindringen konnte (oder sollte und wollte). Der Hip-Hop der Fantas hat seit dem Debütalbum eine so eigene DNA, dass er im Grunde immer schon ein ›Hip-Hop‹ in Anführungszeichen war. Gleichzeitig aber gehören sie als Unternehmer und Gründer des Musiklabels Four Music seit 1996 zu den treibenden Kräften des Geschäfts und haben u. a. Künstler wie Freundeskreis, Blumentopf, Marteria und Casper produziert und teils bis heute unter Vertrag. Die Fantas sind Profis, wie sie im Buche stehen, aber sie sind nicht die deutschen Beastie Boys. Und so begann mit ihnen vielleicht nicht der Hip-Hop in

Deutschland. Aber mit den Fantas begannen die Fantas. Und wenn man bedenkt, dass ihre ganz eigene Geschichte auch nach mehr als drei Jahrzehnten und mit über drei Millionen verkauften Tonträgern noch nicht zu Ende erzählt ist, ist das gar nicht wenig.

Zum Weiterhören: *Lauschgift* (1995)

Dr. Dre
The Chronic (1992)

Death Row

You never been on a ride like this befo'
With a producer who can rap and control the maestro
»Nuthin' But a ›G‹ Thang«

The Chronic von Dr. Dre, zweifelsfrei ein Klassiker des Hip-Hop, ist bei genauerem Hinhören ein schwieriger Fall. Wie und warum konnte dieses Album überhaupt so unhinterfragt zu einem Klassiker werden? Drei Antworten liegen nahe: Dres melodische G-Funk-Produktionen, Snoop Doggy Doggs Feature-Parts und nicht zuletzt der fulminante Hip-Hop-Evergreen »Nuthin' But a ›G‹ Thang«, in dem beide kongenial kulminieren. Mit *The Chronic* hat Dr. Dre der Westküste schlussendlich und auf ewig einen eigenen Sound gegeben. Dre erkannte offenbar, dass sein Talent im Produzieren, weniger aber im Rappen und Texten liegt. Geld, Partys, Autos, Frauen, fertig sind bei ihm die berühmten 16 Verse (16 Bars) einer Rap-Strophe. Dr. Dres Rap ist im Grunde kaum mehr als eine humorlose und ironiefreie Aneinanderreihung von egomanischen Selbststilisierungen und despektierlichen Herabwürdigungen. Die sich vormals auf sozialkritische Selbstbehauptung konzentrierende Aggressivität des N.W.A-Mitglieds verkommt auf *The Chronic* zu einem einzigen, bisweilen ermüdenden »Ich bin der Tollste«. Schlimmer noch: Dres Texte zeugen von einem beklemmenden Hass auf Frauen (der in seinem 1999 erschienenen und ebenfalls zum Klassiker erhobenen *2001* sogar noch ungeschminkter und unerträglicher in Erscheinung tritt). Das kann als augenzwinkernde Hip-Hop-Pose nicht mehr durchgehen, sondern muss beim Hören weh tun. Die Rap-Last liegt nun also auf Snoop Doggy Doggs Schultern, der auf *The Chronic* in elf von sechzehn Tracks und Skits vertreten und insofern die dominierende Stimme des Albums ist. Im Grunde legte Dre mit *The Chronic* nicht nur sein eigenes, sondern bereits das Debütalbum von Snoop vor, der im Gegensatz zu Dre selbst (und fast so gut wie einige Jahre später Eminem) ein intuitives Gespür dafür zeigt, wie man mit den Beats von Dr. Dre interagieren muss, um alles aus ihrer geradlinigen Simplizität herauszuholen. Er überspringt keinen Takt, verpasst keine melodische Volte und gibt so seiner einzigartigen Sprechgesangsstimme den größtmöglichen Spielraum. Zwar kultiviert auch Snoop das von Gewalt, Sexismus und Misogynie zersetzte Weltbild eines urbanen Gangsters, aber die Präzision seines Rap-Gesangs schafft eine besondere Verdichtung, die das chauvinistisch-soziopathische Gehabe zwar nicht gerade zur subkulturellen Kunstform macht, es doch aber ästhetisch erträglich und als öffentlich wirksames Image verständlich werden lässt. Geschmeidig und zielsicher gleitet er über den von Dre ausgebreiteten Klangteppich aus Orgelspiel, scheppernden Beats und Samples von Parliament, Funkadelic, George Clinton und Isaac Hayes. Es sind nicht zuletzt die G-Funk-Harmonien, die einen immer wieder einholen und fast vergessen lassen, was für ein schwieriger Fall dieser Hip-Hop-Klassiker doch ist.

Zum Weiterhören: *2001* (1999); N.W.A, *Straight Outta Compton* (1988); Snoop Doggy Dogg, *Doggystyle* (1993)

The Pharcyde
Bizarre Ride II the Pharcyde (1992)

Delicious Vinyl / EastWest

Hopped in my hooptie ride, pumped up the jam
Put it in reverse, into first and disperse, and
From that very moment on my day got worse
Fatlip in »Officer«

Selten beschreibt der Titel eines Albums dessen Inhalt so verzückend wie im Falle des Debütalbums *Bizarre Ride II the Pharcyde* der aus Los Angeles stammenden Gruppe The Pharcyde, der nicht nur die Rapper (und ehemaligen Tänzer) Imani, Slimkid3, Bootie Brown und Fatlip, sondern später auch Ausnahme-DJ J Dilla angehörten. Man wird wahrlich mitgenommen auf einen bizarren Ritt an die musikalischen und textlichen Außenbereiche von The Pharcyde. Denn während der Westküsten-Hip-Hop am Ende der 80er und zu Beginn der 90er Jahre fest in der Hand von Rappern wie Ice-T, N.W.A, Snoop Doggy Dogg und Dr. Dre und insofern wesentlich vom Sound und der Ästhetik des Gangsta Rap geprägt war, begegneten The Pharcyde der harten Realität der Straße mit Intelligenz, Funk und vor allem jeder Menge Spaß wie im Track »Ya Mama«, der die jahrhundertealte Tradition des *playing the dozens*[2] zitiert. Dabei orientierten sie sich überdeutlich und dennoch äußerst originell an anderen Native-Tongues-Acts wie De La Soul oder A Tribe Called Quest. The Pharcydes *Bizarre Ride* ist lässig, ironisch und experimentell, und wenn es womöglich auch weniger offensichtlich stilprägend ist als De La Souls *3 Feet High and Rising* (1989) oder A Tribe Called Quests *Midnight Marauders* (1993), stellte es den bestimmenden Stil seiner Zeit vor eine Vielzahl unbequemer (und emphatisch bizarr gestellter) Fragen. The Pharcyde waren ein nicht zu überschätzendes Korrektiv für den Westküsten-Sound ihrer Zeit, und ihre Musik ebnete den Weg für (hier nicht intensiver besprochene, aber durchaus einflussreiche) Gruppen wie Hieroglyphics und Jurassic 5 (oder auch Fettes Brot oder Fünf Sterne deluxe in Deutschland). Insofern ist *Bizarre Ride* nach wie vor eine überzeugende Alternative zu allem, was der Mainstream einem so in die Plattenregale spült.

Zum Weiterhören: *Labcabincalifornia* (1995)

2 *Playing the dozens* bezeichnet einen in der afroamerikanischen Kulturgeschichte traditionellen verbalen Schlagabtausch, bei dem insbesondere die weibliche Verwandtschaft des Gegenübers auf absurd-übertriebene Weise beleidigt wird, um die eigene Schlagfertigkeit zu demonstrieren – das englischsprachige Pendant zu den Deine-Mudder-Witzen.

A Tribe Called Quest

Midnight Marauders (1993)

Jive

Yo, Tip, I tell you man the devil's tryin' it
But I'm goin' to stay strong 'cause I ain't buyin' it
Phife Dawg in »8 Million Stories«

Abgesehen von den Beastie Boys hat der Hip-Hop nur wenige Acts hervorgebracht, die derart konsistent und konsequent abgeliefert haben wie A Tribe Called Quest. Die Musiker Q-Tip, Ali Shaheed Muhammad und der 2016 verstorbene Phife Dawg haben zwischen 1990 und 2016 sechs Alben herausgebracht, von denen alle mindestens sehr gut, vier sogar herausragend sind.[3] Sind also wirklich die Beastie Boys die Beatles des Hip-Hop, wie gerne behauptet wird? Denn auch das einem progressiven Blue-Note-Jazzalbum ähnelnde *The Low End Theory* (1991) oder das gleichermaßen nostalgische und zukunftsweisende *We Got It from Here... Thank You 4 Your Service* (2016) hätten ihren Platz in dieser Geschichte verdient. Glücklicherweise bringt das 1993 erschienene *Midnight Marauders* alles auf den Punkt, was A Tribe Called Quest ein Vierteljahrhundert lang ausgezeichnet hat: Boom Bap, jazzige Bass- und Bläserspuren, sanft eingehegte Sample-Loops und herausragende Conscious-Rap-Texte. Dabei markiert 1993 ein besonderes Jahr, weil es von einigen Kritiker:innen aufgrund von Veröffentlichungen wie *Midnight Marauders*, Snoop Doggy Doggs

3 Jarobi White war nur sporadisches Mitglied der Gruppe.

Doggystyle und Wu-Tang Clans *Enter the Wu-Tang (36 Chambers)* als fulminantes Ende des Golden Age of Hip-Hop gesehen, von anderen aber als Startschuss für die erste Renaissance des Hip-Hop erkannt wird, innerhalb deren künftige Superstars wie Nas, The Notorious B.I.G. und Jay-Z ihre Debütalben veröffentlichen sollten. Hip-Hop befindet sich keineswegs an einem Scheideweg, tritt aber in eine neue, im Wesentlichen konzentriertere und professionellere Phase ein. Aber während die jungen Wilden beginnen, ein Album (bzw. einen zukünftigen Klassiker) nach dem anderen in die Welt zu bringen, ist *Midnight Marauders* vor allen Dingen wahnsinnig tiefenentspannt. Daran kann auch das von Busta Rhymes stürmisch intonierte »Oh my God!« im Refrain des gleichnamigen Tracks nichts ändern. A Tribe Called Quest waren Pioniere des Conscious Rap und setzten im Kreise ihres 1988 gegründeten Native Tongues Collective (in Kooperation mit den Jungle Brothers und De La Soul) neue Maßstäbe in der Produktion und Distribution eines im Hip-Hop zusehends verschwindenden optimistischen und inklusiven Afrozentrismus. Das hauptsächlich von Q-Tip und teilweise von Skeff Anselm und Large Professor produzierte *Midnight Marauders* ist das Werk einer bildungshungrigen unteren Mittelschichtsboheme, deren provokatives Potential sich weder im Selbstzweck eines wie auch immer gearteten Schockeffekts (Mord, Drogen, Gewalt) verliert noch in die Falle einer allzu einengenden politischen Polarisierung tappt. Track für Track rütteln A Tribe Called Quest mit einer Verlässlichkeit auf, deren unerschütterliche Beharrlichkeit geradezu einschüchternd wirken kann. Jedes Album ist Ausdruck eines Selbstverständnisses, das Kreativität nicht als Ausdruck impulsartiger Exzesse, sondern als beständig ausdauernden Prozess begreift. Die Gruppe und ihre Musik leben von einer Coolness, an der man teilhaben will, der man aber auch musikalisch und kulturhistorisch gewachsen sein muss. Der Anspruch an die Komplexität des eigenen Sounds formuliert gleichzeitig den Anspruch an die eigenen Fans. Hier geht es nicht um das stumpfsinnige Mitnicken auf Konzerten, sondern um ein ganzheitliches Miterleben und Mitdenken – ein emphatisches und empathisches Miteinander –, das bewegen und bewegt sein will. »Come Together« sangen die Beatles. Sind sie vielleicht das Rockmusik-Pendant zu A Tribe Called Quest *avant la lettre*?

Zum Weiterhören: *People's Instinctive Travels and the Paths of Rhythm* (1990); *The Low End Theory* (1991); *Beats, Rhymes and Life* (1996); *The Love Movement* (1998); *We Got It from Here... Thank You 4 Your Service* (2016)

KRS-One

Return of the Boom Bap (1993)

Jive

Turn my voice up a little bit and let's get this started
»›P‹ Is Still Free«

Nachdem KRS-One und seine Gruppe Boogie Down Productions im Schulterschluss mit Künstlern wie Run-

D.M.C., den Beastie Boys, Public Enemy oder Eric B. & Rakim den Hip-Hop mit breiter Brust durch die 80er Jahre geführt hatten, brachen Anfang der 90er Jahre zwar nicht unbedingt andere Zeiten an, aber die Pionierarbeit war geschafft. Das sichere Terrain war abgesteckt, das Fundament gelegt, und nun ging es darum, immer weitere Einflussbereiche innerhalb der Popkultur zu erstreiten. Kaum ein:e Künstler:in hat diesen Schwellenmoment mit einem einzigen Album so nachdrücklich geprägt wie ebenjener aus New York stammende KRS-One: mit einem Bein noch im Dunstkreis der Wegbereiter:innen, mit dem anderen bereits in dem grell aufflammenden ästhetischen Umfeld von jungen Künstlern wie Jay-Z, Nas und Mobb Deep. Mit der Veröffentlichung seines Solodebütalbums *Return of the Boom Bap* inszeniert sich KRS-One, dessen Name für nicht weniger als »Knowledge Reigns Supreme Over Nearly Everyone« steht, als ein Rapper mit geradezu didaktischem Anspruch. Alles scheint sich in seinem Hip-Hop um die weitere Popularisierung der von ihm so sehr geliebten Musik und ihrer sozialkritischen und Gemeinschaft stiftenden »Message« zu drehen. Seine Stimme ist tief und laut, sein Pathos überlebensgroß – man denke allein an die mittlerweile zu Klassikern avancierten Singleauskopplungen »Sound of da Police« und »Black Cop«. Und obwohl das Album entgegen seinem Titel sicher nicht die ›Rückkehr‹ des Boom-Bap-Sounds bedeutete (er war ja nie verschwunden), unterstreicht KRS-One dessen Bedeutung für den Ostküsten-Hip-Hop im Besonderen und für die noch junge Vergangenheit und die so vielversprechende Zukunft des Hip-Hop im Allgemeinen. Mit Produktionen u. a. von DJ Premier, Kid Capri und Showbiz ist KRS-Ones Album eine Ode an diese besondere musikalische Beat-Ästhetik, die sich vornehmlich durch das so einfache wie virtuose Zusammenspiel einer dumpf hämmernden Bass Drum und einer hart scheppernden Snare Drum auszeichnet und noch heute die Musik von Künstlern wie Apollo Brown, Griselda oder R.A. the Rugged Man kennzeichnet.

Zum Weiterhören: *I Got Next* (1997); Boogie Down Productions, *Criminal Minded* (1987)

Snoop Doggy Dogg
Doggystyle (1993)

Death Row

What's my motherfuckin' name?
»Who Am I (What's My Name)?«

Es muss für einen Musiker gleichermaßen Fluch und Segen sein, wenn das einflussreichste Album der Karriere das im Alter von 22 Jahren veröffentlichte Debütalbum ist. So verhält es sich mit Snoop Doggy Doggs 1993 bei Death Row Records erschienenem *Doggystyle*. Mit Tracks wie »Gin and Juice«, »Lodi Dodi«, »Murder Was the Case«, »Who Am I? (What's My Name?)« sowie »Gz and Hustlas« strotzt *Doggystyle* nur so vor Evergreens, mit denen der junge Rapper aus Long Beach, Kalifornien, ein weites Feld zwischen aggressiver Gangster-Pose und humorvoller Alltagserzählung eröffnet. Ein Jahr nachdem Snoop Doggy Dogg mit seinen diversen Feature-Parts auf Dr. Dres *The Chronic* ein größeres Publikum begeistert hatte, präsentierte er mit seinem Debüt ein komplett von Dr. Dre produziertes Soloalbum, das die geweckten Hoffnungen und Erwartungen sogar übertraf. 1993 war der West-Coast-Hip-Hop schon längst kein Geheimtipp mehr. Dr. Dre, 2Pac und Ice Cube hatten den Post-N.W.A-Sound zu einer festen Größe im Kampf der Küsten gemacht, und im Windschatten von Ice-T florierte eine in Mode und Gebaren deviante, das Verbrechen glorifizierende und im Wesentlichen frauen- und homofeindliche Pimp-Player-Gangsta-Kultur, in deren Bildersprache die Sonne Kaliforniens ihr Licht in die dunklen Ecken der Metropolen und insbesondere die Hölle des Bandenkriegs zwischen den berüchtigten Bloods und Crips warf. Die beiden bestimmenden und zutiefst verfeindeten Gangs fanden ihren Weg im Umkehrschluss sichtbar in den kalifornischen Hip-Hop. So war beispielsweise der Chef von Death Row Records, Suge Knight, bekennendes Bloods-Mitglied und trug stets nur rote Kleidung (die Erkennungsfarbe der Gang), während Snoop Doggy Dogg sich bei öffentlichen Auftritten gerne mit blauen Kleidungsstücken schmückte, und sei es nur ein lässig in die hintere Hosentasche gestecktes Halstuch, um seine Affiliation mit den Crips auszudrücken. Die Nähe von Gang- und Hip-Hop-Kultur schaffte im Gangsta Rap freilich eine (zugegebenermaßen auch kreativ wirkende) Spannung, die kaum ein Hip-Hop-Album der Zeit so eindrucksvoll und glaubhaft destillierte wie *Doggystyle*. Es ist bisweilen zu einem Klischee verkommen, sich ekstatisch über die kongeniale Verbindung von Dr. Dres Beats und Snoop Doggy Doggs Rap zu äußern und die lässige Harmonie zwischen

G-Funk-Orgeln und G-Funk-Rap-Gesang zu feiern. Doch so harmonisch und umschmeichelnd Snoop Doggy Doggs Stimme auch klingen und das Album in die Welt dahinrollender G-Funk-Melodik eingelassen sein mag, *Doggystyle* ist eine unwahrscheinliche Provokation – ein Paradebeispiel für die Gewaltverherrlichung und Misogynie in Teilen der Hip-Hop-Kultur. Zum Zwecke der für Death Row Records typischen skandalisierenden Vermarktung huldigt Snoop Doggy Dogg in seiner Musik der Kriminalität und kriminalisiert seine Musik. Mit der Unterstützung von Label-Chef Suge Knight und Dr. Dre ging Snoop Doggy Dogg auf Angriff. Er provozierte das Establishment, die Ostküsten-Rapper um The Notorious B.I.G. und Bad Boy Records und nicht zuletzt die Justiz. Anstatt sich in Demut und Diskretion zu üben, vertonte Snoop kurzerhand eine Mordanklage (»Murder Was the Case«) und etablierte damit eine *Realness* im Mainstream-Hip-Hop, in der die Persona sich nicht mehr mit einer Selbstfiktionalisierung als Gangster zufriedengibt. (Im Jahr 1996 wurde Snoop Doggy Dogg freigesprochen, nachdem er jenes Auto fuhr, aus dem heraus sein Leibwächter ein verfeindetes Bandenmitglied erschoss – angeblich aus Notwehr.) Als er sich Ende der 90er von Death Row Records trennte, strich er das »Doggy« im Namen, da das Label die Rechte an diesem besaß. Man kann diese Namensänderung auch sinnbildlich als Teil eines Reifeprozesses verstehen, der dazu führte, dass Snoop Dogg heute ein gefeierter Entertainer ist, der das Gangsta-Image abzustreifen wusste und ob seiner zahlreichen Auftritte in Fernsehsendungen, Filmen und bei Sportevents zu einer handzahmen Pop-Ikone wurde.

Zum Weiterhören: Dr. Dre, *The Chronic* (1992); Warren G, *Regulate... G Funk Era* (1994); Tha Dogg Pound, *Dogg Food* (1995)

Wu-Tang Clan

Enter the Wu-Tang (36 Chambers) (1993)

Loud

> Deep in the dark with the art to rip the charts apart
> *Inspectah Deck in »Protect Ya Neck«*

»En garde! I'll let you try my Wu-Tang style« – Nach diesen Worten, einem Zitat aus dem Trash-Kung-Fu-Film *Die Tiger von Kwan Tung* (*Ten Tigers of Kwan Tung*, 1980, Regie: Chang Cheh), setzt der erste Beat des fulminanten Debütalbums des Wu-Tang Clans ein. Und wie der Satz des Shaolin-Kämpfers im Film ist das Album eine Einladung, oder eher: eine Aufforderung, eine unbekannte Welt mit ihren ganz eigenen Vorstellungen von Disziplin, Ehre, Würde, Gewalt, Versöhnung und Gemeinschaft zu betreten. *Enter the Wu-Tang!* lautet der Appell. – Doch als die New Yorker Rapper GZA, Ol' Dirty Bastard, Method Man, Raekwon, Ghostface Killah, U-God, Inspectah Deck und Masta Killa – manche von ihnen Freunde, andere von ihnen Verwandte – sich zu Beginn der 90er Jahre ins Tonstudio von Rapper-Produzent RZA begaben, um *Enter the Wu-Tang (36 Chambers)* einzuspielen, werden sie kaum ernsthaft daran geglaubt haben, am Ende des Produktionsprozesses eines der wichtigsten Alben der Hip-Hop-Geschichte und der Popmusik insgesamt geschaffen zu haben.[4] Das beim New Yorker Hip-Hop-Label Loud Records veröffentlichte Album ist für viele nicht nur eines jener berühmten drei Alben, die man auf eine einsame Insel mitnehmen würde. Es *ist* eine einsame Insel. Das *Sgt. Pepper's Lonely Hearts Club Band* des Hip-Hop. Tracks wie die Debütsingle »Protect Ya Neck«, auf dem, abgesehen von Masta Killa, alle neun Clan-Mitglieder der Popwelt zum ersten Mal ihren vokalen Kung-Fu präsentierten, oder das balladige »Tearz«, für das RZA u. a. Barbra Streisands »The Way We Were« und Wendy Renes »After Laughter« in Sample-Loops in- und übereinanderlegte, offenbaren, was für ein Einhorn *Enter the Wu-Tang* im Einerlei der kommerziellen Hip-Hop-Musik ist. Der Kunstanspruch vermittelt sich in jedem Takt und jeder Silbe. Mit der Chuzpe und dem schnoddrigen kreativen Selbstverständnis eines Jean-Michel Basquiat wusste der Wu-Tang Clan um seine Rolle in der afroamerikanischen Avantgarde – immer schon ist der »Clan in da Front«, wie ein weiterer Track passend feststellt. Und bereits das Cover macht deutlich, dass die Hörer:innen es mit einer bis zu diesem Zeitpunkt noch nicht dagewesenen ästhetischen Kompromisslosigkeit zu tun haben: Das gelbe »W« (das Symbol des Clans, das u. a. auf T-Shirts, Socken und Tassen zu seinem Markenzeichen und einem Kassenschlager werden sollte) strahlt in der rechten unteren Ecke. Links daneben stürmen sechs maskierte Männer, Shaolin-Kämpfern gleich, das Kameraauge. Das degradierende Klischee des be-

4 Der über viele Jahre affiliierte Rapper Cappadonna wurde erst im Jahre 2007 zu einem festen Mitglied der Gruppe. Das Gründungsmitglied Ol' Dirty Bastard verstarb 2004.

drohlichen Schwarzen Mannes verschmilzt hier mit dem kulturellen Stereotyp des edlen, ehrbaren chinesischen Kriegers, der lautlos und unbestechlich, klinisch und zielsicher seine Mord- und Revanchepläne in einer korrupten und brutal korrumpierbaren Welt realisiert. Vor diesem Hintergrund entzieht sich *Enter the Wu-Tang* dann auch der Logik glatter Pop-Beats und Synthie-Sounds. In den Texten präsentieren sich gerade nicht die Vorstellungen von halbnackten Frauen und Pool-Partys oder das Image männlicher sexueller Selbstüberhöhung. Der Einsatz pathetischer Kung-Fu-Filmzitate, düsterer Drum-Machine-Beats, rhythmisierender Soul-Samples und der Einsatz von Texten, die sich dem Battle Rap genauso verschreiben wie der soziologischen Studie, verleiht *Enter the Wu-Tang* die Aura einer kreativen Gemeinschaftlichkeit, in der das Ganze tatsächlich größer zu sein scheint als die Summe seiner Teile. RZAs Produktionen bilden dabei den Kern der gleichermaßen exzentrischen wie minimalistischen Wu-Ästhetik (einer Ästhetik, die nicht nur das Album des Clans, sondern auch die Debütalben all seiner Mitglieder prägt). Aber während frühe Kritiken die unvermittelt raue Kargheit der Musik noch bemängelten, wurden der schwere Sound der Drums, die demonstrative Kraft der Bässe und die hypnotisch wirkenden Loops zum tonangebenden Erkennungsmerkmal des Wu-Sounds. Durchaus unpolitischer als N.W.A und weniger afrozentrisch als A Tribe Called Quest geht es auf dem ersten Album des Wu-Tang Clans um eine ästhetische Philosophie der Straße.

Zum Weiterhören: *Wu-Tang Forever* (1997)

Nas
Illmatic (1994)

Columbia

I woke up early on my born day, I'm 20, it's a blessin'
The essence of adolescence leaves my body, now I'm
fresh and
My physical frame is celebrated 'cause I made it
One quarter through life [...]
»Life's a Bitch«

Wäre das vorliegende Buch nicht chronologisch, sondern in der Logik einer Bestenliste geordnet, dann würde Nas' *Illmatic* auf den ersten Seiten zu finden sein. Aus vielerlei Gründen ist es nicht nur eines der wichtigsten, sondern, und so viel subjektives Pathos muss in einem solchen Buch erlaubt sein, eines der besten Hip-Hop-Alben überhaupt. *Illmatic* ist ein Album von der Straße für die Straße. Es ist ein Album, das man nicht im Club, nicht im Cabrio, nicht auf der Couch, sondern im Licht der Laternen, mit der Kapuze über dem Kopf auf Kopfhörern hört. Es ist ein Album, dem es wie kaum einem anderen Hip-Hop-Album gelingt, die Nuancen eines Gesellschaftskommentars, die Bestimmtheit eines Klassenbewusstseins und den kulturellen Widerstand gegen zementierte Machtstrukturen in eine universale Ästhetik urbanen Aufstands und Schwarzer Kreativität zu überführen. Aufgewachsen in den Queensbridge Housing Projects in Queens, New York, vermochte es der erst 20 Jahre alte Nas, den Sound seiner Heimatstadt musikalisch so brillant zu interpretieren, dass *Ill-*

matic in einem Atemzug mit George Gershwins »Rhapsody in Blue« (1924) und Lou Reeds *New York* (1989) genannt werden muss. Mit der musikalischen Virtuosität einer modernen Symphonie setzt sich jeder Track in ein Spannungsverhältnis zu seinem Vorgänger. Jeder Track offenbart einen lyrischen Geniestreich, der in dem eigens für ihn produzierten Beat einen Verbündeten findet. Und tatsächlich ist es allein seinem Rap-Talent geschuldet, dass der damals kaum bekannte Nas für sein Debütalbum u. a. die Produzentengrößen Pete Rock, Q-Tip und DJ Premier gewinnen konnte. Das Vertrauen in den jungen Rapper aus Queens war also überaus groß. Insbesondere die Zusammenarbeit mit DJ Premier auf dem Album-Opener »N. Y. State of Mind« wurde zu einem *Instant Classic* der Hip-Hop-Geschichte. Müsste man den ersten Vers und den kurz zuvor einsetzenden Beat – samt seiner zart gespielten Klaviertöne und seines dumpf wie eine New Yorker U-Bahn dahingrollenden Basses – in einer Endlosschleife hören, würde einem nicht langweilig. Ein Sprung auf der Platte würde kein Ärgernis, sondern eine ästhetische Reizüberflutung bedeuten: »Rappers – I monkey flip 'em with the funky rhythm / I be kickin' [...].« Ein Vers, der Zeit und Raum transzendiert und sich tief in die Geschichte des Hip-Hop eingebrannt hat. Gleichzeitig machte sich Nas mit *Illmatic* das Leben schwer, denn er hat sein bis heute bestes Album bereits mit dem Debüt vorgelegt. Zwar bestätigen auch einige seiner späteren Alben sein unumstrittenes Sprechgesangstalent, sein sensibles Gespür für Takt, Melodie und Versmaß und die im größeren Vergleich außerordentliche Poesie seiner Texte, doch besticht keines der mittlerweile zwölf nach *Illmatic* erschienenen Alben derart als Kunstwerk. Wer

Illmatic nicht kennt, kann die Hip-Hop-Geschichte nicht verstehen. Und wer *Illmatic* nicht mag, hat Hip-Hop nicht verstanden.

Zum Weiterhören: *It Was Written* (1996)

The Notorious B.I.G.
Ready to Die (1994)

Bad Boy / Arista

And if you don't know, now you know
»Juicy«

Schenkt man dem Titel des Debütalbums von Ausnahme-Rapper The Notorious B.I.G. Glauben, dann war der Künstler bereits im Alter von 22 Jahren ›bereit zu sterben‹. Emporgekommen aus einem New Yorker Armutsviertel, kultiviert er mit großer Einsicht die erschreckende Erkenntnis, dass ›Leben‹ im Wesentlichen ›Überleben‹ ist. In einer Mischung aus alarmierter Paranoia und fatalistischer Gelassenheit werden Leben und Kunst zu sich gegenseitig selbst erfüllenden Prophezeiungen. Und tatsächlich sollten »Biggie« nur knapp drei weitere Lebensjahre vergönnt sein, bevor er im März 1997 im Zusammenhang des schon seit Jahren schwelenden Konflikts mit seinem früheren Freund Tupac »2Pac« Shakur von bis heute unbekannten Tätern in Los Angeles erschossen wurde. *Ready to Die* ist ein sagenhaftes Album – auch jenseits des Hip-Hop. Tracks wie

»One More Chance«, in dem sich der Rapper humorvoll als von Frauen umschwärmter Player gibt; »The What«, das minimalistische Duett mit dem Wu-Tang-Rapper Method Man; das von DJ Premier gastproduzierte »Unbelievable« oder aber die durchaus partytaugliche, im Grunde aber romantisch autobiographische Ballade »Juicy« zeigen The Notorious B.I.G. als einen der talentiertesten Rapper aller Zeiten. Sie treiben Tränen in die Augen, weil sie erahnen lassen, in welche Sprechgesangshöhen sich Christopher Wallace aus Brooklyn, New York, noch hätte katapultieren können, wäre er nicht viel zu früh gestorben.[5] Wie Nas' *Illmatic* und Jay-Zs *Reasonable Doubt* wurde *Ready to Die* im Handumdrehen zum ästhetischen Gradmesser in der hochbeschleunigten Kulturmaschine Hip-Hop. Weil er in Sound und Vortrag so unverwechselbar wie Bob Dylan oder Nina Simone ist, ist es ein geradezu erhabenes Erlebnis, diesem jungen Rapper dabei zuzuhören, wie er die Untiefen seiner von Brutalität und Einsamkeit geprägten Erfahrungswelt nahezu formvollendet poetisiert und gesanglich transportiert; wie er mit lyrischer und stimmlicher Finesse und der Kühnheit popkultureller Professionalität mit den Produktionen von Easy Mo Bee und dem mittlerweile wegen sexuellen Missbrauchs und Sexhandel angeklagten Sean »Puff Daddy« Combs interagiert; wie reflektiert und selbstreflexiv er mit der musikhistorischen Tradi-

5 Zu Lebzeiten hat The Notorious B.I.G. nur noch ein weiteres Album – das in Titel und Inhalt ebenfalls prophetische Doppelalbum *Life After Death* – eingespielt, das nur wenige Tage nach seinem Tod veröffentlicht wurde. Posthum erschienen zwei weitere von Puff Daddy arrangierte Alben, von denen das 1999 erschienene *Born Again* musikalisch am interessantesten ist.

tion des Hip-Hop umgeht und dabei gleichzeitig keinen Zweifel daran lässt, zur neuen Speerspitze dieser expansiven Kultur zu gehören. Prophetisch ist die Auseinandersetzung mit der eigenen Vergänglichkeit, voller Poesie die Erkenntnis der eigenen Verletzlichkeit. The Notorious B.I.G. war das personifizierte Selbstbewusstsein. Ein Anfang-20-jähriges Schwergewicht, das sich mit Melone, Sonnenbrille und Gehstock ebenso zu präsentieren wusste wie mit Baggy Pants und Goldkette. Als sein ganz eigenes ästhetisches Spektakel war er vollumfänglich präsent. Seiner körperlichen Behäbigkeit begegnete er kraftvoll und charmant mit lyrischer Beweglichkeit. Und mit *Ready to Die* gab The Notorious B.I.G. seiner Kultur ihr Memento mori. Im Track »Suicidal Thoughts« rappt »Biggie« mit müder Stimme den Vers »I swear to God I feel like death is fuckin' callin' me«. Was bleibt, ist der Trost, dass er nicht nur *ready to die*, sondern *larger than life* war.

Zum Weiterhören: *Life After Death* (1997)

Rödelheim Hartreim Projekt
Direkt aus Rödelheim (1994)

MCA Music Entertainment / Pelham Power Productions (3p)

Wenn es nicht hart ist, ist es nicht das Projekt
»Wenn es nicht hart ist«

Lange bevor deutschsprachiger Hip-Hop mit Aggro Berlin, Haftbefehl und der 187 Strassenbande seine harte Seite entdeckte, kultivierte das aus Frankfurt am Main stammende Rödelheim Hartreim Projekt um den Rapper Thomas Hoffmann (Thomas H.) und den Rapper-Produzenten Moses Pelham (Moses P.) bereits ein aggressives Gefronte, dessen performatives und musikalisches Pathos insbesondere die Heidelberger Hip-Hop-Romantik von Advanced Chemistry und die Pop-Gefälligkeit der Fantastischen Vier erschüttern wollte. Mit theatralischem Orchestersound, dumpfen Bässen, schnoddrig dahingerotzten Beleidigungen und bis dahin vor allem aus der Skinhead-Szene bekannten Bomberjacken schufen RHP im Handumdrehen eine neue Position im Feld des noch jungen deutschen Hip-Hop und besetzten diese nachhaltig. Das noch handzahme Hip-Hop-Deutschland der frühen 90er Jahre musste sich daran gewöhnen, dass es fortan mainstreamtauglich sein würde, Kontrahent:innen (wie z. B. Die Fantastischen Vier im Track »Reime«) als »spastisch« zu beleidigen. Keine Backpfeife, sondern ein Fausthieb – nicht Reim, sondern Hartreim. RHP verstanden es, das Prollige und Pöbelhafte in eine ästhetisch-musikalische und kulturelle Glaubwürdigkeit zu übersetzen. Da blieb sogar noch Platz für eine –

nicht besonders überzeugend gealterte – Ballade (»Keine ist«). Konsequent pathetisch und aggressiv emotional verkommt die Hip-Hop-typische Übertreibung in *Direkt aus Rödelheim* dennoch nur selten zur comicartigen Überzeichnung. Unnachgiebig geben sich die beiden Rapper wechselseitig das Mikro in die Hand, und wenn es noch mehr Nachdruck braucht, wird, wie in dem Track »Krieg«, ohne mit der Wimper zu zucken ein Mitschnitt von Joseph Goebbels eingespielt. RHP setzte mit *Direkt aus Rödelheim* die ersten Schockeffekte im deutschsprachigen Hip-Hop und ebnete die Karriere eines äußerst talentierten Produzenten. Und so glänzte Moses P. in den Folgejahren insbesondere mit Veröffentlichungen von Star-Power-Künstler:innen wie Sabrina Setlur (Schwester S.), Xavier Naidoo und Azad.

Zum Weiterhören: *Zurück nach Rödelheim* (1996); Sabrina Setlur, *Die neue S-Klasse* (1997); Azad, *Leben* (2001); Moses Pelham, *Herz* (2017)

TLC
CrazySexyCool (1994)

LaFace/Arista

> I say the system's got you victim to your own mind
> *Left Eye in »Waterfalls«*

Hip-Hop ist eine sich bei Soul, Funk, und R'n'B bedienende Crossover-Musik. Und kaum eine Band hat dies so überzeugend zur Geltung gebracht wie TLC, insbesondere auf ihrem zweiten Studioalbum, dem u. a. von R'n'B-Legende Babyface und dem in den 90er Jahren zum Produktionssuperstar aufsteigenden Jermaine Dupri produzierten *CrazySexyCool.* Das Album enthält phantastische Tracks (mit »Creep« und »Waterfalls« an vorderster Front) und ist durchweg geprägt von einer außergewöhnlich coolen und radikal selbstermächtigenden Attitüde. Die drei Musikerinnen T-Boz, Chilli und die viel zu früh verstorbene Left Eye orientierten sich hörbar am aufmüpfigen Salt-N-Pepa-Sound der späten 80er Jahre und schufen eine Musik, in der sich weibliches Selbstbewusstsein genauso ausdrückte wie der Hip-Hop-übliche Hang zur übersexualisierten Selbstverliebtheit. Mit weltweit mehr als 40 Millionen verkauften Tonträgern wurde TLC zur erfolgreichsten Girlband aller Zeiten. Und nicht zuletzt mit ihrem Hit-Album *CrazySexyCool* bestellte die Gruppe ein Feld, auf dem Musikerinnen wie Destiny's Child, Aaliyah oder Foxy Brown noch Jahre später fette Ernten einfahren konnten.

Zum Weiterhören: *FanMail* (1999)

Warren G
Regulate… G Funk Era (1994)

Violator/RAL

G funk, where rhythm is life, and life is rhythm
»Regulate«

Im Windschatten seiner langjährigen Weggefährten Dr. Dre, Nate Dogg und Snoop Doggy Dogg zeigte sich der in Long Beach, Kalifornien, aufgewachsene Warren G mit einem einzigen Album – eigentlich muss man sagen, mit einem einzigen Track – mitverantwortlich, einen ureigenen Los-Angeles-Sound zu einem globalen Exportschlager gemacht zu haben. Kurz nachdem Dr. Dre und Snoop Doggy Dogg auf ihren Debütalben *The Chronic* (1992) und *Doggystyle* (1993) den G-Funk zur tonangebenden Ästhetik des Westküsten-Hip-Hop gemacht hatten, legte Warren G mit *Regulate… G Funk Era* (samt der Hit-Single »Regulate« mit Nate Dogg) ein ungemein selbstbewusstes Album vor. Zwar sollte dieses trotz seines unverhofften Charterfolgs nie den kanonischen Stellenwert seiner Vorbilder erreichen, aber zum Klassiker ist es dennoch geworden. Zu Recht, denn Warren G bewies mit *Regulate…*, dass Rap nicht automatisch die breitschultrige Pose braucht, sondern durchaus mit der subtilen Kraft einer zart dahingehauchten Soul-Stimme glänzen kann. Dazu ein behutsam untermalender Schlagzeugbeat und die gelungen arrangierten Klänge synthetisch verzerrender Orgelakkorde, und fertig ist ein Album, das zeigt, dass Hip-Hop wahrlich ein Kind der Funk- und Soulmusik ist.

Zum Weiterhören: *Take a Look Over Your Shoulder* (1997); Snoop Doggy Dogg, *Doggystyle* (1993); Nate Dogg, *G-Funk Classics, Vol. 1 & 2* (1998)

Advanced Chemistry
Advanced Chemistry (1995)

360°

> Ist es so ungewöhnlich, wenn ein Afrodeutscher seine Sprache spricht?!
>
> *Torch in »Fremd im eigenen Land«*

Zu einer Zeit, in der (zumindest in Deutschland) noch ernsthaft darüber diskutiert wurde, was ›wahrer‹ Hip-Hop zu sein habe, gerierten sich Advanced Chemistry als dessen Gralshüter und bildeten die Speerspitze des deutschsprachigen Conscious Rap. Bereits 1992, als das wiedervereinte Deutschland blühende Landschaften imaginierte, sich stattdessen aber mit der Realität brennender Geflüchtetenunterkünfte und einem erstarkenden Neonazismus konfrontiert sah, machten die Heidelberger Rapper Toni-L, Linguist und Torch mit ihrer 12-Inch-Veröffentlichung *Fremd im eigenen Land* den deutschen Hip-Hop zu einem Medium bürgerrechtlichen Engagements. In Lederjacken, Tweedjacketts, Rollkragenpullovern und Schiebermützen gekleidet, entsprachen die Mitglieder von Advanced Chemistry weder der gängigen Vorstellung von Popmusikern noch dem Klischee sich lässig gebender Hip-Hopper. Vielmehr kamen sie daher wie studentische Revolutionäre aus den 60er Jahren, wie junge Intellektuelle, die ihre Musik eindeutig nicht zum Spaß machten. Während Die Fantastischen Vier zur selben Zeit ihr ganz eigenes Verständnis von Pop-Hip-Hop in der Republik streuten und die Rödelheimer Hartreimer ihren Hip-Hop antithetisch als Musik des harten Pflasters kultivierten, ging es Advanced Chemistry vor allem darum, die an Afrika Bambaataa angelehnte Zulu-Dogmatik der *Realness* und der sozialen Verantwortung zu predigen. Einer Popkultur, die sich nur allzu bereitwillig am MTV-Mainstream ausrichtete, sollte mit einfachen und bewusst unverspielten Beats ein nachhaltiges kulturelles Selbstverständnis entgegengesetzt werden. In einer Welt der Loveparades, Tamagotchis und Air Jordans sollte sich Hip-Hop demnach als wertebasierte Gegenkultur etablieren. Kulturelle Identitätsstiftung durch kulturelle Abgrenzung, Inklusion infolge von Distinktion. Advanced Chemistry – und nicht zuletzt der überlebensgroße Torch, an dem sich der deutsche Hip-Hop bis heute abarbeitet – waren eine selbstbewusste, mitunter selbstgerechte Hip-Hop-Crew. Ihr Insistieren, einer wie auch immer gearteten ›Wahrheit‹ stets ein Stück näher zu sein als andere Hip-Hopper:innen, ist ihrem unerschütterlichen Pionierhabitus geschuldet: Wir waren als Erstes da, also sagen wir, wie es zu laufen hat. So nimmt es nicht wunder, dass eine Gruppe, die so viel Kraft und Energie in die Behauptung ihrer eigenen kulturellen Position setzte, nur ein einziges Studioalbum hervorgebracht hat.

Zum Weiterhören: Torch, *Blauer Samt* (2000)

Bone Thugs-N-Harmony
E. 1999 Eternal (1995)

Epic

Livin' in a hateful world
Layzie Bone in »Tha Crossroads«

Mainstream-Hip-Hop breitete sich in den 90er Jahren bis in die hintersten Winkel der USA aus und schaffte seinen Weg sogar in die flachen Ebenen des bemerkenswert unglamourösen Mittleren Westens. Von Cleveland, Ohio, aus trat eine musikalisch neuartige Gruppe ihren Feldzug durch die Charts an: Bone Thugs-N-Harmony. Und die fünf Musiker machten ihrem Bandnamen alle Ehre: Sie waren wahre *Thugs*, also Straßengangster, deren Sprechgesang aber von einer besonders feinen und unverkennbaren Harmonik geprägt war. In Titel und Inhalt angelehnt an Eazy-Es posthum erschienenes Best-of-Album *Eternal E* (1995), ging es auch bei BTNH vornehmlich um Drogen, Gewalt und Armut, wobei sie diese Themen nicht selten mit spirituellen und bisweilen okkultistisch anmutenden Versen, Bildern und Vorstellungswelten ausschmückten. Außerdem stachen BTNH im Einheitsbrei des kommerziellen Gangsta Rap dadurch heraus, dass sie in Tracks wie »Tha Crossroads« oder »1st of tha Month« die Grenzen der etablierten Straßenästhetik in die zerrüttete Domestizität verschoben und Tracks kurzerhand zu Milieustudien machten, in denen eben nicht nur dem um Anerkennung kämpfenden Gangster, sondern gerade auch den Schwächsten der Schwachen, also den Armen, Vernachlässigten und Bedürftigen, erzählerisch eine Bühne bereitet wird. *E. 1999 Eternal* ist ein musikalisch komplettes Album und zu hören, wie die fünf Bone Thugs mithilfe ihrer Gesangsstimmen und Stakkato-Raps choralhaft die Untiefen der sozialen Ungleichheit beschallen, war und ist ein besonderes Hip-Hop-Erlebnis.

Zum Weiterhören: *The Art of War* (1997); *Strength & Loyalty* (2007)

Fettes Brot
Auf einem Auge blöd (1995)

Alternation

Und auf die Schnelle noch 'ne Fischfrikadelle
König Boris in »Nordisch by Nature«

Auf einem Auge blöd ist ein kaum mehr beachtetes, aber nicht zu vergessendes Dokument seiner Zeit. Hamburg stand in den Startlöchern, um den deutschen Hip-Hop zu übernehmen, und Fettes Brot lieferten einen ersten Vorgeschmack dafür, wie die Kombination aus Partyspaß (»Meh' Bier«), Gesellschaftskritik (»Gangsta Rap«), funky Sample-Sound (»Mitschnacker«) und Baggy-Pants-Attitüde (»Optimal geschmacksneutral«) gelingen kann. Die harmonische Ausgewogenheit der Gruppe und die ästhetische Geschlossenheit des Albums verleihen *Auf einem Auge blöd* die Aura einer Professionalität, die zum einen selten war im deutschen Hip-Hop der frühen 90er Jahre und die zum anderen dafür sorgen sollte, dass Fettes Brot die längste Zeit fester Bestandteil des Geschäfts werden sollten. Im Unterschied aber zu *Bambule* (Absolute Beginner, 1998) oder *Deluxe Soundsystem* (Dynamite Deluxe, 2000) lockt das Debüt der Brote heute kaum noch jemanden hinter dem Ofen hervor. Einzig der 9-Minuten-Posse-Track-Evergreen »Nordisch by Nature«, das »Rapper's Delight« und als solches der witzigste Rummelausflug der deutschsprachigen Hip-Hop-Geschichte, lässt die Boxen von Hip-Hop-Nostalgiker:innen und Dorfdisco-DJs noch ab und zu höherschlagen. Im Ganzen ist das Album zwar geprägt von einer erfrischenden Leidenschaft, einem sportlichen Ehrgeiz und putzig naiver Hip-Hop-Authentizität, doch fehlt es in Sound, Text und Vortrag allzu häufig an Explosivität und Nachdruck. Fettes Brot rappen so, wie meine Mutter sich Rap vorstellt: hier ein Haus, da eine Maus und ab und an ein Wie-Vergleich. Während man bei einer Gruppe wie den Beastie Boys Angst haben musste, dass sie die Party stürmen, das Bier wegsaufen und den Plattenspieler klauen, schmieren Fettes Brot mit schelmischem Verzücken Zahnpasta unter die Türklinke. An *Auf einem Auge blöd* musste sich die Hip-Hop-Community nie wirklich abarbeiten, aber es sollte kein Zweifel daran bestehen, dass das Album einer der Startschüsse für die rasante kulturelle Entwicklung des deutschsprachigen Hip-Hop war und bleibt.

Zum Weiterhören: *Am Wasser gebaut* (2005)

GZA/Genius
Liquid Swords (1995)

Geffen

Disciplinary action was a fraction of strength
That made me truncate the length one-tenth
»4th Chamber«

»When I was little, my father was famous. He was the greatest Samurai in the Empire.« Es dürfte wohl kaum einen Hip-Hop-Fan auf dieser Welt geben, der diese im Martial-Arts-Film *Shogun Assassin* (1980, Regie: Robert Houston, Kenji Misumi) von einer Kinderstimme gesprochenen Sätze nicht als die Eröffnung eines der wichtigsten Alben des Genres wiedererkennt: des 1995 erschienenen *Liquid Swords* des aus New York stammenden Wu-Tang-Clan-Mitglieds GZA. Konsequenter noch als auf anderen Soloalben des Wu-Tang Clans wird in *Liquid Swords* von Beginn an eine fernöstliche Vorstellungswelt aufgerufen, in deren düsterer Atmosphäre sich GZAs geschmeidiger und gleichmäßiger Rap-Stil und die virtuos simplen und sampleaffinen Beatkompositionen des Wu-Tang-Mitbegründers und Rapper-Produzenten RZA geradezu selbstverständlich einfügen. Und auch wenn sich *Liquid Swords* zunächst nur wenig vom Erstlingswerk des Wu-Tang Clans, dem meisterhaften Debütalbum *Enter the Wu-Tang (36 Chambers)* (1993), unterscheidet, ist beim genaueren Hinhören doch zu erkennen, dass den Hörer:innen, anders als im Falle von *Enter the Wu-Tang*, die Liebe zur trashig-mythischen Welt alter Martial-Arts-Filme nicht mehr nur als verspieltes Happening und ästhetische Kontrastfolie einer urbanen Lebenswelt begegnet. Vielmehr verschmelzen die evozierten Bilder dieser magisch anmutenden Kampfsportkunst und die ruhige, predigerähnliche Sprache GZAs in *Liquid Swords* in einem gegenseitig sich bestärkenden Feedback-Loop kreativer Inspiration und poetischer Überbietung. Vom bereits erwähnten Intro bis hin zu solch sagenhaften Tracks wie »4th Chamber« oder »Shadowboxin'« (samt seines herausragenden Feature-Parts von Method Man) steigert sich das Hörerlebnis von *Liquid Swords* in metaphysische Höhen. *Liquid Swords* ist ein Wu-Tang-Album par excellence. Dabei ist es, für sich genommen, ein bemerkenswert geschlossenes und ästhetisch schlüssiges Album, mit dem es GZA, nachdem er sich 1992 dem Clan angeschlossen hatte, gelingt, seinen ganz eigenen Stil zu entwickeln und zu etablieren. In GZAs Rap, in seinen Texten und seinem Vortragsstil, verbinden sich eine von kraftvollen Metaphern geprägte Sprache (»I flow like the blood on a murder scene«), der Schulterschluss von fernöstlicher Mythologie und westlichen Wissenschaftslehren und ein nachdrücklicher didaktischer Anspruch.[6] In diesem Sinne mag man in GZA vielleicht nicht den selbsternannten »Genius«, wohl aber den Eigenbrötler im Wu-Tang Clan erkennen, dem es mit *Liquid Swords* gelungen ist, ein düsteres Album mit Anspruch auf Erleuchtung in die Hip-Hop-

6 GZAs Faszination für Wissenschaft und ihre öffentlichkeitswirksame Präsentation fanden später beispielsweise Ausdruck in seiner von Red Bull produzierten und von Netflix 2017 ausgestrahlten TV-Serie *Liquid Science*, in der sich der Künstler in elf Episoden verschiedenen Phänomenen der Wissenschaft und Technik, von Erderwärmung bis Roboterentwicklung, widmet.

Welt zu entlassen – ein Album, das gleichermaßen mit sonderbarer Schönheit und purer, also unverstellter Poesie imponiert. *Liquid Swords* vereint Gangsta und Conscious Rap und ist das Destillat dessen, was der Wu-Tang Clan durch die Verschmelzung von afroamerikanischem Straßenrap und fernöstlicher Ästhetik in der Hip-Hop-Welt erreichen wollte: In diesem Sinne ist *Liquid Swords* GZAs Beitrag zur radikalen Erweiterung des Selbstverständnisses der Hip-Hop-Kultur und als solcher die Sprengung der immer gleichen Selbststereotypisierungen innerhalb der Rapmusik Mitte der 90er Jahre.

Zum Weiterhören: Wu-Tang Clan, *Enter the Wu-Tang (36 Chambers)* (1993); Method Man, *Tical* (1994); Raekwon, *Only Built 4 Cuban Linx...* (1995)

Mobb Deep
The Infamous (1995)

Loud/RCA

'Cause ain't no such thing as halfway crooks
»Shook Ones, Pt. II«

Die später zum Goldenen Zeitalter des Hip-Hop erklärte Ära war Anfang der 90er Jahre gerade erst beendet, da machte sich schon eine neue Generation daran, mit düsteren Bässen, melancholisch anmutenden Samples und rauen Texten am ästhetischen und kulturellen Selbstverständnis dieser Musik zu feilen. Hip-Hop hatte sich vollends etabliert, die Altvorderen wurden institutionalisiert und unzählige Alben pophistorisch kanonisiert. Nun durfte endlich wieder rebelliert werden, und die Zeit war reif für kreative Erschütterungen. Erneut war New York das Epizentrum des Neuen, das Schockwellen produzierte, die sich von den Straßen in die Radios, das Musikfernsehen und die Plattenregale der Welt übertrugen. Ein besonders starkes Beben ging in dieser Zeit vom Duo Mobb Deep aus. Die beiden New Yorker Havoc und Prodigy, die sich bereits als Jugendliche an der High School of Art and Design in Manhattan anfreundeten und die Hip-Hop-Gruppe Poetical Prophets gründeten, schienen ein intuitives Gespür dafür zu haben, den Hardcore Rap zu einem gleichermaßen unwirtlichen und massentauglichen Genre zu machen. Dafür war es überhaupt nicht notwendig, das Rad neu zu erfinden. Eindeutig orientierten sich die beiden Anfang-20-jährigen Rapper-Produzenten am Minimalismus des Wu-Tang-Sounds und dem virtuos erzählerischen »Queensbridge«-Hip-Hop ihres New Yorker Weggefährten Nas. Sie verließen sich konsequent auf die Boom-Bap-Beats ihrer Zeit, etablierten aber dennoch einen eigenwillig neuartigen Hip-Hop. Mit ihrem sensiblen und gleichzeitig rebellisch aufrührerischen Traditionsbewusstsein schufen Mobb Deep eine einzigartige Atmosphäre, die mit den Begriffen »Sound« oder »Stil« nicht zu fassen ist und die sich, dem Titel und der Klangwelt ihres Tracks »Survival of the Fittest« entsprechend, als sozialdarwinistische Exploration der eigenen Lebenswelt musikalisch und textlich Form gibt. Prodigy, dem man in seinem Flow und dessen Brüchen die Herkunft aus einer bildungsbürgerlichen Familie von Jazzmusikern anhört und der bis heute zu den besten MCs der Hip-Hop-Geschichte gezählt wird, hat *The Infamous* als eigentliches Debütalbum der Gruppe bezeichnet. Das mag daran liegen, dass *Juvenile Hell* (1993) zum einen noch recht einfältig und *The Infamous* zum anderen eine schlichtweg geniale Eigenproduktion ist (abgesehen von einigen von Q-Tip produzierten Tracks). Mit diesem virtuosen, jedes Klischee des Gangsta Rap weit übersteigenden Album wollten Mobb Deep aber nie einfach nur berühmt werden. Sie wollten ›berüchtigt‹ sein, was ihnen sowohl ästhetisch als auch biographisch gelang: Denn nicht nur schockten sie nach der Veröffentlichung des Albums über Jahre die Hip-Hop-Welt mit immer neuen Exkursionen in die Untiefen urbaner Existenz, sie spielten auch eine Nebenrolle im Konflikt der Küsten, indem sie sich insbesondere mit Snoop Doggy Dogg und 2Pac in einem Hin und Her bösartig obszöner Battle-Tracks ergingen. Stets ging es den beiden darum, den Zeitgeist so pointiert und kritisch wie möglich zu bannen und ihn dergestalt musikalisch zeitlos werden zu lassen. Und weil Hip-Hop so herrlich selbstreferentiell ist, wurde *The Infamous* in Eminems quasi-autofiktionalem Spielfilm *8 Mile* (2002, Regie: Curtis Hanson) eine angemessene Hommage zuteil: Zu den Beats von »Shook Ones, Pt. II« und dem bereits erwähnten »Survival of the Fittest« duellieren sich die Amateur-Rapper, bis der von Eminem dargestellte B-Rabbit die beiden Mobb-Deep-Tracks auch textlich direkt zitiert und einen seiner selbstkreierten Battle-Verse so enden lässt, dass dem eng gedrängten Publikum nichts anderes übrig bleibt, als im viel zu kleinen Kellerclub den oben zitierten Vers inbrünstig zu brüllen: »'Cause ain't no such thing as halfway crooks.« Mobb Deep duldeten keine halben Sachen, und so legten sie bereits ein Jahr nach dem Erscheinen von *The Infamous* mit *Hell on Earth* einen weiteren *Instant Classic* vor. Die Gruppe bestimmte den Hip-Hop der mittleren 90er Jahre wie kaum eine andere, verlor um die Jahrtausendwende aber zusehends an Strahlkraft. 2017 verstarb Prodigy.

Zum Weiterhören: *Hell on Earth* (1996)

Raekwon
Only Built 4 Cuban Linx... (1995)

Loud/RCA

Chef'll shine like marble, rhyme remarkable
»Incarcerated Scarfaces«

Das Debütalbum des Wu-Tang-Clan-Mitglieds Raekwon ist ein ästhetischer Kommentar auf die Entwicklung des Hip-Hop Mitte der 90er Jahre. Die Gangster, Backpacker und Tüftler machten sich auf eine Reise, auf der an jeder Weggabelung Genre- und Stilgrenzen gesprengt wurden. Die Rolle, die der Wu-Tang Clan in dieser Entwicklung spielte, ist von besonderer Bedeutung. Im Clan vermischten sich Do-it-yourself- und Avantgarde-Ästhetik, und jedes seiner Mitglieder schuf seine ganz eigene Art, diesem Anspruch gerecht zu werden. Weniger philosophisch als GZAs *Liquid Swords* und weniger verspielt als Ol' Dirty Bastards *Return to the 36 Chambers* (beide ebenfalls 1995) ist *Only Built 4 Cuban Linx...* von einer außerordentlichen, weil naiven und unvermittelten Schönheit. Das Album schließt konsequent an *Enter the Wu-Tang (36 Chambers)* (1993) an und taucht im Anklingen ostasiatischer Mystik hinab in die urbanen Untiefen von Crack, Ganggewalt und Aufstiegssehnsucht. Mit Tracks wie »Incarcerated Scarfaces« und »Ice Cream« deckt Raekwon das ganze Spektrum von Rap-Realität bis Pop-Phantasie ab. Dabei verzaubert das Album mit seiner ganz eigenen, beinahe traumtänzerischen ästhetischen Unmittelbarkeit. Im Wu-Tang-typischen Spiel von eingesprochenen Skits, zitierten Filmszenen und herein- und wieder abbrechenden Beats und Samples stellt sich die Vorstellung ein, man wäre am Produktionsprozess beteiligt. Der selbsternannte »Chef« nimmt uns in seinem Debütalbum mit in seine Küche und gibt uns das Gefühl, wir könnten beim Abschmecken helfen. Wobei an dieser Stelle sein Souschef nicht unerwähnt bleiben darf. Was Snoop Doggy Dogg für Dr. Dres *The Chronic* war, ist Ghostface Killah für Raekwons *Only Built 4 Cuban Linx...* Auf 12 von 17 Tracks ist das Wu-Tang-Clan-Mitglied zu hören, das ein Jahr später mit seinem Debütalbum *Ironman* ebenfalls einen Hip-Hop-Klassiker vorlegen sollte.

Zum Weiterhören: *Only Built 4 Cuban Linx... Pt. II* (2009); Ghostface Killah, *Ironman* (1996)

Three-6 Mafia
Mystic Stylez (1995)

Prophet

Rise up to the darkness, listen close to noises in the
streets
Lord Infamous in »Da Summa«

Während zahlreiche Hip-Hop-Acts Mitte der 90er Jahre begannen, Album für Album dem sterilen Pop-Mainstream zu gefallen, waren aus den Schmuddelecken des Untergrunds ganz eigene, widerständige Sounds zu hören. Und während auf den Jugendpartys die immer selben Tracks von The Notorious B.I.G., Snoop Dogg und Nas liefen, war der Hip-Hop einer Gruppe wie der aus Memphis, Tennessee, stammenden Three-6 Mafia (auch Three 6 Mafia) eher etwas für Hartgesottene und die – im eigenen Selbstverständnis – »Kenner:innen« der Szene. In einer Mischung aus alptraumhaft-satanistischen Versen, Bone-Thugs-N-Harmony-Harmonien (wenngleich sie im bitteren Streit mit der aus Cleveland, Ohio, stammenden Gruppe standen), und einer dominant gesetzten Hi-Hat, die Hörer:innen noch heute die Nerven zittern lässt, schufen Three-6 Mafia einen Horrorcore-Sound, der sich tief in die DNA des Dirty South eingetragen hat. Und wenngleich sie vielleicht nie die Augenhöhe von Outkast erreicht haben, sind sie doch so etwas wie deren Destrudo – der im Dunklen lauernde Ausdruck des Lustprinzips einer fortschreitend konformistischen Musikkultur.

Zum Weiterhören: *Most Known Unknown* (2005)

2Pac
All Eyez on Me (1996)

Death Row / Interscope

Have a party at my funeral, let every rapper rock it
»Life Goes on«

Natürlich ist der Tod im Leben eines jeden Menschen eine sich selbst erfüllende Prophezeiung und die Triebfeder jedweder Selbsterzählung: Er wird kommen, man weiß nur in den meisten Fällen nicht, wo, wann und wie. Es ist das große anthropologisch-philosophische Dilemma unseres Daseins, um den eigenen Tod zu wissen, mit ihm umgehen zu müssen, ihn aber nicht verstehen zu können. Dass die Kunst sich diesem existentiellen Dilemma seit jeher annimmt, ist kein Wunder. Und auch die Popmusik ist in all ihrem Hedonismus im Grunde ein ständig sich revitalisierendes Memento mori. Unsterblichkeit bis man stirbt und über den Tod hinaus, lautet die Devise, und selten erschien diese prophetische Selbsterzählung derart unmittelbar und anrührend, demütig und dabei intuitiv-intellektuell reflektiert wie in der Musik Tupac »2Pac« Shakurs (und natürlich seines komplementären Antagonisten The Notorious B.I.G., kurz »Biggie«). 2Pacs viertes Studioalbum, das bei Suge Knights Label Death Row erschienene *All Eyez on Me*, ist insofern eine kompromisslose Antwort auf »Biggies« *Ready to Die* (1993), denn auch 2Pac schien an diesem Punkt seines Lebens nicht mehr nur zu wissen, dass er sterben würde, er schien damit zu rechnen, dass es schon im nächsten Moment passieren würde. Jeder Takt und jeder

Vers *könnten* dementsprechend nicht nur die letzten sein. Vielmehr transportiert jeder Track dieses sagenhaften Doppelalbums diese eigentümlich sich verschleppende Vorahnung, sie *würden* es sein. Bis es dann so weit war: Nachdem bereits 1994 in New York auf 2Pac geschossen wurde und er umgehend seinen ehemaligen Freund The Notorious B.I.G. und dessen Crew beschuldigte, kam es zum berühmten (Wett-)Streit über das kulturelle und wirtschaftliche Monopol im Hip-Hop zwischen dem in Los Angeles ansässigen Label Death Row und Puff Daddys Label Bad Boy. Der Konflikt eskalierte sieben Monate nach Erscheinen von *All Eyez on Me*, als 2Pac in Las Vegas erschossen wurde (und »Biggie« schließlich sechs Monate nach ihm). Mitte der 90er Jahre war 2Pac längst ein internationaler Superstar, ein Sexsymbol und das große popkulturelle Versprechen der Schwarzen Kunst diesseits und jenseits der afrikanischen Diaspora. Nach seinem zu frühen und bis heute nicht gänzlich aufgeklärten Tod aber wurde er von weiten Teilen der Hip-Hop-Community zu einem Heiligen und einem Propheten seiner Popkunst erklärt, was auch an der außerordentlichen Qualität seines letzten noch zu Lebzeiten erschienenen Albums lag. *All Eyez on Me* ist spürbar gesetzter als 2Pacs rebellisch-idealistisches Coming-of-Age-Debüt *2Pacalypse Now* (1991), in welchem dem vom West-Coast-Hip-Hop der Bay Area geprägten Sohn einer Schwarzen Bürgerrechtsaktivistin noch nicht ganz klar war, wohin seine Reise im Hip-Hop gehen würde. Noch trat er mit der aufrührerischen Bestimmtheit eines jungen Black Panther auf und nutzte das ungewohnte Rampenlicht, um die dunkelsten Ecken des amerikanischen Alptraums auszuleuchten. *2Pacalypse Now* ist musikalisch, textlich und konzeptionell ein verhältnismäßig unausgewogenes Album, abgesehen vom Track »Brenda's Got a Baby«, der ein Meilenstein in der Geschichte der Hip-Hop-Erzählkunst ist und einen ihrer sensibelsten Erzähler erkennen lässt. Darauf aufbauend erzählt *All Eyez on Me* aus dem Leben eines Künstlers, der auf dem Höhepunkt seines Schaffens den Wirt beim Kragen packt, weil er sich nicht davor scheut, die Rechnung zu machen: hier eine Hymne auf die Heimat (»California Love«), dort eine Ode an die Freundschaft (»I Ain't Mad at Cha«), dazwischen diverse pikareske Selbsterzählungen und schlussendlich immer wieder der Versuch einer metaphysischen Läuterung (»Life Goes On« und »Heaven Ain't Hard 2 Find«). Und während der Hip-Hop im Jahr 1996 im Begriff war, die popkulturelle Deutungshoheit zu übernehmen, versah 2Pac ihn trotz und mithilfe seines Gangstergehabes mit einem unmissverständlich literarischen Glanz. Poesie ist bei 2Pac die Erscheinungsform des Prophetischen und Lyrik ein Erzählgenre, in dem jeder Track zur Ballade wird, aus der es einen ahnungsvoll anhaucht.

Zum Weiterhören: *2Pacalypse Now* (1991); *Me Against the World* (1995)

Bahamadia
Kollage (1996)

Chrysalis/EMI

Represent my peoples on the Ill-a-del side
»Uknowhowwedu«

Kollage ist das Debütalbum der aus Philadelphia stammenden Bahamadia, die bereits als Feature-Act bei The Roots und auf Gurus *Jazzmatazz Vol. 2* (1995) auf sich aufmerksam machte. Ihr Album ist das konsequente Produkt seiner Zeit und seines musikalischen Umfelds: Mit Produktionen von DJ Premier, Da Beatminerz und The Roots kommt das Album *smooth* und jazzaffin – man kann sagen, geradezu ›gechillt‹ – daher. *Kollage* ist und will deshalb gar keine spektakuläre Sensation sein. Es ist eher eine Meditation, die sich aus dem Hintergrund mit dem ausgewogenen und in sich ruhenden Selbstverständnis eines *Instant Classic* anschleicht. Mit Blick auf dieses Selbstverständnis und die musikalische Qualität des Albums ist es besonders erstaunlich und schade, dass nach *Kollage* nur noch zwei eher bescheidene Soloalben und zahlreiche weitere Feature-Parts folgten.

Zum Weiterhören: The Roots, *Illadelph Halflife* (1996); Diverse, *Lyricist Lounge, Vol. 1* (1998)

Fugees

The Score (1996)

Ruffhouse/Columbia

Ready or not, refugees taking over
Pras in »Ready or Not«

Ready or not, here they come! Die Fugees waren ein unverhofftes Geschenk für den Hip-Hop der 90er Jahre. Die drei Musiker:innen Wyclef Jean, Pras und Lauryn Hill bildeten eine stimm- und klanggewaltige Supergroup mit einem unverkennbar eigenen Sound, der zu seiner Zeit keinen Hip-Hop-Fan kaltließ. Die Kritiker:innen waren und sind sich einig: Ihr zweites und bislang letztes Studioalbum *The Score* ist ein Meisterwerk. Dabei gelang den Fugees die Quadratur des Kreises: eine wahre Band zu sein, ohne aber Kompromisse im individuellen Ausdruck zu machen. Insofern ist *The Score* ein wilder und wundervoll eigenwilliger Mix aus Wyclefs karibischen Klangwelten, Pras' kühl mechanischem Ostküstenvibe und Lauryn Hills genialer Rap-R'n'B-Gesangsverschmelzung, der sich im herausragenden Track des Albums, »Fu-Gee-Laa«, besonders nuanciert ausdrückt. Auf *The Score* begegnen sich Rap und Gesang in perfekt aufeinander abgestimmten Amplituden. Die Fugees bedienen im Grunde das gesamte Spektrum afroamerikanischer und karibischer Musiktradition vom Blues über Reggae bis Hip-Hop, so dass es insbesondere ihnen zu verdanken ist, dass Hip-Hop-Musik der Versuchung, sich formal allzu sehr einzuschränken, widerstehen konnte. Die Fugees gaben dem Hip-Hop seinen ganz besonderen Soul, und so überrascht es auch nicht, dass die Ballade »Killing Me Softly« damals zwar völlig unverhofft, im Rückblick aber vollkommen zu Recht durch die Decke ging. Dabei war die Coverversion des 1972 von Lori Lieberman veröffentlichten (und 1973 von Roberta Flack berühmt gemachten) Songs unter Verwendung eines unverkennbaren Beat-Samples von A Tribe Called Quests »Bonita Appleblum« zunächst gar nicht für eine Singleauskopplung eingeplant. Mit mehr als vier Millionen verkauften Einheiten avancierte der Track aber allein in Europa zu einem Riesenhit. Mit ihrer Stimme und ihrem unvergleichlichen Swag kaperte Lauryn Hill den Track regelrecht, machte ihn jenseits des Originals zu ihrem eigenen und katapultierte ihn in vollkommen neue Sphären. Pras und Wyclef blieben nur Zuschauerrollen, während Lauryn Hill, dieser gar nicht so geheime Star der Gruppe, keinen Zweifel daran aufkommen ließ, was für eine Naturgewalt sie war. Die Fugees haben mit ihren wenigen Alben sicherlich keine Dynastie begründet, aber sie haben in einer Zeit, in der US-amerikanischer Hip-Hop stilistisch und ideologisch in alle Richtungen explodierte und sich anschickte, eine der bestimmenden Pop-Ästhetiken zu werden, einen Sound geschaffen, in dem sich Afrozentrismus und postkolonialer Widerstand ebenso ausdrücken wie der Wille zu popkultureller Integration jenseits von Genre- und Formgrenzen.

Zum Weiterhören: *Blunted on Reality* (1994); Wyclef Jean, *The Carnival* (1997); Lauryn Hill, *The Miseducation of Lauryn Hill* (1998)

Jay-Z
Reasonable Doubt (1996)

Roc-A-Fella/Priority

No question, Jay-Z got too many answers
»22 Two's«

Bereits vor der Veröffentlichung seines Debütalbums *Reasonable Doubt* hatte Jay-Z die Hip-Hop-Welt in Aufruhr versetzt. Nachdem der junge Shawn Carter es von der Straßenecke bis ins Vorprogramm von Big Daddy Kane geschafft hatte, war klar, hier würde einer kommen, der nicht nur bleiben, sondern die komplette Kultur übernehmen wolle.[7] Und tatsächlich: Obwohl *Reasonable Doubt* bis heute Jay-Zs Album mit der niedrigsten Chartplatzierung ist (Rang 23 in den US-Charts), gilt es als eines der mutigsten und schlüssigsten Alben des Rappers. *Reasonable Doubt* ist ein kreativer Initiationsakt und ein künstlerisches Großereignis. Das Album avancierte schnell zum kulturellen Taktgeber, an dessen Produktions- und Rezeptionsgeschichte sich gleichzeitig das Ideal der Do-it-yourself-Mentalität im Hip-Hop und die wachsende Professionalität des Hip-Hop-Geschäfts in den 90er Jahren ablesen lässt. Dabei hatte Jay-Z ganz eigene und zu diesem Zeitpunkt geradezu wahnwitzige Vorstellungen davon, in welchem Ausmaß ein einzelner Künstler mithilfe engster Vertrauter

7 Mit der Veröffentlichung seines Albums *Magna Carta Holy Grail* (2013) schrieb sich Jay-Z fortan ohne Bindestrich. Um Missverständnisse zu vermeiden, wird in diesem Buch ausschließlich die ursprüngliche Schreibweise verwendet.

ein Kulturimperium schaffen könne. Während der kommerziell erfolgreiche West- und Ostküstenrap von nichtrappenden Strippenziehern im Hintergrund orchestriert wurde, man denke an Suge Knights Death Row Records oder Rick Rubins und Russell Simmons' Def Jam Recordings, gründeten Jay-Z und einige seiner Jugendfreunde eigens für die Produktion von *Reasonable Doubt* das unabhängige Plattenlabel Roc-A-Fella, so dass Firma und Album zu sich gegenseitig potenzierenden Quellen für die Akkumulation von kulturellem und ökonomischem Kapital wurden.[8] Jay-Z wollte, wie der oben zitierte Vers es nahelegt, auf alle Fragen Antworten parat haben. Musikalisch und poetisch verblüffen dabei die an Rakim, The Notorious B.I.G. und 2Pac erinnernde Mühelosigkeit, mit der Jay-Z seine wortspielreichen und eigenwillig getakteten Verse über die Lippen und über den Takt kommen. Einzigartig ist die Stimme, die plötzlich in höchste Tonlagen abrutscht und so jedem gerappten Wort seinen ganz eigenen Klangraum gibt und seine semantische Dichte spielerisch verzerrt. Jay-Z, der sich als noch unveröffentlichter Untergrundrapper in Brooklyn einen Namen mit sich selbst überschlagenden Mehrfachreimketten machte, nimmt auf *Reasonable Doubt* spürbar Tempo aus seinem Rap, erlaubt seiner Stimme den Einsatz von Soul- und Funkintonation, und präsentiert sich so als Sprach- und Sprechkünstler,

8 In den Folgejahren kam es dann mit der Gründung des Modelabels Rocawear zum einen zur Ausweitung des hauseigenen Geschäftsmodells, zum anderen aber auch zu einer gewinnmaximierenden Geschäftsbeziehung mit dem erwähnten Plattenlabel Def Jam Recordings. Dabei haben Jay-Z und seine Partner stets darauf geachtet, den eigenen Einflussbereich nicht zu verringern.

dem es darum geht, Hip-Hop in seine nächste Entwicklungsstufe zu hieven. In diesem Sinne besticht er auf *Reasonable Doubt* auch als unermüdlicher Erzähler und pointierter Gesellschaftsbeobachter. Dabei hat der junge Shawn Carter sich mit Jay-Z eine elegante Persona geschaffen, der es gelingt, das biographische Dilemma des sich in einem Brooklyner Housing Project zum wohlhabenden Drogendealer mausernden jungen Mannes an eine Klang- und Erzählwelt zu binden, die das aus Gewalt, Marginalisierung und Kriminalität bestehende Erzählgefüge gerade nicht banalisiert, sondern in sprachlichen und performativen Selbstermächtigungsgesten in all seiner Brutalität vor Augen führt. Oder anders: Anstatt die berühmt-berüchtigten Straßen in ein hilflos romantisiertes Zerrbild zu übersetzen, nutzt Jay-Z die ihm eigene poetische Kraft dafür, dieses soziale Umfeld – dieses erschütterte Soziotop – in immer neuen Sprachbildern zu entgrenzen und es so in einer eigenwillig galanten Art und Weise in seiner ganzen Wucht zu multiplizieren. Gleichermaßen sensibel und forsch kalibriert der Rapper seinen Vortrag, wobei ihm die stilistische und formale Eleganz ein Distanzierungsmoment einräumt, das weniger in Ironie als in einer Art kultureller Grenzverschiebung gründet. Mit Tracks wie »Can't Knock the Hustle«, »D'Evils« oder »Friend or Foe« schneidert Jay-Z aus der dicken Daunenjacke eines Straßenalbums wie Nas' *Illmatic* kurzerhand einen Nadelstreifenanzug. Er nutzt die sublime Eleganz der in der Popkultur etablierten Mafiaästhetik und verleiht *Reasonable Doubt* damit eine geradezu filmische Qualität. Das Album ist die eigenwillige Übersetzung eines Martin-Scorsese-Films in die ästhetische und soziokulturelle Matrix Schwarzer Hip-Hop-Poetik. Das Albumcover zeigt den jungen Rapper mit Schlapphut, Seidenschal und Zigarre, das Gesicht verdeckt und eine Hand an der Krempe, als nickte er seinem Gegenüber selbstbewusst zu – so stellt er sie aus, seine, wie er in »Bring It on« rappt, »mannerisms of a young Bobby De Niro«. Und tatsächlich: Jay-Z ist ein Robert De Niro mit Swag, *Reasonable Doubt* ist das *GoodFellas* (1990, Regie: Martin Scorsese) im Marcy-Houses-Sozialwohnungskomplex. Jay-Z hatte nie vor, einfach nur mitzumachen. Er wollte kreieren und anführen – der *Hustler* als Alpha-Künstler, der sich weder musikalisch noch ökonomisch in die Schranken weisen lässt.

Zum Weiterhören: *Vol. 2... Hard Knock Life* (1998); *The Blueprint* (2001); *The Black Album* (2003)

Lil' Kim
Hard Core (1996)

Undeas / Big Beat / Atlantic

The only thing I wanna do is freak you
»Crush on You«

Das Subgenre des Hardcore Rap erreichte mit Lil' Kim eine neue Qualität. So machte das Mitglied der von The Notorious B.I.G. gegründeten Junior M.A.F.I.A. (kurz für »Masters at Finding Intelligent Attitudes«) auf ihrem Debütalbum unmissverständlich klar, dass Sexualität, Promiskuität, Pornographie, Gewalt und Herabwürdigung im

Mainstream-Hip-Hop keineswegs nur Männern vorbehalten ist. Ganz im Gegenteil: In Text und Auftritt gab Lil' Kim zu verstehen, dass es an den Frauen selbst sei, das von ihnen in den immer gleichen und peinlich ordinären Männerphantasien gezeichnete Bild zu einem selbstbewussten Selbstbild umzuformulieren. Fleißig studierte Lil' Kim die systematische und zynisch mit der Kunstfreiheit gerechtfertigte Herabwürdigung durch ihre männlichen Kollegen, doch anstatt sich in das aktivistische Feld des intellektuell-politischen Feminismus zu begeben, zog sie den Minirock noch etwas höher und den Ausschnitt noch etwas tiefer und hielt den Machos und Chauvinisten der Branche so nicht nur den Spiegel vor, sondern trieb sie hilflos schluchzend in die Arme ihrer Mütter. Man denke an solch verblüffende Verse wie »Ask Tina, love ain't got shit to do with me and you / Or the .44 under the pillow with the dildo / I like to play while I'm workin'« (»Spend a Little Doe«) oder »Got buffoons eating my pussy while I watch cartoons« (»Queen Bitch«)! Und wenn Einflussgeschichten nicht immer eindeutig nachzuvollziehen sind und kulturelle Entwicklungen ihre ganz eigene Logik haben, dürfte kein Zweifel daran bestehen, dass es Pop-Phänomene wie Cardi B oder Nicki Minaj ohne Lil' Kim so nicht geben würde. *Hard Core* ist die Arbeit einer Pionierin.

Zum Weiterhören: *La Bella Mafia* (2003); Junior M.A.F.I.A., *Conspiracy* (1995)

Massive Töne
Kopfnicker (1996)

MZEE

Steig' in den gelben Blitz, ich zeig' dir meine Stadt
Wasi in »Mutterstadt«

In Stuttgart, so wird in der Szene erzählt, gab es schon reine Hip-Hop-Clubs, als man in Städten wie Hamburg noch dem Punk verfallen war. Der kulturelle Einfluss der US-amerikanischen GIs war groß, und nicht zuletzt der unverhoffte Charterfolg der Fantastischen Vier sorgte insbesondere im Südwesten der Republik für einen rasanten Anstieg kreativer (Gegen-)Bewegungen im Hip-Hop-Bereich. Und so waren es zunächst einmal Massive Töne um die Musiker Wasi, Schowi, Ju und DJ 5ter Ton, die dafür sorgten, dass Stuttgart sich zu einem Hip-Hop-Hotspot jenseits von »Die da!?!« und »Sie ist weg« mauserte. Während man sich Inspiration in den USA und in Frankreich suchte, wurden Die Fantastischen Vier zur unvermeidlichen Kontrastfolie der Kultur. Auch deutschsprachiger Hip-Hop wollte *real* sein. Kellerjams anstelle von Plastik-Pop-Konzerten, subkulturelle Subversion anstatt schnellem Charterfolg. In einer entscheidenden Phase in der Frühentwicklung der deutschsprachigen Hip-Hop-Kultur waren die Massiven Töne wahrlich tonangebend. Aber tonangebend zu sein hat oftmals tragisch-ironische Konsequenzen. So ist der Umstand, dass Massive Töne am Ende der 90er Jahre von anderen deutschsprachigen Hip-Hop-Acts in den Schatten gestellt werden konnten, überhaupt nur damit zu erklären, dass das Debütalbum der vier Stuttgarter ästhetisch und kulturell Maßstäbe gesetzt hat. *Kopfnicker* wurde zum Bezugspunkt, an dem die Hip-Hop-Gemeinschaft in Deutschland sich abarbeiten musste und sich erfolgreich abgearbeitet hat. Das Album ist gleichermaßen professionell und lässig. Es ist *real* im Sinne seiner übergeordneten kulturellen Logik und verbindet damit alles, was seine US-amerikanischen Vorbilder auszeichnet. Wasis mal an DJ Premier, dann wieder an Q-Tip erinnernde Beats, die Seriosität der Texte und die unangestrengte Flüssigkeit des Vortrags machen *Kopfnicker* zu einem außerordentlich homogenen Hip-Hop-Album, dessen ausgeklügelter Sound im deutschsprachigen Hip-Hop nach wie vor eine Seltenheit ist. Und dennoch ist das Album heute kaum mehr als eine Erinnerung der ersten Generation von Hip-Hop-Heads. Zunächst widerfuhr dem Album das Schicksal, dass es im selben Jahr wie *Fenster zum Hof...* der Stieber Twins erschienen ist – jenem Album also, das aufgrund seines US-geprägten Stils und seiner textlichen Konsistenz *Kopfnicker* erschreckend ähnlich war und aus ungeklärten Gründen präsenter geblieben ist. Vor diesem Hintergrund wurde das Debüt der Massiven Töne zwar ohne Frage zu einem Klassiker der (deutschsprachigen) Hip-Hop-Musik, aber im Vergleich zu *Bambule* der Absoluten Beginner (1998), *Esperanto* von Freundeskreis (1999) oder ebenjenem *Fenster zum Hof...* der Stiebers vermochte es *Kopfnicker* nie wirklich, zu einem Evergreen zu avancieren. An die Plattenbosse da draußen: Es ist Zeit für eine Wiederveröffentlichung dieser besonderen Scheibe!

Zum Weiterhören: *Überfall* (1999)

Blumentopf

Kein Zufall (1997)

Four Music

Ich will im Walkman jeden Tag 'nen neuen Mix
Holunder in »Man kann nicht alles haben«

Bis zum Jahr 1997 war Hip-Hop im Süden Deutschlands vornehmlich eine baden-württembergische Angelegenheit. Bayern spielte im Konzert der Großen und derer, die es werden wollten, jenseits von Main Concept um den Rapper David P. keine entscheidende Rolle. Bis die Freisinger Gruppe Blumentopf mit *Kein Zufall* ein Debütalbum veröffentlichte, das mitverantwortlich war für eine Phase im deutschsprachigen Hip-Hop, in der die Musik begann, sich im gesamten Bundesgebiet auszubreiten und sich immer neue Nischen und Subgenres herausbildeten. In dieser frühen Selbstfindungsphase positionierten sich die fünf selbsternannten »Jungs aus dem Reihenhaus« als genau solche: als fünf Jungs aus der damals noch vergleichsweise gefestigten westdeutschen Mittelschicht, die gleichermaßen behütet und eingeengt von lackierten Jägerzäunen mit Mikrofonen und Plattenspielern ihrem Freiheitsdrang Ausdruck verleihen wollten. Blumentopf stehen Pate für den jugendlichen Ausbruch aus der kleinbürgerlichen Tristesse. Und so repräsentiert *Kein Zufall* auch über zwei Jahrzehnte nach seiner Veröffentlichung, was den Hip-Hop Blumentopfs auszeichnet: Witz, Lausbubenschläue, Freude und Leidenschaft für alltagsanalytisches, gesellschaftskritisches, aber politisch stets korrektes Erzählen (man denke an

Tracks wie »Reden ist Schweigen« oder »Ich erinner' mich«). Blumentopf stehen mehr oder weniger stolz ein für das, was gemeinhin (und nicht immer respektvoll) als Studentenrap bezeichnet wird, womit eine vor allen Dingen spaß- und wortwitzorientierte Form des gesellschaftskritischen Raps gemeint ist, die (abgesehen von der Eltern- und Lehrer:innengeneration) niemandem weh tun will und insofern eigentlich keine natürlichen Feinde haben sollte. In der auf Konkurrenz ausgelegten Hip-Hop-Kultur werden indes aber auch die Harmlosen, die niemandem etwas zuleide tun wollen, verschrien und herabgewürdigt. Und so ist *Kein Zufall* ein Album, das den ›Hatern‹ besonders viel Angriffsfläche bietet, weil es selbst nicht angriffslustig ist. Blumentopfs Debütalbum eckt an keinem Punkt an. Rap und Hip-Hop werden hier in ihrer Vielfalt zelebriert, ohne vermeintliche Gegenspieler zu schmähen. Genau deshalb wurde Blumentopf zum roten Tuch für die Ende der 90er Jahre aufkommende (zum größten Teil Berliner) Straßenrap-Kultur. Die Gelassenheit des »Topfs« war die größtmögliche Provokation. Der Berliner Rapper Kool Savas, damals der Shootingstar des ›schmutzigen‹ Hip-Hop-Untergrunds, brachte den mangelnden Respekt der Straßenrap-Szene vor Gruppen wie Blumentopf im Jahr 2000 bei einer von der TV-Show »Fett MTV« übertragenen Open-Mic-Session folgendermaßen auf den Punkt: »Sieh, wie ich auf deine Crew scheiß'! / Du frontest M.O.R., / Während du Blumentopf dann gutheißt.« (Die Session ist u.a. auf YouTube abrufbar.) In den 90er und frühen 00er Jahren haben zahlreiche Hip-Hop-Akteure dies- und jenseits des Atlantiks mit dem Ideal einer Genregrenzen überwindenden Musik gebrochen und Hip-Hop als eine Kultur der Lagerbildung und

Mikroloyalitäten vermarktet. Blumentopf hatten nie Interesse, an diesem kleinkarierten Stellungskrieg mitzuwirken, so dass die fünf Münchner fortan mit dem Urteil leben mussten, sie seien kindisch, naiv und vor dem Hintergrund urbaner Härte nicht ernst zu nehmen. Und so wurde die Gruppe (wie auch ihre Hamburger Kollegen von Fettes Brot) in unzähligen Battle-, Gangsta- und Straßenraptracks als Vertreter eines ›verweichlichten‹ Studentenraps inszeniert, denen es vielleicht nicht an Glaubwürdigkeit, dafür aber an Biss, Konsequenz und Konfrontationslust fehle. Und während sich manch ein Gangsta-Rapper die Härte seiner Verse damit erklärt, dass er (wie ein wildgewordener Kampfhund) ja eigentlich nur spielen wolle, wurde Blumentopf schnell zum Aushängeschild einer belächelten Rapmusik, die einfach nur leidenschaftlich spielen will. Die narrative, rhetorische und lyrische Verspieltheit macht *Kein Zufall* zu einem wichtigen Werk in der deutschsprachigen Hip-Hop-Geschichte. Das Album ist entgegen allen Anfeindungen relevant, weil es eine ungeschminkte, unverfälschte und durchgehend sympathische Liebeserklärung an eine zwar radikal romantisierte, dafür aber sympathische Idealvorstellung von Hip-Hop ist. Und so heißt es im Refrain von »Rendezvous (ich und du)«: »Ich lade dich ein zu einem Rendezvous / Mit Mikrofon und Instrumental, / Nur ich und du. / Wenn du auch Musik zum Leben brauchst, / Dann sag' doch einfach zu!« Blumentopfs *Kein Zufall* ist Affirmation in Rein- und Reimform – eine leidenschaftliche Zusage an die Musik und an eine Hip-Hip-philosophische Disposition. Mit Baggy Pants, Basecaps, Clarks-Schuhen und in zu weiten T-Shirts performen Blumentopf in *Kein Zufall* ihren beneidenswerten Glauben an eine *Realness*, in der und aus der heraus Hip-Hop als eine Kulturform des gegenseitigen Respekts verstanden werden muss. Dieser Glaube ist der Kleister, der *Kein Zufall* nicht nur zu einer Kompilation verspielt-unschuldiger Hip-Hop-Tracks macht, sondern zu einem in sich geschlossenen Album. Und wie andere Hip-Hop-Künstler:innen waren die Jungs von Blumentopf bei aller Romantik keineswegs bescheiden. Auch die fünf Bayern waren davon überzeugt, im Konzert der Großen mitspielen zu können, doch haben sie dabei stets weniger sich selbst als die Kultur in den Vordergrund gestellt. Das mag man naiv finden. Mit Blick auf die permanent ausgefochtenen Grabenkämpfe um Anerkennung und Distinktion ist diese Einstellung aber unverhofft entspannend.

Zum Weiterhören: *Eins A* (2001)

Company Flow
Funcrusher Plus (1997)

Rawkus

> Look at me, the witness to the shit you wanna be
> *El-P in »8 Steps to Perfection«*

Als ein Alternative-Hip-Hop-Album ist *Funcrusher Plus* ein überzeugender Gegenentwurf zum Mainstream-Sound seiner Zeit. Mit ganz eigenen, teilweise psychedelisch freidrehenden Klangwelten wird den Hörer:innen der besondere Wert eines Untergrund-Hip-Hop vermittelt, der die aus den Alben von The Notorious B.I.G. bekannten Sound-Bombasmen des stets pop-affinen Puff Daddy oder den effektvoll inszenierten Minimalismus eines Timbaland mit synkopisch anmutenden Provokationen untergräbt. Es geht Company Flow um den unkalkulierbaren Bruch mit Gewohnheiten und die wundervollen, in kleinsten und größeren Sound-Details versteckten Überraschungen, die den Sinn für musikalische und kulturelle Diversität schärfen und die Crewmitglied El-P Jahre später als kongenialer Partner von Killer Mike bei Run the Jewels sogar mainstreamtauglich machen sollte. In *Funcrusher Plus* geht es aber nicht darum, den Untergrund als eigentlichen und authentischen Nährboden einer oberflächlich wurzelnden Popkultur zu stilisieren. Vielmehr soll mit einem außerordentlich künstlerischen Anspruch ein außerordentlich anspruchsvolles, ja, geradezu riskantes Hörerlebnis bereitet werden. Mal schnelle und hastige, dann wieder verlangsamte und beinahe eingesprochene Raps, dazu wild gesetzte Scratches, ineinandergreifende Sample-Loops und ein jazzig groovendes Schlagzeugspiel widersetzen sich in ihrer Summe einer intuitiven und antiintellektuellen Hörerschaft. Man muss bei der Stange bleiben, um zu verstehen, was hier vor sich geht. Mit einer solchen Musik stürmt man sicher nicht die Charts, erobert aber die Herzen und vor allen Dingen die Köpfe der Hip-Hop-Heads. Und Company Flows Label Rawkus Records, das zu dieser Zeit mit seinen *Lyricist Lounge*- und *Soundbombing*-Serien vom Untergrund aus durch die Decke ging, war mit seinem besonderen kulturellen Sendungsbewusstsein der geeignete Ort für diese avantgardistischen Spielereien, die bis in die Gegenwart hinein Geltung besitzen.

Zum Weiterhören: El-P, *Fantastic Damage* (2002); Run the Jewels, *RTJ*-Serie (seit 2013)

IAM
L'École du Micro d'Argent (1997)

EMI

D'un regard extérieur, il se dit, c'est pas de leur faute
Cette fois il a raison: l'enfer, c'est les autres
Shurik'N in »L'Enfer«

Man muss nicht fließend Französisch sprechen können, um zu verstehen, warum IAMs *L'École du Micro d'Argent* herausragend ist. Man kann es fühlen – vom ersten Takt bis zum letzten Vers. Hierin zeigt sich eine der zentralen Paradoxien der Hip-Hop-Musik. Denn zum einen ist guter Hip-Hop ja gerade vom Wortwitz, der Poesie und der narrativen Dichte seiner Texte geprägt, zum anderen aber lassen sich die meisten Texte geradezu intuitiv über die Betonung, Rhythmisierung und die Klangfarbe ihrer Reime verstehen. In aller Regel wollen Hip-Hop-Künstler:innen Recht haben, und dafür ist der Inhalt ihrer Texte oftmals zweitrangig. Die emphatisch ausgestellte Betonung der letzten Silbe auf dem zumeist verwendeten Viervierteltakt erwirkt eine Nachdrücklichkeit, die sich jenseits von

Sprachkenntnissen vermittelt. Auch der betonharte und mystisch romantisierte Hip-Hop der aus Marseille stammenden Gruppe IAM ist von einer Sprach- und Kulturgrenzen sprengenden Ästhetik geprägt. Vom poptauglichen Track »La Saga«, einer Zusammenarbeit mit den Wu-Tang-nahen Sunz of Man, bis hin zum an den Conscious Street Rap von Gang Starr erinnernden »Nés Sous la Même Étoile« ist *L'École du Micro d'Argent* eine atemberaubende Reise durch die transnationalen Klangwelten des Hip-Hop. Auffällig ist tatsächlich die ausgestellte wahlverwandtschaftliche Orientierung an der Ästhetik des Wu-Tang Clans und die Produktion RZA-ähnlicher Beats. *L'École du Micro d'Argent* ist ein atmosphärisch düsteres, musikalisch kompromissloses und dabei ungemein poetisches Album. Es ist das Hip-Hop-Äquivalent zu Mathieu Kassovitz' Film *Hass* (*La Haine*, 1995) und hat mit seinem Erscheinen die weltweite Vorstellung von französischer Urbanität geprägt. Und während deutschsprachiger Hip-Hop Mitte der 90er Jahre noch weitestgehend in den Stuttgarter, Münchner, Heidelberger und Hamburger Mittelschichtsjugendzimmern entstand, stiegen IAM vor dem Hintergrund von Kolonialvergangenheit und urbanen Ghettoisierungsdynamiken bereits hinab in die Untiefen sozialer Kälte und behaupteten dort einen Sound, der bis heute vor allem eines ist: unmissverständlich.

Zum Weiterhören: *Revoir un Printemps* (2003); Shurik'N, *Où Je Vis* (1998)

Missy Elliott
Supa Dupa Fly (1997)

The Goldmind / Elektra

Drop! Me and Timbaland like ›haaa‹, we takin' over
blocks
Like a one billion bitch march
»Hit 'Em Wit' da Hee«

Mit dem Titel ihres Debütalbums ist eigentlich alles gesagt: Missy Elliott ist *Supa Dupa Fly* – und das Album selbst eines der absoluten Meister:innenwerke in der Geschichte des Hip-Hop. Der aus Virginia stammenden Missy Elliott und ihrem Star-Produzenten Timbaland, in dessen Hochofen das gesamte Album liebevoll geschmiedet wurde, ist mit *Supa Dupa Fly* auf vielfache Weise ein Kunststück gelungen: Die Musik klingt, als käme sie aus der Zukunft, und ist dabei tief in den nährstoffreichsten Böden der Schwarzen Musikgeschichte verwurzelt; Missys Rap ist purer Hip-Hop und dabei konsequent unkonventionell; und der Sound in seiner Gesamtheit ist Timbaland-typisch experimentell, kompliziert und voller postmoderner Formexzesse, braucht sich aber nicht jenseits des Pop-Mainstreams zu entfalten, sondern krempelt diesen kurzerhand von innen heraus um. So kommen beispielsweise Musik, Text, Rap und Video der Singleauskopplung »Sock It 2 Me« daher wie ein Busta-Rhymes-Solo auf Steroiden. Wie der Rap dieses Hip-Hop-Urgesteins ist alles wild, laut, schrill, schnell und im besten Sinne an den Nerven zerrend. Missy Elliott ist eine Meisterin darin, alle (und gerne auch die tradiert ›männlich‹ konnotierten) Hip-Hop-Klischees aufzurufen und sie kollagenhaft derart ineinander zu verwirbeln, dass sie gleichzeitig ihre volle Strahlkraft zeigen und gänzlich ironisch gebrochen werden: Hypersexualität, Promiskuität, Konsum- und Luxusfetischisierung, aggressives Gefronte und Gepose – alles findet sich in einer dadaistisch anmutenden Umdeutung weiblicher Selbstbestimmung und popkultureller Subversion. Alles ist im selben verqueren Moment wahnsinnig grell und klassisches Understatement. Missy ist die schlagkräftigste Verkörperung der Timbaland-Soundwelten und *Supa Dupa Fly* ist das Paradigma einer Musik, die ihren ganz eigenen Gesetzen zu folgen scheint und dabei inspirierend anschlussfähig ist. So klingt Hip-Hop, der die Eigenarten des Pop vollends durchdrungen hat.

Zum Weiterhören: *Under Construction* (2002)

Sabrina Setlur
Die neue S-Klasse (1997)

Epic / Pelham Power Productions (3p)

Ihr wisst, ich diss' den nächsten Mann
Nur um zu zeigen, was ich kann
»Rödelheim«

Wenn Sabrina Setlur sich in Rage rappte, wollte man ihr wirklich nicht im Dunkeln begegnen. Aggressiv, unerschrocken und dabei berührend verletzlich rappte die indischstämmige Frankfurterin ihre Texte auf die Beats von Moses P. und übersetzte in Tracks wie »Du liebst mich nicht«, »Glaubst du mir?« oder »Folge dem Stern« den Rödelheimer Hartreim in eine Ästhetik weiblicher Selbstbehauptung. In einschüchterndem Alt und mit hingerotzter hessischer Mundart setzte *Die neue S-Klasse* den Blinker links und drängte mit Lichthupe im Daueranschlag die Kaffeefahrer des deutschen Wohlfühl-Hip-Hop von der Überholspur. Setlurs Karriere folgte den Impulsen ihres Förderers Moses P., und dieser hatte viel vor: Mit High-End-Produktionen, aufwendigen Musikvideos und der gekonnten Inszenierung einer auf absolute Loyalität setzenden Posse wollte er sein Label 3p zum Bad Boy Records Deutschlands und Sabrina Setlur zu seiner Lil' Kim machen. So ist es im Endeffekt nicht gekommen, aber es lohnt sich, *Die neue S-Klasse* mit einem H-Kennzeichen zu versehen, um sie Haftbefehl fürs Cruisen durch die Mainmetropole zu schenken.

Zum Weiterhören: Rödelheim Hartreim Projekt, *Direkt aus Rödelheim* (1994)

Stieber Twins

Fenster zum Hof... (1997)

MZEE

Allein zu zweit, niemals solo
Chris in »Fahrenheit 72«

1997, als Hip-Hop-Musik noch recht romantisch und deutlich hörbar mithilfe von Samples, Scratches und mehr oder weniger simplen Beat-Computern produziert wurde, veröffentlichten die aus Heidelberg stammenden Zwillinge Martin und Christian Stieber als Stieber Twins ihr erstes und bislang einziges Album *Fenster zum Hof...* Es war in den 90er Jahren keineswegs überraschend, dass die Hip-Hop-Kultur sich noch bis in die hinterste westdeutsche Provinzregion ihren Weg bahnte und von dort aus erfolgreich und mit zum Teil bemerkenswerten Ergebnissen im Rest des Landes Eindruck hinterließ. Die Nähe zu US-amerikanischen Militärbasen sorgte insbesondere im Süden und Südwesten Deutschlands dafür, dass die dort ansässigen Jugendlichen zuverlässig mit der neuesten Musik und den jüngsten modischen Stilveränderungen aus dem subkulturellen Kosmos jenseits des Atlantiks versorgt wurden. Auch die Stiebers nahmen diese Einflüsse offensichtlich gerne an und pressten sie in *Fenster zum Hof...* mit breiter Brust auf Platte: In feinstem kurpfälzischem Dialekt, mit dem Habitus von großstadttauglichen Battle-Rappern und mit größtenteils selbstproduzierten Beats, mit denen sie sich auch in New York hätten hören lassen können, brachten sich die Stieber Twins in Stellung, den deutschsprachigen Hip-Hop mit nur einem Album wesentlich mitzuprägen. Nach verstreuten Kooperationen mit Rap-Pionieren wie MC Rene oder Massive Töne bestätigten die Heidelberger Zwillinge mit *Fenster zum Hof...* den Status ihrer Stadt auf der Landkarte der Rap-Republik. Nach wie vor besticht das Album mit einer minimalistischen Kompromisslosigkeit, die Mitte der 90er in Deutschland ihresgleichen suchte (und oftmals auch heute noch sucht). Zwar wenden Kritiker:innen ein, das Album sei mit Blick auf seine Rap- und Beat-Ästhetik kaum mehr als ein Relikt seiner Zeit. Aber dennoch ist *Fenster zum Hof...* nie verschwunden und betört weiterhin als eines der überzeugendsten Alben in der Geschichte des deutschsprachigen Hip-Hop.

Zum Weiterhören: Diverse, *Die Klasse von '95* (1995)

Tic Tac Toe
Klappe die 2te (1997)

BMG Ariola

Nur für den Kick, für den Augenblick?
Lee in »Warum?«

Die 90er Jahre waren diesseits und jenseits des Atlantiks auch die Zeit der von Musikmanager:innen zusammengewürfelten Boy- und Girlbands. In kaum zu unterscheidenden Kombinationen aus drei bis fünf jungen Männern und/oder Frauen wurden die große Liebe, der erste Sex, wilde Partys und das unerschütterliche Band gleichgeschlechtlicher Freundschaften besungen, betanzt und beweint. Auch der Hip-Hop bekam sein Casting-Fett weg: Aber noch bevor Puff Daddy sich in den USA in das Projekt *Making the Band* stürzte, traten in Deutschland drei Anfang-20-Jährige als Tic Tac Toe an, um mit nicht immer klamaukigem, doch aber cartoonesk überspitztem Herumgerappe eine der (an Verkaufszahlen gemessen) erfolgreichsten Bands der deutschsprachigen Pop-Geschichte zu werden. Mit teilweise selbstgeschriebenen Texten und unkompliziert eingängigen Beats wurden Lee, Jazzy und Ricky bis zu ihrem öffentlich ausgetragenen Zerwürfnis konsequent zum Erfolg vermarktet. Dabei kann man freilich nicht messen, welchen Einfluss die drei aus dem Ruhrpott auf das Selbstbewusstsein einer von Take That geschädigten Mädchenschaft hatten, aber mit sozialkritischen Rap-Balladen wie »Warum?« oder dem anti-misogynen »Mr. Wichtig« standen Tic Tac Toe der durchaus rougheren Sabrina Setlur in nichts nach, mussten und müssen aber stets mit dem Makel leben, Teil der nicht-*realen* Popkonservenindustrie zu sein. Und klar, Tic Tac Toe waren ein Pop-Phänomen, das den Gesetzmäßigkeiten seiner Zeit folgte, an diesen zerbrach und von diesen schließlich in die Bedeutungslosigkeit der Chartshows katapultiert wurde. Doch sind auch solche Schicksale ein zwar nicht immer schöner, aber durchaus erzählwürdiger Teil der Geschichte des Hip-Hop.

Zum Weiterhören: *Tic Tac Toe* (1996)

Absolute Beginner
Bambule (1998)

Buback/Universal

Unser Beat hat ›Boom‹ gemacht
Und es hat ›Zoom‹ gemacht
Eißfeldt in »Liebeslied«

Spätestens wenn einem der wuchtig-klare Beat von »Rock On« in den Magen fährt, fühlt man, wie ›hip-hop‹ das zweite Studioalbum der Hamburger Gruppe Absolute Beginner (ab 2003 dann nur noch »Beginner«) ist, und man versteht, warum *Bambule* bereits kurz nach seinem Erscheinen zum Klassiker avancierte. Es ist das zeitlose Album einer Hip-Hop-Gruppe vom alten Schlag. Es ziert die Plattenregale von Hip-Hop-Nostalgiker:innen in der ganzen Republik, wirkt dabei aber nach wie vor verblüffend jugendlich. *Bambule* ist über 20 Jahre nach seinem Erscheinen ein unverstellter Ausdruck seiner Entstehungszeit, ohne dabei zum historischen Relikt verkommen zu sein. Das Album ist musikalisch konsistent und strotzt nur so vor Selbstbewusstsein und hanseatischem Understatement. Die Beats sind gnadenlos professionell, aber nicht anbiedernd; die Texte sind verspielt, aufrührerisch und sprachlich souverän. *Bambule* ist das musikalische Äquivalent eines für alle gut endenden pubertären Streits, der Kindern ihre Autonomie und den Eltern ihre Ruhe ermöglicht. Es ist das gleichermaßen vorpreschende und ausgleichende Element in einer von Konflikten und Kleinkriegen geprägten Spät-90er-Hip-Hop-Welt. Und so war man sich im

Who's who der deutschsprachigen Fachpresse, von der *Backspin* bis zur *Juice*, auch schnell einig: *Bambule* katapultierte die erste Generation Hip-Hop-Begeisterter schnurstracks in die Zukunft des in Deutschland noch jungen Musikgenres. Man muss deshalb heute auch nicht die alten Baggy Pants aus dem Schrank holen und sich wieder Fat Laces in die Adidas Superstars schnüren, um dem Album genauso viel abgewinnen zu können wie vor mehr als zwei Jahrzehnten. Die von Matthias Arfmann und den Absoluten Beginnern produzierten Beats, die fließenden melodischen Übergänge und die punktgenau gesetzten Scratches und Cuts von DJ Mad entfalten und bestärken sich in jedem Track aufs Neue in überraschenden Synergieeffekten. In Verbindung mit der ausgewogenen Mischung an textlich verhandelten Themen (die von kultureller Selbstreflexion wie auf »Hammerhart« über Diss-Tracks wie »Geh' bitte« und »Nie nett« bis hin zu soziopolitischer Kritik wie in »Nicht allein« reichen) ermuntert einen das In-, Für- und Miteinander der Musik geradezu, *Bambule* stets am Stück, d.h. *als Album*, zu hören. Bemerkenswerter noch ist der Status dieses Hip-Hop-Albums deshalb, weil die beiden Rapper Denyo und Eißfeldt (aka Jan Delay) im Gegensatz zu Kollegen wie Kool Savas, Dendemann (Eins Zwo) oder Sido noch nicht einmal mit außergewöhnlichem Rap-Talent gesegnet sind. Vielmehr nutzen sie die Schnoddrigkeit ihres Hamburger Mundwerks, um dem klischeehaft gepredigten Authentizitätsversprechen von Hip-Hop verblüffend gerecht zu werden. Denyo und Eißfeldt sind glaubhaft in dem, was und wie sie es sagen, und sie beweisen in jedem Track – und in kaum einem mehr als im oben zitierten »Liebeslied« – ein hervorragendes Gespür für den musikalischen Unterbau: Hip-Hop muss sich nicht zwischen Battle, Kifferhöhle und Hochglanzpop entscheiden. Hip-Hop ist immer schon mehr als die Summe seiner widerstreitenden Einzelteile und, wenn er gut ist, auch ein Kandidat für die Heavy Rotation der Radio- und Fernsehsender. Genau in dieser auf *Bambule* durchexerzierten Erkenntnis gründet das Selbstbewusstsein der Gruppe. Und vor dem Hintergrund dieses Selbstbewusstseins hat auch *Bambule* Parts für die Ewigkeit hervorgebracht: Man denke nur an Denyos Zeile »Verträge unterschreib' ich mit 'nem *Tag*« (in »Rock On«) oder Eißfeldts legendären Skit am Ende von »Füchse«, in dem uns der ohnehin nasalstimmige Rapper mit verstellter Stimme mitteilt, Füchse seien gar keine Rudeltiere. *Bambule* ist eines der wichtigsten Alben der deutschsprachigen Hip-Hop-Geschichte, weil Denyo, Eißfeldt und DJ Mad bewiesen haben, dass ein herausragendes Hip-Hop-Album mehr braucht als herausragende Raps.[9] Und so gelingt dem Album auch heute noch der Spagat, mit einem Fuß in der Vergangenheit zu stehen und gleichzeitig mit dem anderen die Tür zur Zukunft aufzustoßen. Ein solches Album macht »Zoom«! Es ist ein Jammer, dass kein weiteres Album der Band diesem ästhetischen und popgeschichtlichen Anspruch gerecht werden konnte.

Zum Weiterhören: *Blast Action Heroes* (2003); Jan Delay, *Mercedes-Dance* (2006)

9 Das ursprünglich vierte Mitglied der Gruppe, Platin Martin, hat die Beginner vor der Fertigstellung von *Bambule* verlassen, ist aber auf den Tracks »Rock On« und »Geh' bitte« noch mit Strophenbeiträgen vertreten.

Big Punisher (Big Pun)
Capital Punishment (1998)

Loud / RCA / Terror Squad / BMG

Dead in the middle of Little Italy, little did we know
That we riddled two middlemen who didn't do diddly
»Twinz (Deep Cover '98)«

Zwar liegen die Ursprünge des Hip-Hop auch in den lateinamerikanisch geprägten Nachbarschaften der Bronx in New York City. Doch erstaunlich wenige der im Mainstream verorteten Hip-Hop-Musiker:innen sind dem hispanischen Teil der USA zuzurechnen. Selbst in Los Angeles, das vom lateinamerikanischen Leben noch sehr viel deutlicher beeinflusst ist, gibt es jenseits von Cypress Hills B-Real und Sen Dog nur wenige hispanische Rapper:innen, denen der große Erfolg vergönnt war. Eine weitere und in jeder Hinsicht fulminante Ausnahme bildete bis zu seinem frühen Tod der puerto-ricanischstämmige New Yorker Rapper Big Punisher, der gemeinsam mit seinem Wegbereiter und langjährigen Wegbegleiter Fat Joe und dem gemeinsamen Terror Squad das Hispanische in Sprachfärbung, Sound und Lebensgefühl im Hip-Hop verankerte. Mit seinem Debütalbum *Capital Punishment* gelang Big Punisher 1998 nicht nur ein besonders gelungener Sprung ins kalte Wasser der globalen Entertainment-Industrie, sondern er schaffte es außerdem, authentische Straßen- und glamouröse Pop-Tracks beieinander existieren und ihnen ihren eigenen Wirkungsraum zu lassen. Er bewies dadurch musikalisch eine Sensibilität, die man seinem Auftritt, mit Verlaub, nicht unbedingt nachsagen konnte. Denn dieser Punisher war in der Tat *big*. Aber jedes Kilogramm Körpergewicht übersetzte sich bei ihm in Swag und einen Rap-Stil, der gleichermaßen vom schweren Atmen und einer ungemein schnellen Zunge geprägt war (man möge sich nur die Vertonung der oben zitierten Verse auf dem von Dr. Dre produzierten Beat anhören). Deutlich gezeichnet von seinem massiven Übergewicht, schien Big Puns Rap stets unter einem enormen Druck zu stehen, dem er jedoch in Form von Selbstironie, Humor, Hypersexualisierung und hispanischer Leichtigkeit immer wieder Ventile schuf. Zudem bewies er ein besonderes Händchen bei der Auswahl seiner Gäste. Wie auch auf Fat Joes im selben Jahr erschienenen *Don Cartagena* sind die diversen, erst einmal eklektisch wirkenden Feature-Parts allesamt Punktlandungen und zeigen Pun als Chamäleon der Hip-Hop-Stile: hier ein Street-Consciousness-Duett mit Black Thought von den Roots, dort eine Gangsterverschwörung mit Prodigy von Mobb Deep und dann noch ein karibisches Tête-à-Tête mit Wyclef Jean. Und selbst die inhaltlich bestenfalls mittelmäßig gut gealterte Arschschüttel-Ballade »Still Not a Player« mit dem R'n'B-Sänger Joe passt sich ob ihres zeitlosen Gute-Laune-Beats erstaunlich stimmig in das Albumgefüge ein. Big Pun schien derart in sich selbst zu ruhen, dass er auf alle Stiländerungen tiefenentspannt reagieren und sie sich spielerisch aneignen konnte. Er zeigt sich dabei immer wieder als ein Schelm mit Schalk im Nacken, dem man bloß nicht alles abkaufen sollte, dessen Album man dafür aber umso ernster nehmen kann.

Zum Weiterhören: Fat Joe, *Don Cartagena* (1998)

Black Star

Mos Def & Talib Kweli are Black Star (1998)

Rawkus/Priority/EMI/MCA/Universal

People thinkin' ›MC‹ is shorthand for ›misconception‹
Talib Kweli in »Definition«

Zum Ende der 90er Jahre prägte kaum ein Label die Independent-Szene des US-amerikanischen Hip-Hop musikalisch so folgenreich wie Rawkus Records. Allein auf Kompilationsreihen wie *Lyricist Lounge* oder *Soundbombing* brachte das New Yorker Label Künstler:innen wie Company Flow, Bahamadia, Jurassic 5, Pharoahe Monch, Zack de la Rocha und einen noch jungen Eminem mit dem Ziel zusammen, Hip-Hop in seinem sub- und gegenkulturellen Selbstverständnis zu bestärken und die von den Pionier:innen propagierte Kulturromantik in ihren Grundzügen zu revitalisieren. Der von Rawkus verbreitete Hip-Hop ging in vielerlei Hinsicht zurück zu den Wurzeln: Er war musikalisch minimalistisch und sozialkritisch. Und kaum ein Rawkus-Album hat diese Independent-Philosophie so konsequent in eine Untergrund-Ästhetik übersetzt wie *Black Star* von Mos Def und Talib Kweli. Track für Track vermittelt das Album authentisch den Eindruck, dass es hier nicht vorrangig um Geld und Ruhm geht, sondern um die Kommunikation und Kommunizierbarkeit einer Kultur, die historisch, politisch und sozial nach mehr verlangt als materiellem Reichtum; einer vornehmlich Schwarzen Kultur, die sich immer wieder gegen die gesetzmäßige Gewalt einer rassistisch geprägten Geschichte stemmen und kreativ behaupten muss. Dabei übersteigt der Bezug zum Untergrund konzeptuell die Idee einer bloß musikalischen Untergrund-Ästhetik. Vielmehr reiht sich *Black Star* in eine spezifisch afroamerikanische Kulturgeschichte des Untergrunds ein, die sich vom abolitionistischen Netzwerk der sogenannten *Underground Railroad* im neunzehnten Jahrhundert über Ralph Ellisons Romanmeisterwerk *Invisible Man* (1952) bis in den Untergrund-Sound des Hip-Hop zieht und in der es grundsätzlich um ein ständiges Hin und Her von Anwesenheit und Abwesenheit, von Sichtbarkeit und Unsichtbarkeit geht. Vor dem Hintergrund dieses historischen Erbes und mithilfe klarer, geradliniger und mitnichten effekthascherischer Beatproduktionen balancieren Mos Def und Talib Kweli auf der sensiblen Schwelle zwischen mutiger Intervention in das Getriebe einer erdrückenden Gesellschaft und einer sich im Verborgenen konsolidierenden Subversion. Der New Yorker Stadtteil Brooklyn wird dabei zum Epizentrum eines Schwarzen Hip-Hop-Kosmopolitismus, der die damals noch junge Legende von The Notorious B.I.G. und 2Pac ebenso würdigt wie die Literatur Toni Morrisons oder die panafrikanistische Ideologie eines Marcus Garvey. Und *Black Star* war nicht zuletzt der Anfang zweier nach wie vor beindruckender und eigenwilliger Karrieren im Hip-Hop. Während sich Talib Kweli auf seinen Soloalben als sozialkritischer Hip-Hop-Head etablierte, schlug Mos Def mit seinem ebenfalls bei Rawkus erschienenen *Black on Both Sides* (1999) musikalisch explorativere Wege ein und radikalisierte die auf *Black Star* vorgestellte politische Ästhetik noch.

Zum Weiterhören: Mos Def, *Black on Both Sides* (1999); *The Ecstatic* (2009); Talib Kweli, *Quality* (2002); *The Beautiful Struggle* (2004)

DMX

It's Dark and Hell Is Hot (1998)

Ruff Ryders / Def Jam

When does it all end? I found a friend in a dog
»Stop Being Greedy«

Noch bevor die Gruppe Baha Men Anfang der 00er Jahre die Clubs dieser Welt mit der nervtötenden Frage beschallte, wer denn nun die Hunde rausgelassen habe, bellte, knurrte und biss sich der New Yorker Rapper DMX bereits quer durch die Plattenregale. Die tiefe, grollende Stimme und die naturalistisch-sozialdarwinistischen Texte des Rappers schufen Ende der 90er Jahre einen Hip-Hop, der in seiner plumpen, plastischen Bildlichkeit zu verschrecken und gleichzeitig als therapeutisches Ventil für die Gewaltvergangenheit seines Künstlers und vielleicht auch einiger seiner Fans zu fungieren wusste. Zu dieser Zeit, nicht zuletzt bei DMX, war Hip-Hop häufig eine Musik für Bassrollen in Kofferräumen getunter Autos. Sein Album ist ein paradigmatischer Ausdruck für die Produktionen des Labels Ruff Ryders Entertainment, jenes damals aufstrebenden Labels, das Dr. Dres Aftermath und Jay-Zs Roc-A-Fella den Rang ablaufen wollte. Bei DMX bilden die für das Label typischen fetten Beats, brummenden Basslinien, synthetischen Bläser- und Streichereffekte und die dazu poppig dahingebellten Hooks das musikalische Äquivalent zu rhetorischem Pathos, schmalziger Ghetto-Romantik und traditionellem Aufstiegsnarrativ. Zweifelsohne verstand DMX den Zeitgeist, was er in keinem Track so deutlich machte wie in der vollgetankten, vom noch blutjungen Swizz Beatz produzierten Straßenhymne »Ruff Ryders' Anthem« und der schnulzigen Ballade »I Can Feel It«. Wobei der Rapper in diesem bemühten Cover von Phil Collins' »In the Air Tonight« (1981) sein Pathos kaum mehr kontrollieren kann und konsequent Sensibilität mit Sentimentalität verwechselt, was in seiner Musik leider keine Ausnahme darstellt. Derart ungenau in seiner emotionalen Selbstübersteigerung geht er dann auch in unzähligen weiteren Tracks vor, in denen er versucht, eine hölzern schematisierte Gut-und-Böse-Welt mit Bibelzitaten, Gebeten und Hiob-ähnlichen Anklagen in Ordnung zu bringen (und dabei paradoxerweise auch nicht vor der poetisierten Vergewaltigung einer Minderjährigen zurückschreckt, um sich an einem Rivalen zu rächen). Und dennoch haben DMX und die Ruff Ryders mit viel Gebell und Bässen, die Clubwände zum Wackeln bringen, vielleicht nicht *den*, aber ganz sicher einen besonders charakteristischen Sound der späten 90er Jahre geprägt. Doch obwohl auf *It's Dark and Hell Is Hot* (und auf das im selben Jahr erschienene und durchaus hörbare *Flesh of My Flesh, Blood of My Blood*) noch sechs weitere Albumveröffentlichungen folgten, sollte DMX keinen größeren Einfluss auf das Geschehen im Hip-Hop des 21. Jahrhunderts mehr haben. 2021 starb er im Alter von nur 50 Jahren an einem Herzinfarkt.

Zum Weiterhören: *Flesh of My Flesh, Blood of My Blood* (1998)

Fünf Sterne deluxe

Sillium (1998)

Yo Mama

If you need a fix, baby, hier ist deine Spritze
Bo in »Dein Herz schlägt schneller«

Hip-Hop ist immer wieder erfrischend launenhaft. Und in diesen Momenten macht Hip-Hop einfach gute Laune. Dann braucht es kaum mehr als einen Track mit einem Beat, der in die Knie zwingt (»Dein Herz schlägt schneller«), einen Track mit Witz und Mainstream-Pop-Qualität (»Willst du mit mir geh'n?«) und ein paar Tracks mit klamaukiger Selbstironisierung (»Nirvana«, »Discotizer«, »Will Smith, Meer Gayne?«, feat. Biz Markie), um, ergänzt um ein paar psychedelisch anmutende Skits und Interludes, einen Hip-Hop-Klassiker für ewig junge Partyclowns zu schaffen. Ein solches Album ist *Sillium* der Hamburger Gruppe Fünf Sterne deluxe um Effekt-Musiker Marcnesium, DJ Coolmann und die Rapper Der Tobi und Das Bo. *Sillium* ist nicht *Bambule*, klar. Aber das Album der Fünf Sterne war seinerzeit ein erfreulich sinnfreies Korrektiv in einer deutschsprachigen Hip-Hop-Gemeinschaft, die zunehmend begann, sich die gute Laune zu verbieten, weil sie in der selbstgeschaffenen Hybris aus Charterfolg, Professionalisierung und kleinkariertem Lokalpatriotismus kaum mehr von sich selbst absehen konnte. *Sillium* ist freidrehend, schamlos und dabei immer auch ein bisschen peinlich, quasi Deichkind *avant la lettre*. Wie die Alben der Hamburger Electropunk-Hip-Hop-Crossover-Crew war bereits *Sillium* das erfrischende Ergebnis einer Laune der Hip-Hop-Natur.

Zum Weiterhören: *Neo. Now* (2000); Der Tobi & Das Bo, *Genie und Wahnsinn liegen dicht beieinander* (1995)

Lauryn Hill
The Miseducation of Lauryn Hill (1998)

Ruffhouse/Columbia

My emancipation don't fit your equation
»Lost Ones«

Lauryn Hill war und ist eine Provokation. Nach Jahren, die geprägt waren von Schreibblockaden, einem kurzen Gefängnisaufenthalt und divenhaft zu nennenden Exzessen, ist es still geworden um eine der schillerndsten Pop-Persönlichkeiten der 90er Jahre. Aber ob die rätselhafte Kurzlebigkeit ihrer Karriere nun mit falscher oder richtiger Erziehung zu begründen ist oder nicht, Lauryn Hills *Miseducation* zählt zu den Meilensteinen der Hip-Hop-Geschichte. Nach dem internationalen Erfolg von *The Score* (1996), dem zweiten und vorerst letzten Album der aus den Musiker:innen Pras, Wyclef Jean und Lauryn Hill bestehenden Gruppe Fugees, begab sich Hill 1997 ins Tonstudio und schuf eines der eindrucksvollsten Konzeptalben der amerikanischen Musikgeschichte. Dabei gelingt es Hill bravourös, Hip-Hop, Neo-Soul und R'n'B zu harmonisieren. Ihr Spiel mit den musikalischen Genres (von der souligen Ballade zum tanzbaren Hip-Hop-Track) ermöglicht jedem ihrer außergewöhnlich poetischen Texte, seine jeweilige Stimmung vollends zu entfalten. Untrennbar verbunden mit der Geburt ihres ersten Kindes (die auf *Miseducation* madonnenhaft inszeniert wird) erscheint das Album als Zusammenspiel menschlicher Kräfte und schöpferischer Offenbarung. Die Tracks »To Zion« (mit Carlos Santana an der Gitarre), »Final Hour« und das wundervolle Duett mit dem Sänger D'Angelo, »Nothing Even Matters«, verdeutlichen exemplarisch, wie geschmeidig Lauryn Hill in *Miseducation* der Spagat zwischen Autobiographie und romantischer Fiktion gelingt – die Königsdisziplin des Pop. Die Eingängigkeit ihrer Lieder und die Sperrigkeit ihrer Attitüde machen *Miseducation* zu einem Pop-Meisterwerk. Und was sich bei den Fugees bereits als mögliches Markenzeichen der Sängerin andeutete, wird nun vollends in Szene gesetzt: der variable Einsatz ihrer dunklen, tiefen Stimme und die permanenten Wechsel zwischen Sprechgesang und Gesang, mit deren Hilfe sie den Blick auf die Irrungen und Wirrungen (heteronormativer) Liebe und deren Konsequenzen lenkt. Jedes Lied endet mit der seriellen Fortsetzung eines Skits, in dem eine Schulklasse mit ihrem Lehrer die Fallhöhen der Liebe und die Wirklichkeiten zwischenmenschlicher Beziehungen diskutiert. Im Intro des Albums ist jedoch zu hören, wie der Lehrer vergeblich die Schülerin Lauryn Hill aufruft. Hill ist, so lernen die Hörer:innen, gerade nicht im Klassenzimmer anwesend. Lieber lässt sie ihre Lieder zum Ausdruck einer *Miseducation* werden. Hill ist die Annie Ernaux des Hip-Hop und als solche war und bleibt sie eine Provokation – nicht zuletzt für die Musikbranche und die Welt des Hip-Hop selbst. Das Gerücht, Lauryn Hill habe 1996 in einem Interview mit dem Fernsehsender MTV gesagt, ihr wäre es lieber, dass eines ihrer Kinder sterbe, als dass ein Weißer ihr Album kaufe, hängt ihr trotz fehlender Originalquellen und mehrfacher Dementi nach wie vor an. Die Situation eskalierte, als sich der Rapper Eminem dazu hinreißen ließ, jede mögliche Zusammenarbeit mit Hill abzulehnen, weil sie angeblich rassistisch sei. Die Hartnäckigkeit dieses würdelosen Gerüchts macht aber eines allzu deutlich: Lauryn Hill stellte deshalb eine Irritation auf der glatten Oberfläche der Popwelt dar, weil sie weibliches und afroamerikanisches Selbstbewusstsein mit einer derartigen Überzeugung zur Schau stellte und lebte, wie es eine wesentlich von weißen Männern bestimmte Szene offensichtlich kaum ertragen konnte. Mit ihrem Album stellte Lauryn Hill sich dann auch nicht nur in eine musikalische Linie mit Sängerinnen wie Ella Fitzgerald und Nina Simone, sondern auch in eine afroamerikanische Erzähltradition, die der Spiritualität des Gospels ebenso verpflichtet ist wie der ironischen Cleverness des mündlichen Schlagabtauschs. Hills *Miseducation* ist der paradigmatische Ausdruck einer für das normative Selbstverständnis weißer, männlicher Herrschaft »falschen Erziehung«. Auch Jahrzehnte nach der Frauen- und der afroamerikanischen Bürgerrechtsbewegung besteht die Sängerin darauf, dass die Grundsätze universaler Gleichheit auf wackligen Füßen stehen. Vor dem

Hintergrund gesellschaftlicher und kultureller Marginalisierung und mit dem Selbstbewusstsein kreativen Widerstands entstand mit *The Miseducation of Lauryn Hill* ein Soloalbum, das Einfluss auf das Schaffen einer ganzen Generation von Musiker:innen haben sollte. Lauryn Hill war und bleibt eine Provokation; ein Enigma in einer Welt der öffentlichen Zurschaustellung. Aber gerade in der Verbindung von enigmatischer Genialität, kultureller Resistenz und musikalischer Diversität ist ihre *Miseducation* ein zeitloses Geschenk an die Hip-Hop-Kultur.

Zum Weiterhören: *MTV Unplugged No. 2.0* (2002); Fugees, *The Score* (1996)

Outkast
Aquemini (1998)

LaFace/Arista

> It's Outkast, Aquemini, another Black experience
> *André 3000 in »Aquemini«*

Mit Outkast (oder OutKast) entließen die beiden aus Atlanta, Georgia, stammenden Rapper Big Boi und André 3000 ein Einhorn ins Hengstgatter des 90er-Jahre-Hip-Hop. Maßgeblich geprägt vom Soundstandard ihrer Heimatbasis, des Kollektivs der Dungeon Family um die Rapper von Organized Noize und Goodie Mob, wurden die zwei in Stil und Stimme vollkommen unterschiedlichen

Rapper schnell zur Avantgarde des Dirty South stilisiert. Und tatsächlich präsentierten sie dem internationalen Publikum einen Hip-Hop, der sich den etablierten Ostküstenbässen und Westküstenorgeln nicht unterordnen und mithilfe einer eleganten Mischung aus Samples und verspielt eingespielten Instrumenten stetig experimentellere Wege gehen wollte. Jedes ihrer ersten vier Studioalben könnte in dem vorliegenden Band seinen Platz finden, aber auf das dritte, *Aquemini*, dem ersten Ausflug der Gruppe in die Boheme-Extravaganz, können sich alle einigen – Kritiker:innen, Fans und womöglich sogar die meisten jener, die mit Hip-Hop gar nicht allzu viel anfangen können. Dabei ist das von Organized Noize, Mr. DJ und von Outkast selbst produzierte *Aquemini* musikalisch gar nicht unkompliziert und textlich durchaus unbequem. Genau darin ist es aber stets und an vorderster Stelle Südstaaten-Hip-Hop par excellence, ein Sound wie Fried Chicken und Grits, heiß, fettig und einfach verdammt gut. Und das war zu seiner Zeit derart neu und spannend, dass man am Wochenende mit Outkast vorglühte – in der Hoffnung, im Club die nächste Dosis verabreicht zu bekommen. Dabei geht es den beiden Wunderköchen nicht allein um gefälliges und umschmeichelndes Soul Food, sondern immer auch um die schwere Kost persönlicher Introspektion, zerrütteter Zwischenmenschlichkeit und die Wunden eines autoaggressiven Regimes. Es geht bei allem Sly-Stone-Hedonismus, bei all der posend ausgestellten Leidenschaft des Players für ›seine‹ Frauen und dem auch mithilfe von Drogen nachgespürten Drang nach maximaler individueller Expressivität um nicht weniger als die Matrix eines Südstaaten-Lebens, das in seinen Grundfesten gleichermaßen geprägt ist von schwüler

Luft und dem liberalisierenden Sound der Funk- und Soulschmieden der 70er Jahre, aber auch vom transgenerationalen Trauma der Versklavung und der überall lauernden systemischen Gewalt der *White Supremacy*. In dieser historisch, kulturell und individuell selbstreflexiven Spannung entwickelt sich das Album; an diesem Punkt entpuppt sich das fabelhaft bunte Einhorn als ein blutrünstiges Raubtier.[10]

Zum Weiterhören: *Southernplayalisticadillacmuzik* (1994); *ATLiens* (1996); *Stankonia* (2000); Goodie Mob, *Soul Food* (1995)

10 Und aus dieser Spannung heraus erfuhren Outkast ihren größten Widerstand. »Ah ha, hush dat fuss / Everybody move to da back of the bus / Do you wanna bump and slump wit us? / We da type of people make da club get crunk«, heißt es in dem Track »Rosa Parks«, und während man sich vor dem Hintergrund der poetisch-philosophischen Experimente (insbesondere in den Texten von André 3000) fragen kann, ob hier nicht auf besonders *smoothe* Hip-Hop-Art-und-Weise das Bewusstsein für die Traditionslinien des Bürgerrechtsprotests in die gemeinschaftsstiftende Kraft des Grooves übersetzt wird, klagte die besungene Parks bis zum Obersten Gerichtshof, denn sie warf der Band vor, ihren Namen willkürlich und ohne politische Motivation angeeignet zu haben. Man einigte sich schließlich auf die Förderung von Bildungsprogrammen im Namen der Bürgerrechtsaktivistin, und so gab sich das dekontextualisierte Sampling eines historischen Moments eine neue Form in der Möglichkeit fortdauernder pädagogischer Kontextualisierung.

Suprême NTM
Suprême NTM (1998)

Epic

Ceux qui ne voient le Hip-Hop qu'avec des samples de pop
Mais tout ceux-là je les stoppe, à base de *popopop*!
Kool Shen in »Seine-Saint-Denis Style«

Hart und vielleicht nicht immer fair, aber sich stets treu bleibend, bestechen JoeyStarr und Kool Shen, die beiden Rapper von Suprême NTM, mit bedingungsloser Aggressivität, anarchistischer Widerstandskraft und einer kompromisslosen Missachtung von Autoritäten. NTM steht für »nique ta mère« (also ›fick' deine Mutter‹). Ob sich dies nun gegen Jean-Marie Le Pen und die Gruppe der ihm folgenden rassistischen Populist:innen richtet, gegen die gewaltsame Unterdrückung von Minderheiten durch die Polizei oder gegen jedwede Institution, die in Frankreich soziale Ungleichheit befördert, kommt auf den jeweiligen Track an. Vergleichbar mit N.W.A oder Mobb Deep, ist Hardcore bei Suprême NTM nicht nur selbstgefälliges ästhetisches Prinzip, sondern ganzheitliche Lebensform, in der man seine Mutter lieber aus der Schusslinie nimmt.

Zum Weiterhören: *Paris Sous les Bombes* (1995)

Eins Zwo
Gefährliches Halbwissen (1999)

Yo Mama

Heute gibt's Beats, Cuts und Raps mit Wortwitz
»Arbeitstitel: Aller Achtung«

Nur wenige wurden dem oben zitierten Credo so gerecht wie die Hamburger Gruppe Eins Zwo mit ihrem Debütalbum *Gefährliches Halbwissen*. Eins Zwo sind Hip-Hop-Romantik in Reinform und *Gefährliches Halbwissen* ist die Vertonung eines Breakdance-Battles vor einer besprühten Wand. Und tatsächlich entstand das Album in einer der produktivsten und talentiertesten Kaderschmieden des deutschen Hip-Hop: Hamburg. Ende der 90er Jahre konnte man als Hip-Hop-Fan das Gefühl haben, dass jede Woche mit Debütalben vollgestopfte Container das Tor zur Welt verließen und die Republik mit neuen Beats, Reimen und Sprechweisen versorgten, wobei wohl niemand ernsthaft geglaubt hätte, dass »Digger« irgendwann zur geflügelten Anrede würde. Von Beginn an bestand das Geheimnis des Hamburger Hip-Hop darin, viel auszudrücken, aber wenig sein zu wollen. Anders als in Stuttgart, Frankfurt am Main oder Berlin ging es rund um die Alster nicht um intellektuelles Gehabe, politischen Aktionismus oder fehlgeleitete Straßenromantik. Hamburger Hip-Hop war das Ergebnis einer einzigartigen Gruppendynamik, in der man sich auf sich selbst konzentrierte und sich selbst genug zu sein schien. Im Vergleich zur Stuttgarter Kolchose (einem Zusammenschluss diverser Künstler aus der baden-württembergischen Landeshauptstadt) schien man sich in Hamburg einfach nicht allzu ernst zu nehmen, sondern der Musik zu vertrauen. Und innerhalb dieses einzigartigen Miteinanders übernahmen Eins Zwo eine außergewöhnliche Rolle. Wenn Absolute Beginner die Klassenbesten, Dynamite Deluxe die verkifften Schwänzer und Fünf Sterne Deluxe die Pausenclowns der Hamburger Hip-Hop-Schule waren, dann waren Eins Zwo, bestehend aus Dendemann und DJ Rabauke, womöglich die natürlichen Talente, denen es die Lehrerin auch einmal verzieh, wenn sie die Hausaufgaben oder den Turnbeutel vergessen hatten. Mit dem Selbstbewusstsein des faulen Genies und in der Tradition von Gang Starr und Eric B. & Rakim bewiesen Eins Zwo, dass guter Hip-Hop im Grunde nicht mehr braucht als DJ und MC, die etwas von ihrem Handwerk verstehen. Die Band unterstreicht mit *Gefährliches Halbwissen* den Anspruch von Hip-Hop, sein ästhetisches Potenzial nicht immer mit Perfektion, dafür aber mit Pointiertheit – mit einem ›gefährlichen Halbwissen‹ also – entfalten zu können. So zeigt sich DJ Rabauke als ein besonders raffinierter Bastler von Cuts und Sample-Loops, die den meisten der Tracks von *Gefährliches Halbwissen* als minimalistische Harmoniegrundlage dienen. Besonders eindrucksvoll gelingt ihm dies mit dem Hit des Albums, der Singleauskopplung »Hand auf's Herz«, in der Dendemann freies Spiel hat, auf einem knapp abgehackten und präzise geloopten Beat seine Runden zu drehen. Und Dendemann braucht diesen Freiraum, um als Double- und Triple-Rhymer der alten Schule alles geben zu können. Dendemann ist gleichermaßen eigenwillig und unverkennbar. Auch heute noch ist er ein wahrer Filou. Nach einem weiteren Eins-Zwo- sowie zwei Soloalben und einem Engagement als Bandleader in der ZDF-Neo-Sendung *Neo Magazin Royale* von Jan Böhmermann veröffentlichte er mit *Da nich für!* (2019) erneut ein bemerkenswertes Hip-Hop-Album. Dendemann ist eben nicht nur mit einer unverkennbaren Kratzstimme, sondern auch mit einem außergewöhnlichen Rap-Talent gesegnet, dem im deutschsprachigen Hip-Hop wohl nur der junge Kool Savas das Wasser reichen konnte. Beispiel zum Mitrappen gefällig? »Liebes Logbuch! Die Eins Zwo verlässt grad eben den traumhaften Raumhafen uns'res Planeten. / Was keiner ahnt: die Crew will getarnt in Bus, Bahn und Leihwagen / An Sonn-, Sams- und Freitagen zu guter Stimmung beitragen.« *Gefährliches Halbwissen* ist vom ersten bis zum letzten Vers gespickt mit solchen Passagen, die kopfnickkompatibel unterlegt sind mit knalligen Beats und groovigen Loops. Das Album macht einfach Freude – dies- und jenseits des Schulhofs.

Zum Weiterhören: *Zwei* (2001); Dendemann, *Da nich für!* (2019)

Freundeskreis

Esperanto (1999)

Four Music / Sony Music / Columbia

Es gibt nichts, was uns zügeln kann, nichts, was uns hält
Wir spreaden's über Stuttgarts Hügel in die Welt
»Esperanto«

Die Stuttgarter Hip-Hop-Gruppe Freundeskreis um DJ Friction, den Musiker Don Philippe und den Sänger und Rapper Max Herre vermochte es, innerhalb von drei Jahren zwei der wichtigsten Alben des deutschsprachigen Hip-Hop zu veröffentlichen, was umso bemerkenswerter ist, als Freundeskreis überhaupt nur zwei Studioalben veröffentlicht haben.[11] Mit *Quadratur des Kreises* legten sie bereits 1997 ein Debütalbum vor, das vor allen Dingen ein heißsporniger Ausdruck politischer Subversion innerhalb der jugendlichen Subkultur sein wollte. Das Album war romantisch, engagiert und musikalisch derart virtuos, dass es unmittelbar an die frühen Roots, A Tribe Called Quest, aber auch an solch Hip-Hop-ferne Produktionen wie Gallianos Acid-Jazz-Album *The Plot Thickens* (1994) erinnerte. Freundeskreis wollten immer schon intellektueller, sinnlicher, sensibler und politischer als der Rest der deutschsprachigen Hip-Hop-Community sein. Und gleichzeitig sollte von Stuttgart aus eine ganz eigene, sich von den Fantastischen Vier absetzende Kulturwertegemeinschaft wirken.

11 Freundeskreis' drittes Studioalbum *FK 10* aus dem Jahr 2007 ist im Grunde nur ein Best-of mit drei neuen Tracks.

Dementsprechend verfolgte die von Max Herre gegründete Künstlergruppe Kolchose (die u.a. Freundeskreis, Massive Töne und Afrob verband) konsequent den Wunsch nach einer alternativen, kulturinternen Eigenständigkeit, die dann auch mehr umfassen wollte als Hip-Hop-Musik. Direkt nach der Veröffentlichung des Debütalbums der Gruppe schritt die Professionalisierung und Internationalisierung des damals noch jungen deutschen Hip-Hop dann so schnell voran, dass innerhalb von nur zwei Jahren enorme Entwicklungen stattfanden, nicht zuletzt bei Freundeskreis selbst. Und so merkt man dem ebenfalls bei Four Music erschienenen *Esperanto* bereits im Titeltrack an, dass das Album das Ergebnis einer rasanten musikalischen Weiterentwicklung und eines persönlichen und kulturellen Reifeprozesses ist.[12] Kaum ein anderes deutschsprachiges Hip-Hop-Album ist derart konsequent ein Album wie *Esperanto*, und dabei zeigt es ein besonderes Gespür für die rückbezügliche Kommunikation mit seinem Vorgänger: »Erste Schritte« ist die autobiographische Spiegelung von »Leg dein Ohr auf die Schiene der Geschichte«, »Mit Dir« die intime Fortführung von »A-N-N-A«, »Pulsschlag« das gruppendynamische Gegenüber von »Wenn der Vorhang fällt«. Dem Albumtitel entsprechend sind auf *Esperanto*

12 Der symbolische, kulturelle und ökonomische Wert des 1996 von den Fantastischen Vier gegründeten Labels Four Music für die deutschsprachige Hip-Hop-Community kann gar nicht hoch genug bemessen werden. In der Zusammenarbeit mit Freundeskreis, Blumentopf, Casper, Marteria und vielen anderen Hip-Hop- und Black-Music-Künstler:innen hat Four Music die deutsche Popkultur der vergangenen Jahrzehnte wesentlich mitbestimmt.

eine Gruppe und ihr Album im polyphonen Gespräch mit sich selbst und ihren musikalischen Traditionslinien – ein »Briefwechsel« mit Shurik'N von IAM wird ebenso selbstbewusst performt wie die Coverversion eines Rio-Reiser-Songs, Reggae-Harmonien sind der musikalischen Melange ebenso selbstverständlich wie hispanische Gitarren-Loops. Und wie bereits auf *Quadratur des Kreises* überzeugen Freundeskreis erneut im harmonischen Zusammenspiel von Max Herres selbstbewusstem Vortrag und der stets über Hip-Hop hinausweisenden musikalischen Virtuosität der beiden Kollegen im Hintergrund. Offensichtlich bestärkt vom Erfolg des Debütalbums, sind die Produktionen von DJ Friction und Don Philippe spürbar konsequenter, und die Feature-Parts, die von Gentleman und Samy Deluxe über Joy Denalane und Massive Töne bis hin zu Udo Lindenberg reichen, sind nicht nur eine stimmliche Bereicherung, sondern Teil einer größeren kulturellen Kommunikation. *Esperanto* erscheint als das intime Miteinander seelenverwandter Musiker:innen – »Weltmusik«, die aufsteigt aus dem Dunst Stuttgarter Bürgerlichkeit. Überdies ist es eines der ersten Alben, die den Pluralismus, den die Internationalisierung des Hip-Hop befördert, nicht nur zelebrierten, sondern kritisch reflektierten; es versucht, die wachsende Ausbeutung von Künstler:innen im Globalen Süden aufzudecken. Damit gelingt es Freundeskreis mit *Esperanto*, sich anspruchsvoll und gekonnt gegen den jugendlichen Übermut vieler Hip-Hop-Kolleg:innen zu stellen und dabei die teilweise noch naive Politisierungsromantik von *Quadratur des Kreises* in die Kraft einer größeren popkulturellen Intervention zu übersetzen. Ob nun mit »Esperanto«, »Tabula Rasa Pt. II« oder der Ballade

»Mit Dir«, Freundeskreis wagten und meisterten mit ihrem zweiten Album den Balanceakt, sich mit der Popwelt zu arrangieren und gleichzeitig das Selbstbild zu wahren, sich nicht vollends von kommerzorientierter Oberflächlichkeit vereinnahmen zu lassen. So erfüllt *Esperanto* den von Herre im Titeltrack formulierten Anspruch, »die und nicht nur sich an der Kultur [zu] bereichern«, und tatsächlich hat *Esperanto* die Hip-Hop-Kultur nicht nur bereichert, sondern sie ein kleines Stückchen besser gemacht. Wenn dies bereits mit dem zweiten Studioalbum glückt, dann bleibt womöglich keine Kraft mehr für ein drittes.

Zum Weiterhören: *Quadratur des Kreises* (1997); FK Allstars, *En Directo* (2000); Joy Denalane, *Mamani* (2002)

MF Doom
Operation: Doomsday (1999)

Fondle 'Em

Stop and stick around, come through and dig the sound
Of the fly, brown six-o sicko psycho who throws his
dick around
»Doomsday«

Da ist zunächst einmal die Maske, die das selbsternannte »Metal Face« gleichermaßen als Schutzschild, das die Mimik und damit die Gefühle verdeckt, und als Schießscharte für seine verspielt destruktiven Verse nutzte. MF Doom war wohl das authentischste Kunstprojekt in der Geschichte des Hip-Hop. Nach Jahren, in denen der in London geborene, aber in Long Island, New York, aufgewachsene Graffitisprüher und MC Daniel Dumile (aka Zev Love X) aufgrund zahlreicher privater Schicksalsschläge eine an der Obdachlosigkeit entlangschrammende Untergrundexistenz führte, entschied er, im Stile Peter Parkers, Clark Kents oder Bruce Waynes, sein Schicksal in die eigene Hand zu nehmen. Kurz entschlossen entwickelte er die Figur MF Doom, diesen comichaften Superschurken. In der Maske würde sich alles spiegeln, was den Hip-Hop dieses Antihelden auszeichnen sollte: eine dystopisch visionäre Kreativität, eine alternativ-futuristische Welterfahrung und eine chimärische Existenz, die zwischen Mensch und Maschine, zwischen Realität und (wie dann auch das Albumcover erahnen lässt) Comicüberzeichnung nicht unterscheiden will und womöglich bereits so wesentlich durchmischt ist, dass sie es gar nicht mehr kann. Während manche Musiker:in Do-it-yourself als selbstverliebte Pose vor sich herträgt, ist das Debütalbum des Metal Face, *Operation: Doomsday*, zweifelsohne und dabei bemerkenswert bescheiden das Ergebnis eines individuellen Schaffensprozesses – mehr noch ist es das Ergebnis einer bewusst instabilen, dadurch aber unbedingt flexiblen Selbstschöpfung. MF Doom, der spätestens in der Zusammenarbeit mit Madlib (*Madvillainy*, 2004) zum »Supervillain« wurde, ist ein existentialistischer Held, ein Camus'scher Sisyphos, der gleichermaßen an der Welt und an sich leidet, in seinem Leiden aber auch Trost und Kraft zu finden scheint. Sein *Operation: Doomsday* ist das Alternative-Hip-Hop-Album für all jene, die sogar noch eine Alternative zum Alternative Hip-Hop suchen.

Derart schräg, bizarr und, ja, genial ist dieses Album. Das Pathos der Instabilität, des Fragilen und berührend Verletzlichen, des immer wieder auch Größenwahnsinnigen, darin aber besonders Angreifbaren kennzeichnet das Album und das gesamte Werk MF Dooms. Den gängigen Konventionen der Musik folgend, stimmt hier nichts und gerade deshalb im Grunde alles. Rap-Verse, die so synkopisch dahingeraunt sind, dass sie unmöglich nachzurappen sind; Beats, die so radikal reduziert sind, dass sie sich fast aufzulösen scheinen; und eine Performance, die das Verhältnis von Oberfläche und Untergrund so sehr in sich verdreht, dass man sich einfach fallen und dem »Supervillain« die Kontrolle überlassen muss. So gilt es, MF Doom zuzuhören, um ansatzweise zu verstehen, was für ein Großmeister er war. Im Angesicht seiner existentiellen Krisen und seiner Zweifel an den Gesetzmäßigkeiten des plastikpoppigen Hip-Hop-Geschäfts übersetzte MF Doom den antikommerziellen, unprätentiösen und radikal unglamourösen Backpacker Rap in eine metallisch kühle und gleichsam strahlende Avantgarde-Geste. 2020 starb er, wie konnte es anders sein, unter nicht bekannten Umständen, hinterließ aber – zum Glück – eines der faszinierendsten Archive des Hip-Hop.

Zum Weiterhören: *Vaudeville Villain* (als Viktor Vaughn, 2003); *MM..Food* (als MF Doom, 2004); Madvillain (MF Doom & Madlib), *Madvillainy* (2004); Danger Doom (Danger Mouse & MF Doom), *The Mouse and the Mask* (2005)

Mos Def
Black on Both Sides (1999)

Rawkus/Priority

Tomorrow may never come
For you and me, life is not promised
»UMI Says«

Ein Jahr nach Erscheinen seines gemeinsam mit Talib Kweli veröffentlichten Albums *Mos Def & Talib Kweli are Black Star* behauptete sich Mos Def auch als Solokünstler und legte mit *Black on Both Sides* ein bleibendes, weil zeitlos konzipiertes Album vor. Und wie der Titel bereits nahelegt, ist das bei Rawkus Records, einem der wichtigsten Independent-Hip-Hop-Labels der 90er Jahre, erschienene *Black on Both Sides* tatsächlich einer der selbstbewusstesten und ästhetisch programmatischsten Ausdrücke Schwarzer Kreativität in der Hip-Hop-Geschichte. Es ist ein eigenwilliges Album und eine elegante Bewegung durch die Traditionen afroamerikanischer Musik und die Spiritualität einer ›wahren‹ Hip-Hop-Idee. Das Album zeichnet die künstlerische Selbstfindung eines jungen Schwarzen Mannes nach, der darum bemüht ist, seinen Platz in einer von systemischem Rassismus zersetzten Gesellschaft zu finden und reformorientiert zu behaupten. *Black on Both Sides* ist gleichermaßen schön und wütend und eine Liebeserklärung an die arg romantisierte Vorstellung einer genuin unverstellten, aber ständig von außen (von profitorientierten Major Labels, voreingenommenen Medien und rassistisch motivierten Politiker:innen) bedrohten musikalischen

Wahrhaftigkeit. Es ist ein Album, das – für ein Soloalbum in den 90er Jahren recht ungewöhnlich – mit nur wenigen, dafür aber mit Musikern wie Q-Tip oder Busta Rhymes herausragend und treffsicher besetzten Feature-Parts auskommt. Anstatt sich in der Inszenierung von Gruppenidentität und gegenseitig sich aufpeitschendem Gehabe zu verlieren, konzentriert sich *Black on Both Sides* dem Albumcover entsprechend, auf dessen Vorderseite das Gesicht und auf dessen Rückseite der Hinterkopf des Rappers vor schwarzem Hintergrund und in Nahaufnahme zu sehen sind, auf die Inszenierung einer bestimmten, aber repräsentativen Subjektposition. *Schwarz auf beiden Seiten* ist Ausdruck eines Wunsches nach künstlerischer Selbstbehauptung und eine Hommage an eine Musikwelt, die nicht zuletzt vom Wenden schwarzer, knarzender Vinylplatten geprägt ist. Auf Mos Defs erstem Soloalbum verschmilzt eine sinnliche Musikmaterialität mit dem Gestaltgebungsprozess einer kulturellen Identität. Hip-Hop-Romantik ohne Pop-Kitsch. Sampleaffin und aussagefokussiert, ist Mos Def ein wahrer Independent- und Conscious-Rapper, der zwischen Kunst, Politik und gegenkultureller Subversion nicht unterscheiden will. Wobei der Rapper – kraft seiner außergewöhnlichen Stimme, Intonation und seines besonderen Erzähltalents – unweigerlich verdeutlicht, einer der eigenwilligsten Künstler innerhalb der Hip-Hop-Szene zu sein. In Tracks wie »Love«, »UMI Says«, »Rock N Roll« oder auch »Habitat« strapaziert Mos Def (der seit Jahren nur noch unter dem Namen Yasiin Bey vornehmlich als Schauspieler und Entertainer und eben nicht mehr als Musiker auftritt) dann auch die Vorstellung vom klassischen Rapper und inszeniert sich in gewisser Weise als Griot, also als

Dichtersänger afrikanischer Tradition, dem es oftmals eher um epische Tiefenbohrungen als um lyrische Pointierung geht. *Black on Both Sides* ist das Album eines Traditionalisten und Visionärs, der darauf setzt, die Polyphonie des Hip-Hop poetisch und musikalisch zu erspüren und sie in ihrer sozialen und politischen Konsequenz auch intellektuell zu durchdringen. Und so ist *Black on Both Sides* mehr als ein Hip-Hop-Album. Es ist ein Stück avantgardistische Pop-Geschichte, dessen zwei schwarze Seiten in jedes Plattenregal gehören.

Zum Weiterhören: *The Ecstatic* (2009); Black Star, *Mos Def & Talib Kweli are Black Star* (1998)

Q-Tip
Amplified (1999)

Arista

Sittin' 'round in my abstract car
This abstract thing goin' abstract far
»Vivrant Thing«

Nachdem sich A Tribe Called Quest 1998 zum ersten Mal aufgelöst hatten, versuchten sich alle Gruppenmitglieder (abgesehen von Jarobi White) in mehr oder weniger erfolgreichen Soloprojekten. Phife Dawg veröffentlichte im Jahr 2000 das durchaus respektable *Ventilation: Da LP*, Ali Shaheed Muhammad das durchwachsene *Shaheedullah and*

Stereotypes (2004), aber am eindrucksvollsten ist Q-Tips Debütalbum *Amplified*. Hip-Hop war Ende der 90er Jahre endgültig zum Mainstream-Pop-Phänomen geworden, und weil nur wenige Rapper-Produzent:innen ein derartiges Gespür für Genregrenzen sprengendes Musizieren hatten wie Q-Tip, war es nur folgerichtig, dass dieser versuchte, seiner Musik eingängigen Pop-Appeal zu verleihen. Q-Tip zeigte sich bereits in den frühen Jahren von A Tribe Called Quest als eigentümlicher Typ: seine Produktionen setzten neue Standards in der Verschmelzung von Jazz, Funk und Old-School-Hip-Hop, und seine merkwürdig quäkend-monotone Stimme war unter Hunderten auszumachen. Q-Tip verstand Hip-Hop in erster Linie als Kunst. Diesem avantgarde-ästhetischen Habitus verpflichtet, begab er sich mit *Amplified* allerdings in lauwärmere musikalische Gefilde. Er entzog (mithilfe seines Co-Produzenten Jay Dee) seinem Hip-Hop-Sound die verkopft-abstrakte Spielweise des Jazz und übertrug ihn in deutlich gefälligere Pop-Klänge. Textlich verzichtete Q-Tip größtenteils auf seine ihn ursprünglich kennzeichnende Intellektualität und ersetzte kritisches Philosophieren kurzerhand mit flamboyantem Hedonismus, was sich nicht zuletzt auch in die Gestaltung des Covers übersetzte, auf dem Q-Tip fünffach vor schwarzem Hintergrund zu sehen ist und der im Zentrum stehende Q-Tip mit messianischer Geste, Pelzmantel, Goldkettchen und freiem Oberkörper das Bild dominiert. Klar, Loyalist:innen von A Tribe Called Quest können damit bis heute wenig anfangen, aber Hip-Hop sollte sich eben immer mal wieder sorgenfrei geben, ohne dabei unnötig plump zu sein. Zumal die Fans alter Schule 2016 wieder auf ihre Kosten kamen, als der Tribe sein außergewöhnlich gutes Comeback-Album *We Got It from Here... Thank You 4 Your Service* veröffentlichte.

Zum Weiterhören: A Tribe Called Quest, *The Low End Theory* (1991); *Midnight Marauders* (1993)

The Roots
Things Fall Apart (1999)

MCA

Either stand tall or sit the fuck down
»Double Trouble«

1999 waren The Roots aus Philadelphia längst keine Unbekannten mehr in der Hip-Hop-Szene. Drei Studioalben hatte die 1987 gegründete Gruppe bereits vorzuweisen, als mit der Veröffentlichung von *Things Fall Apart* der internationale Durchbruch gelang. The Roots bewiesen, dass sich fundierte Sozialkritik und Charterfolg nicht gegenseitig ausschließen müssen. *Things Fall Apart* ist ein aufrührerisches Album und ein stolzer Ausdruck Schwarzer Kreativität, den die Band treffsicher mit dem Titel des 1958 erschienenen Romans des nigerianischen Schriftstellers Chinua Achebe versah. Und nicht nur der Titel, auch das Cover des Albums ist eine mahnende Erinnerung, was passiert, wenn die angeführten ›Dinge‹ kurz davor sind, auseinanderzufallen. Abgebildet ist eine Schwarz-Weiß-Fotografie aus Zeiten der Bürgerrechtsbewegung in den 50er und 60er Jahren, die zwei junge, Schwarze Amerikaner:innen zeigt, die in Brooklyn, New York, panisch vor einer Schar weißer Polizisten fliehen. Bereits das Cover macht also deutlich, worum es The Roots mit *Things Fall Apart* geht: um eine kritische Reflexion der eigenen kulturellen und sozialen Vergangenheit und eine selbstbewusste Positionierung in einer von den Folgen der Sklaverei, von weißer Vorherrschaft und rassistischer Gewalt immer noch dominierten US-amerikanischen Kultur und Gesellschaft. Beides ist The Roots mit *Things Fall Apart* gelungen, wobei die Gruppe eine ganz andere Widerstandsästhetik als etwa N.W.A oder Brand Nubian kultiviert. The Roots provozieren weder mit soziopathischer Anarchie noch mit afrozentrischer Identitätspolitik. Die Band will sich vor dem Hintergrund von Rassismus, sozialer Ungleichheit und der popkulturellen Vereinnahmung Schwarzer Musik gerade nicht ab- oder ausgrenzen, sondern mithilfe musikalischer Vielschichtigkeit und textlicher Ernsthaftigkeit das vermittelnde Gespräch innerhalb der kulturell komplexen Popmusik suchen. Mit ihrem vierten Studioalbum vermochten es The Roots, ein gleichermaßen massentaugliches und unbequemes Album vorzulegen. Wobei ein wesentlicher Teil dieses Erfolgs der Tatsache geschuldet ist, dass die Gruppe seit Beginn ihrer Karriere Hip-Hop-untypisch *als Band* begeistert. Zwar besteht der feste Kern von The Roots seit ihrer Gründung lediglich aus dem Rapper Black Thought und dem Schlagzeuger Questlove (bzw. ?uestlove). Aber in den mehr als dreißig Jahren ihres Bestehens zeichnete ein wechselndes Ensemble von Musiker:innen dafür verantwortlich, dass die Musik von The Roots unabhängig von den klassischen Hip-Hop-Produktionsmodi des Samplings, der Drum-Computer und der Synthesizer entsteht. Nicht zuletzt machte dies die Band zu einem der außerordentlichsten Live-Acts der Hip-Hop-Musik. Im Falle von *Things Fall Apart* wurden Black Thought und Questlove besonders hörbar von Rapper Malik B. und Beatboxer Rahzel unterstützt, was dieses Album gesanglich zu einem der facettenreichsten der Band macht. Es ist nicht zuletzt dieser vokalen Vielfalt geschuldet, dass auf *Things Fall Apart* für jede:n etwas dabei ist. Während den vornehmlich popinteressierten Hörer:innen die phänomenale Zusammenarbeit von The Roots mit Sängerin Erykah Badu, Rapperin Eve und (in diesem Falle) Texterin Jill Scott in dem Track »You Got Me« ins Ohr schießt, werden Hip-Hop-Heads von Tracks wie »Adrenaline«, »The Next Movement«, »Don't See Us« und dem mit Mos Def eingerappten und an den Film *Wild Style* (1983, Regie: Charlie Ahearn) erinnernden »Double Trouble« mitgerissen. Dabei steht vor allem »Double Trouble« paradigmatisch für all jenes ein, das die Musik von The Roots zu einer zentralen Stimme innerhalb der Hip-Hop-Kultur macht. Während Questloves virtuoses und auf diesem Track besonders jazzaffines Schlagzeugspiel von traumähnlich dahinplätschernden Keyboardklängen untermalt wird, wirft Mos Def mit unverkennbarer Stimme zackige »Ha«-Laute in den sich immer weiter öffnenden Klangraum, in dem dann Black Thought die frühe MC-Shoutouts zitierenden Verse »We go wow, ba-da-da-dow-da-dah-ow / Either stand tall, or just sit the fuck down!« anstimmt. In dem aktivistischen Appell, man solle für eine Sache einstehen oder die Klappe halten, vollzieht sich das für The Roots typische kraftvoll poetische Hin und Her musikalischer Vorder- und Hintergründe, das von den ständig wechselnden Passagen von Mos Def und Black Thought sprach- und stimmlich als »Double Trouble« erscheint. So ist dieser Track im Grunde das Epizentrum des Albums. Auf ihn steuert alles zu. Und von ihm aus explodiert und strahlt das musikalische Genie der Gruppe in alle Richtungen. Das vierte Album dieser ungemein produktiven Band entfaltet das Selbstverständnis afroamerikanischer Popkultur als Mahnung: Der gesellschaftliche Zusammenhalt ist ein fragiles Gebilde. Die US-Geschichte, so rufen es einem die Roots zu, hat von der Versklavung Schwarzer Menschen über die im Cover zitierte Bürgerrechtsbewegung bis in die jüngste Gegenwart immer wieder gezeigt, dass die ›Dinge‹ schneller auseinanderfallen können, als man denkt.

Zum Weiterhören: *Do You Want More?!!!??!* (1995)

Common
Like Water for Chocolate (2000)

MCA

Some say I'm too deep, I'm in too deep to sleep
»The 6th Sense«

Kaum ein Rapper hat dem Hip-Hop eine solche Sanftmut und Weitsicht verliehen wie Common. Er ist so etwas wie das Gewissen dieser teilweise gewissenlosen, von Gewaltphantasien, Machismo und der Glorifizierung von Kriminalität geprägten Hip-Hop-Kultur und streut nicht nur im Stile eines politisch engagierten Popstars, sondern mit dem Pathos eines politischen Reformers Salz in die Wunden einer von Rassismus, Segregation und Unterdrückung geschundenen Gesellschaft. Mit seiner geradezu dahingleitenden Stimme ist Common vom Temperament her kein wütender Malcolm X, sondern eher ein besonnener Martin Luther King Jr., dessen Rap-Poesie darauf besteht, dass ein Anführer nicht radikal sein muss, um bestimmt zu sein, und dass der eigene Sound nicht avantgardistisch freidrehen muss, um als Vorhut zu fungieren. Mit perfekt aufeinander abgestimmten Produktionen von Größen wie J Dilla, Karriem Riggins, DJ Premier und Questlove sowie mit Features von Künstler:innen wie Mos Def, Jill Scott, MC Lyte und D'Angelo macht Common seinen visionären Hip-Hop-Aktivismus zu einem Akt kollektiver Hingabe mit dem Mut zur kritischen kulturellen Selbstreflexion. Wie diese Zusammenarbeiten schon erahnen lassen, ist Common in der Post-Tribe- und Post-De-La-Soul-Ära bestimmendes Mitglied einer außergewöhnlichen Generation an Conscious-Rap-Acts. Mit demselben Bewusstsein wie Mos Defs *Black on Both Sides* (1999) oder Talib Kwelis *Reflection Eternal* (2000) beschritt Common also spätestens mit der Veröffentlichung von *Like Water for Chocolate* den Weg eines Pop-Aktivisten, der in damals noch weit entfernter Zukunft das offene Ohr des ersten Schwarzen US-Präsidenten finden wird, um nicht weniger zu versuchen, als die Welt ein kleines bisschen besser zu machen. Diese Sehnsucht ist der Treibstoff von Commons Musik.

Zum Weiterhören: *Resurrection* (1994); *Be* (2005)

Deltron 3030
Deltron 3030 (2000)

75 Ark

Neuromancer, perfect blend of technology and magic
»3030«

Die Popkultur ist bekanntermaßen nicht bescheiden und geizt nicht mit Superlativen. Wo man hinschaut: Überall warten »Bestseller«, »Blockbuster«, »Chartstürmer« und »Superstars«, hinter denen bei genauerem Hinsehen und -hören nicht selten One-Hit-Wonder und allerlei kurzlebige Modephänomene stecken. Wenn nun aber die 1999 gegründete Gruppe Deltron 3030, diese wahnwitzige Zusammenarbeit von Produzent Dan the Automator, DJ Kid Koala und Rapper Del the Funky Homosapien (der vor allem bekannt ist durch seine Single »Mistadobalina« von 1991), gemeinhin als *Supergroup* bezeichnet wird, dann ist das schlichtweg angemessen. Und konsequenterweise muss auch deren gleichnamiges Debütalbum als Meisterwerk bezeichnet werden. Mit einem klassischen Hip-Hop-Album hat *Deltron 3030* allerdings nicht viel gemein. Eher handelt es sich um eine futuristisch-dystopische Hip-Hop-Oper, die Dan the Automator (aka The Cantankerous Captain Aptos) in einer Mischung aus Komponist, Konzertmeister und Dirigent lenkt und leitet. Dazu Soundeffekte, Samples, Scratches und die Raps von Del (aka Deltron Zero), in denen die weit entfernte Zukunft des 31. Jahrhunderts antizipiert und ihre lebens- und insbesondere Hip-Hop-feindliche Ideologie kritisiert wird, als wäre die Zukunft schon längst unsere Gegenwart. Insofern ist *Deltron 3030* ein wahres Jahrtausendwendealbum, das die Sorgen und den Hype um »Y2K« in seinem humoristisch-sozialkritischen Konzept aufgreift und zu einer Kraft werden lässt, die auch den Hip-Hop in noch unbekannte Gefilde überführt.

Zum Weiterhören: Del the Funky Homosapien, *I Wish My Brother George Was Here* (1991); Kid Koala, *Carpal Tunnel Syndrome* (2000)

Dynamite Deluxe
Deluxe Soundsystem (2000)

Eimsbush/Buback/EMI

Es gibt einfach zu viele von euch penetranten
Dilettanten
Die meinen, dass sie 'nen neuen Stil erfanden
»Wie jetzt«

Hip-Hop aus Hamburg hat viele Gesichter. Und dennoch könnte man meinen, er wäre in den 90er und frühen 00er Jahren in einer einzigen übergroßen Männer-WG entstanden: Fettes Brot, Fischmob, Der Tobi und Das Bo (und später Fünf Sterne deluxe), Absolute Beginner, Eins Zwo, Dynamite Deluxe – jeder konnte mit jedem, und jeder füllte den Kühlschrank mit ganz eigenen Köstlichkeiten. Auf gemütliche Art und Weise waren sich die Hip-Hop-Hanseaten stets selbst genug und bestimmten am Ende des alten

Jahrtausends den Hip-Hop-Sound der Republik. Und so war es nur folgerichtig, dass sie mit der Veröffentlichung von *Deluxe Soundsystem* von Dynamite Deluxe auch in das neue Jahrtausend einstimmten. Ästhetisch war das Album ein Großereignis, das sich mit *Fenster zum Hof...* der Stieber Twins genauso messen konnte wie mit *Kopfnicker* der Massiven Töne. Gleichzeitig hörte man in Produktion und Flow einen nächsten Schritt in der Professionalisierung und erfolgreichen Kommerzialisierung des Hip-Hop-Sounds, die in den Folgejahren immer weiter beschleunigt werden sollten. Die Do-it-yourself-Ästhetik der Sample-Loops und Drum-Computer wurde in ein komplexeres System mehrspuriger Produktionen überführt, und Sprechgesang war nicht mehr nur subkulturelle Selbstverständigung, sondern entwickelte sich zum bevorzugten Medium popkultureller Selbstvermarktung. Mit der symbolischen ›Wende‹ im Rücken galt es im Jahr 2000, einen höchst diffizilen Drahtseilakt zu meistern und aufbauend auf dem Tradierten ein neues Selbstverständnis zu schaffen: die alten Meister:innen nicht vergessen und die Beats und Battle-Reime krachen zu lassen, während man die jungen Geister ruft und von Wie-Vergleichen auf Parliament-Samples weitestgehend absieht. Das war die Devise. Und diese beherzigend, war das Soundsystem von Dynamite Deluxe gleichermaßen retro und progressiv; eine Schnittstelle in der Selbsterzählung des deutschen Hip-Hop. Dabei sticht zunächst der Rap von Samy Deluxe heraus, der bereits mithilfe seiner Feature-Parts auf Freundeskreis' »Eimsbush bis 0711« und auf »Füchse« der Absoluten Beginner Mainstream-Bekanntheit erreichte. Als Rapper ist Samy ein Naturtalent, das immer schon zu wissen schien, dass es Zeitverschwendung ist, wenn man sich nicht mit den Besten misst. (Folgerichtig kam es 2004 auf Melbeatz' »OK« zu einem Duett mit Kool Savas.) Nie zuvor hat ein Battle-Rapper seine (fiktiven) Widersacher mit einer solch ursprünglich-explosiven Mischung aus souliger Eleganz und schnoddriger Arroganz zerlegt. In Text und Vortrag erscheint Samy Deluxe wie der eine Jugendfreund, dem man seine permanenten Übertreibungen zwar nicht immer glaubt, der einen aber so treffsicher und humorvoll unterhält, dass man kaum genug von ihm bekommen kann. Ob in der Kiffer-Hymne »Grüne Brille« oder dem Battle-Track »Zornig!«, konsequent präsentiert sich der Rapper mit der charakteristischen dahingenuschelten Eloquenz als jenes »Reimemonster«, das seine Kollegen Afrob und Ferris MC ein Jahr zuvor so partytauglich beschworen hatten. Samys Virtuosität lässt vermuten, er würde auch in Doppelreimen eine Pizza bestellen. Und wie seine Kollegen Torch, Denyo, Afrob oder die Specializtz macht Samy Deluxe auf *Deluxe Soundsystem* immer wieder deutlich, dass die Internationalisierung des Hip-Hop untrennbar mit der Transatlantisierung seiner afroamerikanischen Wurzeln verbunden ist. Dementsprechend beschwört die Gruppe nicht nur in ihrem Namen einen ›Sound‹, der mehr zu sein hat als die Summe seiner musikalischen Teile. Sound ist auch eine kulturelle, politische und gesellschaftliche Haltung, und das Deluxe Soundsystem hat der deutschsprachigen Hip-Hop-Kultur zum ersten Mal authentisch vermittelt, dass Hip-Hop gleichermaßen Lebenseinstellung und Luxus und in beidem das Zelebrieren reinen Überflusses ist. Nicht kleckern, sondern klotzen, und wenn der ausgefeilte Takt noch Platz für einen Scratch oder eine Silbe lässt, dann gilt es, diesen mit einer solchen Energie zu füllen, als wäre es der letzte. Nachdem *Bambule* (Absolute Beginner) und *Gefährliches Halbwissen* (Eins Zwo) die Hansestadt ins Zentrum des deutschsprachigen Hip-Hop-Geschehens gerückt hatten, beförderte der an EPMD erinnernde Boom-Bap-Sound der Produzenten Tropf und DJ Dynamite und der irgendwo zwischen Method Man und Big L liegende Flow von Samy Deluxe das von Eißfeldt (Absolute Beginner) gegründete Hamburger Hip-Hop-Label Eimsbush Entertainment in Sphären internationaler Vergleichbarkeit (bevor es 2003 Insolvenz anmelden musste). Kein Wunder also, dass Samy Deluxe in einer auf gelebte Konkurrenz ausgerichteten Kultur einigen Kollegen zum Feindbild wurde. Rapper wie Azad warfen ihm oberflächliche Kommerzialisierung und fehlende Härte vor. Homofeindliche Beleidigungen sollten den Hamburger Rapper aus der Reserve locken, doch ein Diss-Track wie Azads »Samy De Bitch!! (7 Lektionen)« erscheint mittlerweile, und nicht zuletzt in den Augen des dissenden Künstlers selbst, als wahnwitziger Irrtum der Hip-Hop-Geschichte. Azad hat im Jahr 2014 in einigen an Samy Deluxe adressierten Tweets unmissverständlich eingeräumt, dass dieser im Vergleich der bessere Rapper sei und dass es »Samy De Bitch« deshalb nicht hätte geben dürfen. Ende gut, alles gut.

Zum Weiterhören: *TNT* (2008); Samy Deluxe, *SaMTV Unplugged* (2018)

Eminem
The Marshall Mathers LP (2000)

Aftermath/Interscope

I murder a rhyme, one word at a time
You never heard of a mind as perverted as mine
»I'm Back«

Bereits ein Jahr nach seinem Major-Label-Debüt *The Slim Shady LP* (1999), auf dem Eminem mit zuvor unbekannter Lust an der Irritation und schizoid-psychopathischen Bilderwelten einen Paradigmenwechsel im Hip-Hop andeutete, veröffentlichte der Rapper aus Detroit, Michigan, sein zweites Album.[13] Produziert wurde es erneut von Rap-Urgestein Dr. Dre. *The Marshall Mathers LP* sollte mit weit mehr als 30 Millionen verkauften Tonträgern das bislang erfolgreichste Album des Rappers werden. Und im Vergleich zu seinem Vorgänger ist es sowohl musikalisch als auch textlich deutlich facettenreicher. Dabei ist es bemerkenswert, wie Eminem die Melodik seiner Stimme, den Rhythmus seiner Sprache und die Originalität seiner Songtexte mit den Beats von Dr. Dre in Einklang bringt. Mehr noch erscheinen Produzent und Rapper als sich gegenseitig potenzierende Kräfte in einer populären Musikwelt, in der die Markierung von Alleinstellungsmerkmalen zunehmend schwieriger wird. Eminems unvorhersehbarer Sprech-

13 Im Jahr 1996 erschienen bereits wenige Pressungen des letzten Endes gefloppten Underground-Albums *Infinite* beim Detroiter Label Web Entertainment.

gesang passt sich den für Dr. Dres Produktionen typischen dominanten Bässen und dem seit seinen Zeiten bei N.W.A unverkennbaren Synthie-Orgel- und Bläserspiel nicht nur an. Es interagiert mit ihnen, so dass Rap und Musik in einem permanenten schöpferischen Wettstreit miteinander liegen. Nicht selten betont Eminem die erste Silbe eines Verses, um der Aggressivität seiner Aussagen besonderen Nachdruck zu verleihen, während Beat und Melodie darum bemüht sind, dieser Aggressivität zwar einen Raum zu geben, sie aber gleichzeitig einzuhegen. Und während *The Slim Shady LP* sich noch cartoonesk auf die Gewaltphantasien der von Eminem zum Leben erweckten und im 2024 veröffentlichten Album *The Death of Slim Shady (Coup de Grâce)* ermordeten Kunstfigur Slim Shady konzentriert, erscheint das deutlich reifere *The Marshall Mathers LP* eher wie ein Maskenball, auf dem sich ebenjenes psychopathische Alter Ego Slim Shady dem biographischen Ich Marshall Mathers und dessen Rapper-Persona Eminem in einem wilden Reigen stellen muss. In Momenten, in denen sich die Hörer:innen nicht immer im Klaren darüber sein können, wer hier gerade von wem erzählt, scheint das gespaltene Sprecher-Ich auf der Suche nach klaren Konturen und einer gefestigten Selbstpositionierung zu sein. Insofern ist *The Marshall Mathers LP* ein den Hip-Hop bereicherndes Spiel mit der Möglichkeit eines unkalkulierbaren Identitätsverlusts, in dem auch die souveräne Position der Hörer:innen droht, willkürlich instabil zu werden. Anrührende Hits wie »Stan«, dessen balladenartiger Refrain von der britischen Pop-Sängerin Dido gesungen wird, sind auf dem Album ebenso zu finden wie die Vertonung kaum zu ertragender Alptraumszenarien wie im Lied »Kim«, in dem das autobiographisch inszenierte Sprecher-Ich mit kreischender Stimme vom Mord an seiner Ehefrau erzählt. Eminems besonderes erzählerisches Talent liegt darin, die verschiedenen Personae und diverse autofiktionale Erzählstränge zu bündeln und poetisch zu entgrenzen. Besondere Erwähnung verdient dabei auch sein Rap- und Schreibtalent. Meisterhaft (und so konsequent wie in keiner weiteren Veröffentlichung) verbindet er die Originalität seiner Reime, den ironischen Wortwitz seiner Verse und die teils wahnwitzigen Tempovariationen seines Vortrags mit popkultureller Kritik und ethisch-moralischen Grenzverschiebungen. Nie zuvor hat sich ein Rapper gleichzeitig derart angriffslustig *und* verletzlich gezeigt. Denn während er in »The Real Slim Shady« jeden Popstar seiner Zeit, von den Boybands Backstreet Boys und N'Sync bis hin zu Britney Spears und Will Smith, in Bereiche lächerlicher Obszönitäten zieht, nutzt er das selbstreferentielle »Marshall Mathers«, um dem destabilisierenden Druck eines öffentlichen Daseins schmerzhaft Ausdruck zu verleihen. Stets legt Eminem es darauf an, sich in radikaler Differenz (und Selbstdifferenz) zu zeigen. Wie er im Skit »Steve Berman« den gleichnamigen Vizepräsidenten von Interscope Records sagen lässt, rappe Eminem eben nicht (wie das Klischee des Schwarzen männlichen Rappers) über Großbildfernseher, Marihuana, Malt Liquor und Frauen. Vielmehr, so Berman weiter, entspreche er dem Klischee des fragilen White-Trash-Rappers, der vermarktungsunfähig über Homosexuelle und Opiate (»homosexuals and Vicodin«) rappt. Nach dem Erfolg der *Slim Shady LP* (1999) wird auf *The Marshall Mathers LP* deutlich, dass Eminem sich gleichermaßen als Avantgarde und Kontrastfolie des etablierten Hip-Hop-Mainstreams versteht. Und insofern beschreibt er in seiner Musik eine Realität, die sich nicht am Bilder- und Erzählungsarsenal urbaner afroamerikanischer Männlichkeit abarbeitet, sondern stattdessen in die Abgründe (zwischen-)menschlicher Instabilität vordringt. Eminem widersetzt sich hier noch den Erwartungen des Hip-Hop-Publikums. Armut und Reichtum, Erfolg und Potenz, Geschäftssinn und Gewitztheit brechen sich ironisch bis tragisch in den Erzählungen von Muttermord, Amphetaminsucht, erzwungenem homosexuellem Oralverkehr, Kindesmissbrauch, emotionaler Vernachlässigung, Depression und Suizid. Mit *The Marshall Mathers LP* gibt Eminem sich schlussendlich als Rapper zu erkennen, der es nicht einfach um der Provokation willen darauf anlegt, Genregrenzen zu sprengen, sondern der seinen Rap dafür nutzen will, dem abgründigen Leben in einer stetig komplexer werdenden Lebenswelt einen angemessenen Ausdruck zu verleihen.

Zum Weiterhören: *The Slim Shady LP* (1999); *The Marshall Mathers LP 2* (2013); D12, *Devil's Night* (2001)

Torch

Blauer Samt (2000)

v2/360°

Ich dachte, Hip-Hop sei anders
Ihr habt mich 'n bisschen enttäuscht
»Blauer Schein«

Torch ist *die* Referenzgröße im deutschsprachigen Hip-Hop. Verehrt, verlacht, verachtet – Hip-Hop-Deutschland steht auf die eine oder andere Weise immer schon in Beziehung zu Torch, was nicht mit seiner Musik und auch nicht mit seinem Album *Blauer Samt* begründet werden kann, sondern mit seinem Verdienst für die Kultur, das sich in *Blauer Samt* musikalisch ausdrückt. Dichtung und Wahrheit mögen hier zwar zum Verwechseln ähnlich nah beieinanderliegen, doch gilt gemeinhin, dass Torch den Deutschen den ›wahren‹ Hip-Hop fernab von den Fantastischen Vier erklärt hat – seine Kultur, seine Musik und vor allem seine Werte. Jan Delay nannte ihn in einem Interview den »Heiligen Gral«, im K.I.Z-Track »11. Plage« sitzt Maxim »mit Torch an der Bar« und langt »Mädels an den Arsch«, Audio88 und Yassin nannten ihr 2016 erschienenes Album kurzerhand *Normaler Samt* und erklärten Torch (irgendwie augenzwinkernd und irgendwie auch nicht) zur »Legende«. Besonders viel Musik hat Torch allerdings gar nicht veröffentlicht, weder als Solokünstler noch mit seiner Pioniergruppe Advanced Chemistry (deren einzelne Mitglieder zwar noch recht aktiv waren, die selbst aber nach ihrem 1995 erschienenen Debütalbum keine Musik mehr veröffentlichte und in gewisser Weise von ihrem Kultstatus lebte – ihr Name gab dementsprechend dem 2016 erschienenen Album der Beginner seinen Titel). Vor diesem Hintergrund gilt Torch seit jeher als faules Talent, erwirkte sich aber den Status eines Lehrers, Vorbilds und schärfsten Kritikers einer Kultur, der er Regeln verpassen wollte, die sich aber viel zu schnell nicht mehr reglementieren ließ. Torch ist der Kool Herc Deutschlands, die Verkörperung der traditionellen Hip-Hop-Idee der *Old School Realness*. 1985 wurde er im Alter von nur 14 Jahren zum Mitglied der Zulu Nation ernannt. Der mittlerweile umstrittene Hip-Hop-Gründervater Afrika Bambaataa machte ihn zum ›King‹ des deutschen Chapters und zum ›Overlord of Sound & Culture‹. Torch entwickelte sich also seit seiner frühen Jugend zum Über-Ich und Strafgesetzbuch einer Kultur, die ihren Pionier:innen huldigt, um sie dann doch zu überwinden. Ihn umgibt eine Aura alttestamentlichen Zorns: Reim um Reim und Takt um Takt, und so gefallen sich deutscher Hip-Hop und auch Torch selbst seit Jahrzehnten in dem Narrativ, unter Torchs mahnendem Blick eine Kultur mit normativem Geltungsanspruch gepflegt zu haben. Dabei ist *Blauer Samt* musikalisch und textlich einigermaßen schematisch und nicht die avantgardistische Fackel, die der Name des Rappers suggerieren könnte. Die Texte sind seriös, die Reime stabil, der Sound souverän. Aber überraschend und besonders innovativ ist das alles nicht in einer Zeit, in der *Bambule* (Absolute Beginner, 1998), *Esperanto* (Freundeskreis, 1999), *Leben* (Azad, 2001) und *Der beste Tag meines Lebens* (Kool Savas, 2002) erscheinen und den deutschen Hip-Hop auf Jahre hin prägen werden. So ist *Blauer Samt* insbesondere als die Selbstwürdigung eines kulturellen Phänomens zu sehen. Mit dem Album verhält es sich ein wenig wie mit der Lehre der Zulu Nation: Es ist überholt, aber aus dem Hip-Hop nicht wegzudenken.

Zum Weiterhören: Advanced Chemistry, *Advanced Chemistry* (1995)

Azad
Leben (2001)

Pelham Power Productions (3p) / Universal

Ich brauch' kein Liebeslied
Ich brauch' 'nen deepen Beat
»Gegen den Strom«

Wie so viele Hip-Hop-Alben vor und nach ihm ist auch Azads bei Moses Pelhams 3p-Label erschienenes *Leben* ein in sich widersprüchliches Album, in dessen Erzählung die zahlreichen homofeindlichen Passagen oder der gegen Samy Deluxe gerichtete Diss-Track »Samy De Bitch!! (7 Lektionen)« genauso ernst genommen werden müssen wie die knallharten Battle-Rap-Verse und die emotionale, fast schon melodramatisch berührende Einsicht. Mit Blick auf (kindlich naive) Verse wie »Mit schmerzendem Herzen und Tränen auf den Wangen / Von den Problemen gezwungen zu gehen, um ein neues Leben anzufangen« (»Leben«) oder »Meine Seele weint aus einer Wunde, die nicht zu heilen scheint« (»Freiheit«) wird deutlich, dass sich der chauvinistisch-patriarchal aufspielende Azad in erster Linie mit sich beschäftigt – seinen Innenwelten, seinen Hoffnungen, seinen Dämonen. *Leben* ist passagenweise ein geradezu liebevolles Album, auf dem der Frankfurter Rapper seine Texte oftmals eher nuschelnd zu vergraben scheint, als sie im Flow herausströmen zu lassen. Ungenierter noch als Moses P. oder Sabrina Setlur vor ihm ergeht er sich in seinem hessischen Dialekt, rappt mit gepresster Stimme, als würde er jeden Moment losschreien wollen. Und gerade das Warten auf diesen dann doch nie einsetzenden Moment, in dem er endlich kathartisch explodiert, erzeugt in den meisten Tracks eine besondere Spannung, einen besonderen Authentizitätseffekt. Azad ist nicht bereit, zwischen aggressiver Provokation und ungeschützter Sensibilität zu unterscheiden. Als verunsichernd wirkende Gewalterfahrungen bilden beide Affektebenen auf *Leben* die zwei Seiten derselben Medaille. Hip-Hop zeigt sich hier als radikal konfrontative, adoleszente und gerne auch unreif selbstgerechte Selbstfindung. Unentschieden, aber darin dann doch immer wieder merkwürdig eindeutig. Manchmal ist es einfach so: das Leben.

Zum Weiterhören: *One* (mit Kool Savas, 2005)

M.O.R.

NLP (Neuro-Linguistisches Programmieren) (2001)

Royal Bunker

Ich hab' kein Interesse, mit euch Bitches zu recorden
Statt zu fronten, müsst ihr euch noch ein paar Beats
von uns besorgen
Ich spring' los wie Jordan, überfliege eure Cypher
Und kill' Rapper, bis es heißt: Es gibt in Deutschland
keine Biter mehr

Kool Savas in »Fremd im eigenen Land II«

M.O.R.s *NLP* ist wahrlich eine Untergrundplatte, eine Platte aus den Untiefen einer Kultur, die nie vor Provokation und Aggressivität und nie vor Witz und kindlicher Verspieltheit zurückgeschreckt ist. Im Jahr 2001 beim legendären Berliner Independent-Label Royal Bunker (bei dem auch heutige Größen wie K.I.Z, Sido oder Prinz Pi ihre ersten Alben bzw. Tracks veröffentlichten) erschienen und in begrenzten Stückzahlen auf Vinyl und CD vertrieben, zeigte sich dieses Album mitverantwortlich dafür, dass nach Hamburg, Stuttgart, Frankfurt am Main, München und Heidelberg endlich auch Berlin – genauer noch *West-Berlin* – im Hip-Hop etwas zu sagen hatte. Denn während Berlin schon jahrzehntelang im internationalen Vergleich der wichtigsten Graffitistädte mithalten konnte, war die Hauptstadt im Bereich der Hip-Hop-Musik nicht einmal ein Nebenschauplatz. Doch spätestens als die neunköpfige Crew M.O.R. (Masters of Rap, auch MOR) – und allen voran der Rapper Kool Savas – ihre Freestyle-Sessions im ›Bunker‹ auf Tapes in Umlauf brachte, fand auch Berlin seinen Platz auf der Landkarte des deutschsprachigen Hip-Hop. Es galt, die Zeiten des Hamburger ›Happy-Hip-Hop‹, des Stuttgarter Conscious Rap und des Münchner Studentenrap ein für alle Mal zu überwinden und – am ehesten noch in Anlehnung an die Frankfurter Schnoddrigkeit eines Azad – den Battle Rap zur Basis des deutschsprachigen Hip-Hop zu machen. Insofern waren M.O.R., Kool Savas und auch dessen mit Taktloss gegründetes Rap-Kollektiv Westberlin Maskulin Wegbereiter für all die millionenschweren Erfolgsgeschichten, die der Berliner Hip-Hop seit den 00er Jahren geschrieben hat: von Aggro Berlin bis K.I.Z. Als ebendieser Wegbereiter ist *NLP* im emphatischen Sinne eine Frechheit. Das Album entspricht dem Klischee eines Punchline-Feuerwerks, und als solches ist es ein wagemutiger und bewusst überheblicher Einbruch in das wohltemperierte Sprachspiel des deutschen Hip-Hop. *NLP* ist nicht darum bemüht, ein etabliertes Verständnis von Hip-Hop auf den Kopf, sondern dieses fundamental in Frage zu stellen. Im Grunde ist der (durchaus fragwürdige) Appeal des Albums bis heute, dass es nicht anschlussfähig ist. Jeder Vers und jeder Beat der Berliner Rapper Kool Savas, Fumanschu, Ronald Mack Donald, Justus Jonas, Jack Orsen, Fuat, Martin B., Illo und der Produzentin Melbeatz strotzen nur so vor an Selbstgerechtigkeit grenzendem Selbstbewusstsein. Mit Versen wie dem oben zitierten Part von Kool Savas im Track »Fremd im eigenen Land II« – natürlich ein Diss gegen den gesellschaftskritischen Klassiker »Fremd im eigenen Land« der Hip-Hop-Urgesteine Advanced Chemistry – geht es der Crew um die maximale Selbstbehauptung und insofern um die maximale Unterscheidbarkeit von allem, was sich ›Deutschrap‹ schimpft. M.O.R. nehmen nichts und niemanden ernst. Verachtet werden Alben mit ausgefeilten Erzählungen und glattpolierten Premier-Beats. Stattdessen präsentieren sich den Hörer:innen in Tracks wie »Hörst du, was du sagst?« und »Spreng die Bank« radikal minimalistische Drum-Computer-Beats, auf die im Stile des Sugarhill-Gang-Hip-Hop der frühen 80er Jahre absichtlich dilettantisch auf den Takt gerappt wird. Jeder Track auf *NLP* ist eine Ohrfeige für die gesamte deutsche Hip-Hop-Community und deren Festhalten an einer längst schon überkommenen Selbstromantisierung. Jeder Track ist ein Test, ob diese Community bereit ist, sich (endlich) mit Selbstironie zu begegnen. Und so könnte es mit Blick auf zahlreiche Hip-Hop-Veröffentlichungen der jüngsten Vergangenheit, die diesen Test mit an Sicherheit grenzender Wahrscheinlichkeit nicht bestehen würden, durchaus hilfreich sein, M.O.R.s *NLP* immer mal wieder aus dem Schrank zu holen. Es könnte …, doch leider ist *NLP* in vielerlei Hinsicht nicht wirklich gut gealtert: Ironie und Selbstüberhöhung münden viel zu oft in misogyne, homofeindliche und bisweilen sogar rassistische Untiefen. Warum Jack Orsen und Kool Savas beispielsweise ständig das N-Wort bemühen, um ihrer Coolness Ausdruck zu verleihen, bleibt absolut schleierhaft und muss verstören.[14] Und auch die Tatsache, dass eine Handvoll Tracks von der Produzentin und damaligen Lebensgefährtin von Kool Savas, Melbeatz, produziert wurden, entschuldigt nicht das per-

14 Zumindest hat Kool Savas auf seinem Best-of-Album aus dem Jahr 2008 alle N-Wort-Passagen in seinem Solo-Track »King of Rap« nachträglich entfernt und das N-Wort bei Liveauftritten aus seinem aktiven Wortschatz verbannt.

manente Gerede von »Bitches«, »Hoes«, »Fotzen« usw. *NLP* ist ein Pionieralbum des deutschsprachigen Battle Rap, und jeder seiner Tracks ist eine Ohrfeige. Schade nur, dass diese allzu häufig die Falschen trifft.

Zum Weiterhören: Westberlin Maskulin, *Hoes, Flows, Moneytoes* (1997); *Battlekings* (2000); Kool Savas, *Der beste Tag meines Lebens* (2002)

Kool Savas
Der beste Tag meines Lebens (2002)

Subword / Optik / Sony Music

Zwischen uns liegen Welten, ihr habt Themen
und Konzepte
Aber nix zu melden, wenn ich auf der Bühne steh'
und rappe
»Transatlantic«

Seit den späten 90er Jahren diskutieren Hip-Hop-Fans von Flensburg bis München: Ist Kool Savas der beste Rapper Deutschlands? Während es anderen deutschsprachigen Hip-Hop-Acts entweder mit jugendlicher Leichtigkeit (man denke an *Bambule* der Absoluten Beginner, 1998), intellektuellem Anspruch (Freundeskreis' *Esperanto*, 1999) oder aggressiver Härte (*Direkt aus Rödelheim* des Rödelheim Hartreim Projekts, 1994) gelang, innerhalb der Hip-Hop-Gemeinschaft herauszustechen, überzeugte der

Battle-Rapper Kool Savas zunächst einmal mit irrwitzigem Sprechgesangstalent und der Provokation, gar nicht erst Teil dieser Gemeinschaft sein zu wollen. Mit seinen Gruppen M.O.R. und Westberlin Maskulin wurde Savas schnell zum Aushängeschild eines Berliner Hip-Hop, der dem Rest der Republik nicht nur die kalte Schulter, sondern den blankgezogenen Hintern zeigte. In Solo-Tracks wie »LMS«, »Schwule Rapper« und »Pimplegionär« zeigte Savas sein Können, provozierte seine Hörer:innen und Kolleg:innen aber mit rücksichtslos homofeindlichen und misogynen Texten und zelebrierte eine würdelose Fäkal- und Pornoästhetik, die sein Debütalbum und nahezu all seine Folgeprojekte aus gutem Grund hinter sich ließen. (In Interviews sprach Savas immer wieder davon, erwachsen geworden zu sein.) Und dennoch: mit dem Track »King of Rap« (mit Plattenpapzt, 2000) kürte er sich kurzerhand zu selbigem. Der Sohn eines türkischen Vaters und einer deutschen Mutter, der in Berlin-Kreuzberg sozialisiert wurde, war zu Beginn des neuen Jahrtausends der souveräne Regent des deutschen Rap. Kaum eine:r sollte sich noch trauen, ihm den Handschuh hinzuwerfen. Der Wettkampf war (vorerst) entschieden. Mit seinem Debütalbum aber wollte Savas das arg einengende Battle-Rap-Image hinter sich lassen und sich als komplexerer Künstler positionieren. Track für Track wurde *Der beste Tag meines Lebens* zu einem Durchmarsch durch die ästhetische Vielfalt des Hip-Hop. Es ist eine Art Unabhängigkeitserklärung – von seinem früheren Label Put Da Needle To Da Records, insbesondere aber von seinem früheren Selbst. Es geht Savas, wie er es kurz nach Erscheinen des Albums in einem Interview mit der *Juice* sagte, nicht um Underground-, sondern um Independent-Kunst. Das Album war ein Charterfolg und wurde auch von den Kritiken wohlwollend bewertet. Dabei war das Spiel mit der Vielfalt durchaus ein Wagnis: Hätte sich der noch junge Savas mehr Zeit und ein paar Mixtapes und EPs mehr zugestehen sollen, bevor er sich ein Soloalbum zutraut? Hätte er sich, wie es ihm Royal-Bunker-Gründer Marcus Staiger vorhielt, als Rapper und Erzähler noch weiterentwickeln müssen, bevor er versuchte, Battle, Conscious und Gangsta Rap in nur einem Album miteinander zu verbinden? Womöglich. Aber man merkt jedem Vers auf *Der beste Tag meines Lebens* an, wie energiegeladen, selbstbewusst und erfrischend übermütig Savas war; wie sehr es ihm daran gelegen war, seine ganz eigene Position – nicht zuletzt auch mit der von Sony bewilligten Gründung seines eigenen Labels Optik Records – im Feld des Hip-Hop zu finden. Nicht länger ging es ihm darum, jenseits der Community zu funktionieren, sondern an deren Spitze. Und den wenigen Kritiker:innen zum Trotz ist *Der beste Tag meines Lebens* ein gelungenes Album. Was ihm teilweise an erzählerischer und thematischer Tiefe fehlt, ersetzt es mit einer außergewöhnlichen ästhetischen Vielfalt. Kaum ein:e Rapper:in in Deutschland kam dem Talent eines Rakim oder eines Eminem so nah wie der junge Kool Savas. Savas erklärte Deutschrap kurzerhand zum Hochleistungssport. *Der beste Tag* aber ist nicht das Ergebnis eines Einzelkämpfers, sondern eine wahre Teamleistung. Denn das Album entwickelt seinen ganz eigenen Sound nicht zuletzt aufgrund der Beatproduktionen von Savas' damaliger Lebens- und Geschäftspartnerin Melanie Wilhelm aka Melbeatz, die auf jeden Schnickschnack verzichten. Melbeatz' Sound, wie sie auch auf ihrem Soloalbum *Rapper's Delight*

(2004) beweisen wird, ist klar, minimalistisch und unmissverständlich. Und als solcher bereitet er den angemessenen Boden für Savas' Rap-Akrobatik und seine Erkundungsreise durch die Genrevielfalt des Hip-Hop. Weil aber die Superlative von heute schnell der Standard von morgen sind, darf man zwischen Flensburg und München gerne weiter streiten, wer denn nun der Beste ist. *Der beste Tag meines Lebens* ist in jedem Falle eine Platte, die den Menschen Savaş Yurderi von seiner besseren Seite zeigte und die deutschsprachige Hip-Hop-Welt zu einer besseren gemacht hat.

Zum Weiterhören: Westberlin Maskulin, *Hoes, Flows, Moneytoes* (1997); M.O.R., *NLP (Neuro-Linguistisches Programmieren)* (2001); Melbeatz, *Rapper's Delight* (2004)

The Streets
Original Pirate Material (2002)

Locked On / 679

I step out my yard through the streets
In the dead heat, all I got is my spirit and my beats
»Has It Come to This?«

Unter den vielen einzigartigen Alben in der hier erzählten Geschichte des Hip-Hop ist *Original Pirate Material* von The Streets tatsächlich einzigartig. Tatsächlich. Einzigartig. Während der Name des Künstlers an den Rock und Punk der 70er und 80er Jahre erinnert (The Clash, The Fall, The Smiths), ist The Streets erstens keine Punk-Band und zweitens gar keine Band. The Streets ist das Hip-Hop-artige Pop-Projekt des Musikvirtuosen Mike Skinner, der im kreativ-explorativen Sinne die prozesshafte Form des Projekts und gerade nicht die identitätsstiftende Form der Persona nutzt, um sich als wahrer, weil nicht festgelegter Grenzgänger in einer an musikalischen Grenzgängen nicht armen britischen Popmusik zu inszenieren. Musiker:innen wie Skinner, aber auch Wiley oder Kae Tempest zeigen, dass sich insbesondere der britische Hip-Hop vor dem Hintergrund einer von Punk, Ska, Indie-Rock und Electro dominierten musikästhetischen Hegemonie immer wieder an seine Grenzen und gerne auch einmal darüber hinaustreiben lassen muss. Dementsprechend löst The Streets in seiner Musik die Praxis des Rappens vom tradierten Hip-Hop-Sound, so dass aus dem abschätzigen Urteil »Das ist doch kein Hip-Hop« kurzerhand die Erkenntnis »Auch das ist Hip-Hop« wird. Und mit *Original Pirate Material* veröffentlichte The Streets eine dem Titel entsprechend *originelle* und ästhetisch durchaus *freibeuterisch* zu nennende Unabhängigkeitserklärung von der recht engen kulturellen (Selbst-)Stilisierung der zwar heterogenen, doch konservativ strengen Hip-Hop-Gemeinschaft. Skinners Stimme, seine Texte und sein Pathos, das irgendwo zwischen unergründlicher Melancholie und exzessiv-rebellischem Freiheitsdrang pendelt, schaffen einen Coming-of-Age-Sound, auf den man in solch einer Intensität höchstens noch in J. D. Salingers *Der Fänger im Roggen* (*The Catcher in the Rye*, 1951) trifft. Dabei zitiert er die transgressive Poesie eines jungen Eminem (wie in »Too Much Brandy«) ebenso selbstverständlich wie die sozialkritische Weisheit eines Nas (wie in der grandiosen, oben bereits zitierten Ballade »Has It Come to This?«) und klingt innerhalb dieses engen Hip-Hop-Spektrums immer wie die korsettsprengende, morrisseyesk interpretierte Rap-Version eines Bowie-Songs. Das ist so offensichtlich einzigartig, dass einem beim Hören schwindelig werden kann.

Zum Weiterhören: *Everything Is Borrowed* (2008); *None of Us Are Getting Out of This Alive* (2020)

Bushido
Vom Bordstein bis zur Skyline (2003)

Aggro Berlin

Geh' wohin der Pfeffer wächst
Denkst du, dass du besser flext?
Ab jetzt heißt es Gangsta Rap
»Tempelhof Rock«

Bevor Bushido ab den 10er Jahren vor allem durch seine Seilschaften in die Berliner Unterwelt – durch Kumpanei, ominöse Verträge und schließlich Kronzeugenschaft – von sich reden machte, gab er den Ton im deutschen Gangsta Rap an. *Vom Bordstein bis zur Skyline* war das erste Soloalbum eines Aggro-Berlin-Künstlers, und es sollte, gemeinsam mit Sidos *Maske* (2004) / *Maske X* (2005), zum Goldstandard des Berliner Independent-Labels werden. Mit der

Kreissäge im Logo trat Aggro Berlin um die Label-Gründer Specter, Spaiche und Halil 2001 an, den nach wie vor eher braven deutschsprachigen Hip-Hop um die Symbole, Bilder und die Sprache der Hauptstadtstraßen zu erweitern und so die Gemeinschaft der Hip-Hop-Fans und im Grunde die Popwelt an sich bis an die Grenzen des Erträglichen zu provozieren. Mit Blick auf jüngere Straßenrap- und Gangsta-Rap-Phänomene wie 187 Strassenbande erscheint die einstige Provokation Aggro Berlins heute wie Ghetto-Romantik. Um die Jahrtausendwende aber bedeutete sie eine radikale Polarisierung. Dementsprechend verlor der Berliner Hip-Hop, der der Republik mit Westberlin Maskulin und M.O.R. schon einiges zugemutet hatte, mit der Veröffentlichung von Bushidos Debüt auch sein letztes bisschen Unschuld. Denn während Rapper wie Kool Savas und Taktloss in ihrem Hip-Hop die Transgression noch an Humor, Ironie und Selbstkarikierung banden, ist *Vom Bordstein bis zur Skyline* vollkommen distanzlos. Da zucken keine Mundwinkel, und alle Augen bleiben trocken. Dem aus Berlin-Marienfelde stammenden Rapper geht es nicht darum, kunstvoll zu überzeichnen. Er mag zwar hie und da übertreiben, aber er glaubt sich jedes Wort, sobald er es einem durch die Lautsprecher in die Ohren hämmert. Der Schockeffekt ist in seinen Texten kein selbstreflexiver Kunstgriff, sondern eine bisweilen destruktiv narzisstische Überlegenheitsgeste. *Vom Bordstein bis zur Skyline* ist in seiner Untergrund-Mixtape-Ästhetik ein Aufputschmittel für die Straßen, in denen es nicht mehr um Häuserkampf, sondern um Bandenkrieg geht. Bushido zielt auf maximale Aggressivität und die maximale Entwürdigung all jener, die sich ihm in den Weg stellen. Das Album ist homofeindlich, misogyn, gewaltverherrlichend – kalkulierend skandalös und skandalös kalkulierend. Insofern war die 2005 vorgenommene Indizierung des Albums durch die Bundesprüfstelle für jugendgefährdende Medien (BPjM) nicht weniger als die Adelung des ersten deutschen Gangsta-Rappers, dessen Gangsta-Sehnsucht ihn zunächst vom Bordstein bis zur Skyline und mittlerweile in die Untiefen des organisierten Verbrechens und die unnachgiebigen Schlagzeilen des Boulevards befördert hat. Bushido ist der Zauberlehrling des deutschen Hip-Hop, dem die Geister, die er großspurig rief, vollends außer Kontrolle geraten sind.

Zum Weiterhören: *Electro Ghetto* (2004)

Kanye West
The College Dropout (2004)

Roc-A-Fella / Def Jam

'Cause we don't wanna hear that weak shit no mo'
»Get Em High«

Lange bevor sich die Geister an ihm schieden und ihm unterstellt wurde, er sei von allen guten verlassen, begeisterte Kanye West insbesondere die Beat-Aficionados der Hip-Hop-Welt. Was er auf Jay-Zs *The Blueprint* (2001) und Talib Kwelis *Quality* (2002) bereits mit den Produktionen einzelner Tracks angedeutet hatte, breitete er auf seinem Solodebütalbum *The College Dropout* zwar noch nicht in aller Perfektion, aber zum ersten Mal in großer Komplexität aus: Einen Sound, der gleichermaßen die professionelle Souveränität und die souveräne Professionalität der Folgealben andeutete, dabei aber nicht nüchtern wirkte und noch mit der Chuzpe einer Lausbubenstreichgenialität daherkam, die an Mozart erinnert. Der aus Chicago stammende Sohn einer Literaturprofessorin ließ bereits mit seinem Debütalbum sein Hip-Hop-Genie aufblitzen (– und der Umstand, dass er sich nunmehr Turnschuhe vermarktend und bipolar als mit Trump sympathisierender Messias geriert, ist womöglich nur die vorerst letzte Volte, die das Genialische in seinem Schaffen noch schlagen wird). Was man ihm musikalisch nicht absprechen kann – diesen ureigenen Kanye-Groove, der sich irgendwo zwischen Drum-Machine-Eskapaden und verzerrten Funk-Samples ins haargenau richtige Maß pendelt –, konnte er aber gesanglich bereits auf *College Dropout* nicht einlösen. Denn er ist – ähnlich wie sein Kollege Dr. Dre – eigentlich gar kein besonders guter Rapper. Mit seiner unscheinbaren und im Grunde etwas langweilig klingenden Stimme trägt er recht holzschnittartig seine zugegebenermaßen sozialkritischen und in Metaphorik und Symbolik durchaus anspruchsvoll arrangierten Texte über Polizeigewalt, Rassismus und soziale Benachteiligung vor und überlässt es Spitzenrappern wie Mos Def, Common, Talib Kweli und Jay-Z, sein Ausnahmealbum auch raptechnisch zu einem Ausnahmeerlebnis zu machen. *The College Dropout* ist gleichermaßen intim und spektakulär, von Fragilität ebenso geprägt wie von maximalem Effekt. Am ehesten ist dieses Spannungsverhältnis wohl als eine besondere Weise der Spiritualität zu greifen, und tatsächlich deutet sich schon hier Kanye Wests später freidrehend inszenierte Megachurch-Ästhetik an (*Jesus Is King*, 2019), in der die pompöse Beschallung eines Stadions und die andächtige Predigt in einem Gebetsraum im Grunde dasselbe sind und so als religiöses Erweckungserlebnis ineinander aufgehen. Seine Musik ist didaktisch geschärfter Gospel und reflektiert Hip-Hop deshalb immer nur als Teil einer afroamerikanischen Kulturgeschichte, in der die affizierende Wirkung von Musik Letztere immer schon zu einem Quell politischer, sozialer, kommunaler und kultureller Selbstverständigung macht. *The College Dropout* ist eine Lehrstunde, über die man zwar ausgiebig diskutieren kann, die man jedoch auf keinen Fall schwänzen sollte.

Zum Weiterhören: *Late Registration* (2005); *My Beautiful Dark Twisted Fantasy* (2010)

Madvillain (MF Doom & Madlib)
Madvillainy (2004)

Stones Throw

O's beats and my rhymes attack
A scary act
MF Doom in »Figaro«

In jedem Pop-Genre gibt es diese Handvoll Alben, denen es gelingt, im Mainstream kanonisch zu werden, ohne auch nur einen Hauch ihrer Avantgarde-Ästhetik einzubüßen.

Etwa *The Velvet Underground & Nico* der gleichnamigen Künstler:innen (1967), David Bowies *The Rise and Fall of Ziggy Stardust and the Spiders from Mars* (1972), Princes *1999* (1982) oder auch das bereits diskutierte *Enter the Wu-Tang (36 Chambers)* des Wu-Tang Clans (1993). Allesamt sind sie in Albumform gepresste Experimente, die die unkomplizierte Gefälligkeit des Pop in ein bizarr-virtuoses, intellektuelles und künstlerisch außerordentliches Happening übersetzen. Ein weiteres Album, das diesen Anspruch unmissverständlich reklamiert, ist *Madvillainy*, das der kongenialen Kooperation des Rappers MF Doom und des DJs und Rapper-Produzenten Madlib entsprungen ist. *Madvillainy* zu hören ist wie der Besuch einer provokativ kuratierten Ausstellung. Es ist alles andere als geschmeidig, sondern irritiert an allen Ecken und Enden. Und dies im besten Sinne, denn Madlib und MF Doom entlassen sich gegenseitig in einen Reigen, in dem sie sich respekt-, ja fast schon liebevoll Raum geben, um sich gleichzeitig in so eigenen kreativen Exzessen zu entgrenzen, dass man ab und an Angst bekommt, sie könnten sich die Luft zum Atmen nehmen. Da ist Madlibs fast zum Klischee verkommene Virtuosität, Samples wie Produktionen aus der eigene Soundschmiede klingen zu lassen, die eigenen Beats dabei aber so zu inszenieren, als wären diese immer schon selbst in einem tiefschürfenden Gespräch mit ihrer eigenen musikalischen Geschichte gehalten. Madlib komponiert mit dem Gestus einer hermetisch anmutenden Selbstbezüglichkeit, die so selbstbewusst daherkommt, dass sie problemlos, weil absolut rückversichert an die ganz Großen des Raps herantreten und ihnen die Beats als Bühne für ihre Sprechkunst überlassen kann – nicht zuletzt dem einzigartigen MF Doom. Der Mann mit der Maske war über Jahre das, was man eine lebende Legende nennt, und obwohl er aufgrund seines unbändigen Talents auf all seinen Alben und Feature-Parts stilsicher zu glänzen wusste, erscheint er in der mit Madlib geteilten Rolle des Madvillain in seiner vollsten Kraft. Mit dem Charme seiner ganz eigenen dahingekratzten Lässigkeit, die irgendwo zwischen den besungenen »Accordion« und »Meat Grinder« anzusiedeln ist, erscheint Dooms Sprechgesang als synkopisch dahingesungenes Sprechen, das den Takt zwar wahrzunehmen scheint, diesen aber eher als Spielgefährten und weniger als maßgebliche Norm anerkennt. Der Beat ist seinem Rap ein Tanzpartner und kein Korsett. Dieses besondere Zusammenspiel von Madlib und MF Doom, das in den meisten Tracks keine zwei Minuten dauert, macht *Madvillainy* zu einem jener Alben, die das Prädikat *Instant Classic* zwar verdienen, es aber gleichzeitig ad absurdum führen, weil sie in alle Ewigkeit ihrer Zeit voraus sein werden. 2008 erschien *Madvillainy 2: The Madlib Remix*, das an das Original nicht heranreichen konnte und wahrscheinlich auch gar nicht wollte. Ein weiteres Album von Madvillain wird es nicht geben, denn im Oktober 2020 ist MF Doom viel zu früh verstorben. Man darf untröstlich sein.

Zum Weiterhören: *Madvillainy 2: The Madlib Remix* (2008); alle Alben von Madlib und MF Doom

Sido
Maske (2004) / *Maske X* (2005)

Aggro Berlin

Ich würd' euch allen gern' gefallen, aber mein Label lässt mich nicht
»*Maske*«

Sidos Debütalbum *Maske* steht paradigmatisch für die Erfolgsgeschichte des Berliner Straßenraps, und der Bundesprüfstelle für jugendgefährdende Medien ist es zu verdanken, dass es hier in gleich zwei Versionen besprochen wird. Denn nachdem die BPjM darauf bestand, dass *Maske* vom Markt genommen werden muss, da der Track »Endlich Wochenende« den Konsum von Drogen glorifiziere, entschieden sich Sido und sein Label Aggro Berlin dazu, ein Jahr nach dem Erscheinen des Albums eine entsprechend überarbeitete Version zu veröffentlichen. Dabei hatte die Aufsichtsbehörde aber die Rechnung ohne das junge Berliner Label und seinen neuen Shootingstar gemacht. Anstatt sich bei der erneuten Veröffentlichung mit einer um diesen einen Track gekürzten Version des Albums zu begnügen, wurde »Endlich Wochenende« kurzerhand gegen zwei neue Tracks ausgetauscht: den recht harmlosen, trotzig-autobiographischen »G mein Weg« und den in Hip-Hop-Kreisen mittlerweile legendär gewordenen »Arschficksong (Relax Mix)«. Und weil Letzterer konsequent bereithält, was er verspricht, unterstreicht er nicht nur das transgressiv Spätpubertäre von »Endlich Wochenende«, sondern verstärkt gar noch das anrüchige Image des Albums. Allen musste fortan klar sein: Mit Berlin sollte man sich nicht anlegen. Und auch jenseits seiner turbulenten Veröffentlichungsgeschichte hob sich das Album musikalisch und kulturell deutlich vom Einheitsbrei des Hip-Hop-Mainstreams ab. *Maske* (*Maske* X) ist aufmüpfig, freidrehend und vor allem witzig. Es inszeniert eine Rapper-Persona, die sich selbst nicht allzu ernst nimmt, was im Vergleich zum Conscious und Gangsta Rap der Zeit eine Wohltat ist. Das Album ist ein Lausbubenstreich, in dem es weniger um die Erniedrigung eines fiktiven oder konkreten Gegners geht, sondern um die naive Freude an der Provokation. Allein die versilberte Totenkopfmaske, die Sido zu Beginn seiner Karriere stets trug und die, auf Rosen gebettet, das Albumcover ziert, gab dem Künstler eine Aura des Komisch-Skandalösen und wurde schnell zum provokativen Ausdruck eines kalkulierten Spiels mit dem Anrüchigen. Dabei hatte die von Aggro-Mitbegründer Specter designte Maske, die im Hip-Hop immer auch eine Hommage an den Avantgarde-Rapper MF Doom ist, einen paradoxen Effekt, denn Sidos Auftauchen aus dem Untergrund in den Mainstream (auch Sido machte, wie viele seiner Berliner Kolleg:innen, seine ersten Gehversuche zunächst im Umfeld des Royal Bunker in Berlin) bedeutete die breitbrüstige Selbstinszenierung eines eigentlich Versteckten. Der permanente Wechsel von Auffallen und Untertauchen wurde fortan zu einer Tugend in Sidos Straßenrap, und *Maske* (*Maske* X) wurde durch die Inszenierung eines westdeutschen Sozialhilferealismus zu einem der wichtigsten Stellvertreter einer schwer zu erziehenden Poesie und einer neuen urbanen Ästhetik. Voller Finesse und Witz, verblüfft das Album mit immer neuen verbalen Taschenspielertricks (»Mit Geld ist keine Mission unmöglich / Arm sein ist tödlich / Geld macht die Weltmacht«). *Maske* (*Maske X*) glorifiziert weder das Kriminelle noch das Intellektuelle, sondern lotet die Grenzen einer pointierten verbalen Anmaßung als Erkennungszeichen einer im Deutschrap noch unvertrauten Hip-Hop-Authentizität aus. Während Berlin bereits Ende der 90er und zu Beginn der 00er Jahre mit den Veröffentlichungen von M.O.R. und Kool Savas seinen ganz eigenen Platz in der deutschsprachigen Hip-Hop-Gemeinschaft gefunden hatte, erklärte sich Sido mit *Maske* (*Maske X*) kurzerhand zu Berlins neu entsandtem Markenbotschafter, der es wie kein zweiter verstand, die berühmte Berliner Schnauze Hip-Hop-tauglich zu rekonfigurieren. Nehmen wir stellvertretend für die ästhetische Kraft und den historischen Stellenwert dieses Albums den Track »Mein Block«, der auf unvergleichliche (und besonders humorvolle) Weise den Berliner Sozialwohnungskomplex ins Zentrum dieser bisweilen antiautoritären Kulturpraxis rückt: »Im sechzehnten Stock riecht der Flur voll streng / Aus der Wohnung, wo so 'n Kerl schon seit drei Wochen hängt. / Ich häng' im Sechsten rum, in meinem Stock / Mit meinen übergeilen Nachbarn in meinem Block.« In »Mein Block« werden Sprünge zwischen verschiedenen Stockwerken zu erzählerischen Brückenschlägen, entlang deren sich die größeren Erzählungen sozialer Ungleichheit, parallelweltlicher Kommunikation und subkulturellen Aufbegehrens gleichzeitig entfalten und wie durch ein Brennglas in ihren Mikrodynamiken gebündelt werden. Dabei darf nicht unterschlagen werden, wie geschmeidig Sido mit dem Beat von Roman Preylowski aka Roe Beardie interagiert. Bereits das Zusammenspiel der eröffnenden Orgelklänge mit der erstmalig zu hörenden und wie durch eine alte Telefonleitung intonierten Listung »Meine Stadt, mein Bezirk, mein Viertel, meine Gegend / Meine Straße, mein Zuhause, mein Block« ist von einem unter die Haut gehenden Pathos getragen, das gar noch gesteigert wird, sobald die Sample-Schleifen und der Bass einsetzen.[15] Zwar verliert auch Sido sich im Sinne des größtmöglichen Effekts ab und an in Hip-Hop-typischen Distinktions- und Selbstentgrenzungsklischees, aber nur selten ergeht er sich in der Listung unzusammenhängender Diss-Verse oder unnötiger Wie-Vergleiche. Ob nun in »Mein Block« oder dem Party-Track »Fuffies im Club«, mit *Maske* (*Maske X*) zeigte Sido zum ersten Mal einer größeren popkulturellen Öffentlichkeit sein außergewöhnliches Gespür, brutalen Realismus, poetische Selbstübersteigerung und komische Selbstironisierung miteinander zu verbinden. Das Album ist zweifelsohne das Highlight im Katalog des 2009 aufgelösten Labels Aggro Berlin, und es war der Karrierebeginn eines Lausbuben, der dann doch schnell seinen Block verließ und seither (durchaus humorvoll und glaubwürdig) mit jeder Veröffentlichung poppiger, berühmter, wohlhabender und auch erwachsener wurde. Und die Maske liegt wahrscheinlich sicher gebettet in einer Berliner Vorstadtvilla.

15 Im Vergleich zum mittlerweile ebenfalls berühmten »Mein Block«-Remix der Beathoavenz, in dem der Rap und die Musik eher abgesetzt voneinander wirken, bilden Sidos Sprechgesang und die musikalische Untermalung in der Version von Roe Beardie eindeutiger das Verhältnis eines im Hausflur rappenden Querulanten zu seiner Umwelt ab, wie es auch das Musikvideo zeigt.

Zum Weiterhören: Die Sekte, *Sintflows* (Demotape, 1999); Aggro Berlin, *Aggro Ansage* (acht Sampler, 2002–08); Sido & Kool Savas, *Royal Bunker* (2017)

Roots Manuva
Awfully Deep (2005)

Big Dada

UK rhyme saviour? No, never quite
That was just some media totality hype
»Too Cold«

Immer wieder stießen britische Künstler:innen den Hip-Hop in völlig neue, teilweise ungeahnte und ab und an sogar riskante Richtungen: Ob nun Wiley, The Streets, Kae Tempest oder Roots Manuva, regelmäßig entpuppt sich der Hip-Hop von der Insel als etwas, das die verwöhnten und an bestimmte Mainstream-Sounds gewöhnten Fans auf beiden Seiten des Atlantiks aufrüttelt und in vollkommen neue Hörgewohnheiten treibt. Roots Manuva beglückt seinerseits den Hip-Hop seit Erscheinen des Debütalbums *Brand New Second Hand* (1999) mit einer besonders seltenen und außergewöhnlich gut gelungenen Mischung aus Hip-Hop und Dub, die auf dem vierten Studioalbum *Awfully Deep* nicht anders als brillant zu bezeichnen ist. Geradezu selbstverständlich verbinden sich bei Roots Manuva karibische Klänge, britischer Grime, Underground-Kapitalismus- und Konsumkritik sowie jede Menge Swag. So geht Crossover. So wird Hip-Hop in seiner Vielfalt auf den Punkt gebracht.

Zum Weiterhören: *Run Come Save Me* (2001)

Booba
Ouest Side (2006)

Tallac/Barclay/Universal

Venu extraire Excalibur de son enclume
»Pitbull«

Im französischen Hip-Hop gibt es kaum einen Rapper, der mit Blick auf die Verkaufszahlen so ausdauernd erfolgreich ist wie der aus einem Pariser Vorort stammende Booba. Mit beinharter Attitüde und sensiblen Brüchen kultiviert Booba nicht zuletzt auf *Ouest Side* den Gangsta und Hardcore Rap der am US-amerikanischen Hip-Hop orientierten *nouvelle école* und muss sich vor den Vorbildern jenseits des Atlantiks nicht verstecken. Dem Genre entsprechend wird gestritten und gekämpft, konfrontiert und konkurriert, bisweilen in kontrovers rezipierten Texten, gerne aber auch im liebevollen Zitat der bisweilen schmalzigen Poesie und Melodik des Chansons.

Zum Weiterhören: *Futur* (2012)

J Dilla
Donuts (2006)

Stones Throw

What I want right now is just a dose of Dilla.
Dr. Dre im Jahr 2015

Drei Tage vor seinem Tod veröffentliche der aus Detroit, Michigan, stammende, 32-jährige Produzent J Dilla sein Meisterwerk *Donuts*, das nach langer schwerer Krankheit wie eine Art Requiem daherkommt. Donuts, das sind die an die amerikanische Backware erinnernden 7-Inch-Single-Vinylplatten mit den großen Löchern. Aber J Dillas ein- bis eineinhalbminütige Instrumentals sind keine zuckersüß-fettigen Snacks. Das bei Stones Throw Records, dem in Los Angeles ansässigen Alternative-Avantgarde-Label von Hip-Hop-Pionier Peanut Butter Wolf, erschienene Instrumentalalbum ist ein in Beats, Loops und Cuts übersetztes und außergewöhnlich zartes Assoziationsflimmern. Ja, *Donuts* ist ein Poesiealbum für den Plattenspieler, Track für Track zeigen sich Begegnungen mit Klängen, die die Grenzbereiche zwischen Himmel, Erde und Hölle zum Strahlen bringen und miteinander versöhnen. Seine Produktionen, die den musikalischen Kosmos Subsahara-Afrikas genauso vermessen wie die Beziehung zwischen Motown- und Beastie-Boys-Samples, sind von einer einzigartigen Sensibilität. Vergleichbar mit den Balladen John Coltranes, reiht *Donuts* seine Tracks schillernd schön aneinander. Das Hörerlebnis ist dabei so meditativ wie das Spiel mit einer Gebetskette. Die poetischen Sounds funktionieren wie akustische Schnappschüsse, die das melancholische Erinnern ebenso einfangen wie den gewagten Sprung in die unergründlichen Weiten des Jenseits.

Zum Weiterhören: Jaylib (J Dilla & Madlib), *Champion Sound* (2003)

K.I.Z
Hahnenkampf (2007)

Royal Bunker / Universal

Kann ich sie ficken?
Ja, du kannst.
K.I.Z!
Rap bleibt ein Hahnenkampf!
Tanz, tanz – es gibt kein Weg mehr zurück.
Guten Tag, guten Tag – Wir ha'm dein Leben gefickt.
»Hahnenkampf«

Hahnenkampf ist das zweite Studioalbum der Berliner Hip-Hop-Gruppe K.I.Z und eine der letzten Veröffentlichungen des in der Szene umstrittenen Underground-Labels Royal Bunker.[16] Diejenigen, die den Rap von K.I.Z noch nie gehört haben und für die die oben zitierten Verse die erste Berührung mit der Band darstellen, werden wohl

16 Tatsächlich ist die letzte Veröffentlichung von Royal Bunker das 2009 erschienene K.I.Z-Album *Sexismus gegen Rechts*.

nur schwer verstehen können, warum die Kannibalen in Zivil, die Klosterschüler im Zölibat zu den einflussreichsten Künstler:innen und *Hahnenkampf* zu den wichtigsten Alben der deutschsprachigen Hip-Hop-Geschichte zählen. Die Begründung ist so einfach wie erklärungsbedürftig: K.I.Z sind so einzigartig und eigentümlich wie ein Walhai. Die Gruppe fährt dick auf, hat aber keine natürlichen Feinde. Nie werden K.I.Z in der deutschsprachigen Hip-Hop-Szene Ziel von Spott oder Beleidigungen. Und auch die Musikkritik begegnet K.I.Z nur mit Lobeshymnen, was daran liegen mag, dass der Hip-Hop der Gruppe zwar derb, vulgär und vollkommen freidrehend ist, jedoch nicht grundlos verstörend wirkt. Und wenn *Hahnenkampf* dann doch einmal verstört, dann nicht (wie bei manch einem Album der Geto Boys) zum Selbstzweck, sondern – vergleichbar mit Eminems *The Slim Shady LP* – im Sinne einer kompromittierenden Gesellschaftsanalyse, die sich in die düstersten Ecken psychotisch-schizoider Unterdrückungs- und Entwürdigungsdynamiken begibt, wie die Band eindrucksvoll im »The House of the Rising Sun« sampelnden Track »Neuruppin« unter Beweis stellt. Man muss sich die Melodie des Klassikers von The Animals (»There is a house in New Orleans …«) ins Gedächtnis rufen, wenn man die Worte liest: »Da ist ein Haus in Neuruppin, / Das Haus ist ziemlich alt. / Da fahr' ich jeden Sonntag raus / Und mach' 'ne Alte kalt.« Dabei nimmt die K.I.Z-Ästhetik aber gerade keine Anleihen bei ungeschminkt misogynen Kollegen wie Dr. Dre oder 2 Live Crew. Vielmehr wird man beim Hören der im Lied verhandelten Darstellungen von Entführung, Vergewaltigung und Mord in eine Welt entführt, die eher an Falcos Skandallied »Jeanny« (1985) oder Vladimir Nabokovs Roman *Lolita* (1955) erinnert. Im Grunde ist »Neuruppin« ein Paradebeispiel für den konsequenten und konsistenten ästhetischen Anspruch der Gruppe, das Spiel mit dem Schock immer nur dort als eine Provokation der Gesellschaft einzusetzen, wo gesellschaftliche Normen (wie die Festlegung ethnischer, geschlechtlicher oder klassenspezifischer Identitäten) selbst die Evokation kultureller Schockmomente und Missstände bedeuten. Die groteske Gewalt und überdrehte Obszönität der Texte sind das Ergebnis geradezu doppelbödig formulierter Wortspiele und eines sensibel ausgeloteten Humors. K.I.Z verleihen der maßlosen Übertreibung Glaubwürdigkeit, ohne dabei an das einfältige Hip-Hop-Pathos von *Keepin' it real* zu appellieren. Die Rapper erzählen gerade nicht vom harten Ghetto-Leben, von Schlägereien, Drogenkriminalität und Straßenkampf. Sie verlieren sich weder in der aggressiven Selbstüberhöhung des Gangsta Rap noch in der intellektuellen Selbstüberhöhung des gemeinen Studentenraps. Vielmehr zeigen Tracks wie die Hauptstadthymne »Klassenfahrt«, dass K.I.Z die Begründer eines ganz eigenen Genres sind, eines Genres, das man wohl am ehesten als Comic Rap oder – um der Band die Seriosität zu verleihen, die sie verdient – eher noch als Graphic Rap (im Sinne der literarischen Gattung der Graphic Narrative) bezeichnen kann: »Ich box' den Dorfpolizist' / Häng' die Bauern auf / Nehm' das Ortsschild mit / Handy-Kamera an / Wir stürmen dieses Kuhkaff / Der erste Hinterwäldler denkt, er ist 2Pac / Ich rede mit den Händen, damit der Horst mich versteht. / Danach geht es ab in die Dorfdiskothek« usw. Die Sprach- und Erzählwelt von *Hahnenkampf* erscheint in der musikalischen Vertonung von karikierter Männlichkeit und sprechblasenähnlicher Pointierung. Das Album ist die Versammlung und gleichzeitige Selbstüberbietung von Bilderwelten, die ihr disparat erscheinendes Zueinander nicht (wie z. B. bei Kendrick Lamar) mithilfe konzeptueller narrativer Kohärenz zu bündeln, sondern vermittels ironischer Überzeichnung gänzlich aufzulösen suchen. Jedem noch so absurden Bild wird ein noch absurderes Bild entgegengesetzt, so dass die Texte und Tracks einer Steigerungslogik folgen, aus der heraus das sich stapelnde Bilderwirrwarr gleichermaßen sinnstiftend und erfrischend sinnentleert wirkt. Was bleibt, ist ein Flickenteppich der Absurdität, in dem die Gesellschaft sich und ihr Handeln erkennen soll. So kommt es beispielsweise im Refrain von »11. Plage« zu einer für K.I.Z typischen Überblendung von Pop-Kritik und Hip-Hop-Diss: »Das ist die 11. Plage, / Es regnet Scheiße im Club. / Deine Frau kriegt 'ne Schelle, / Sie hat meine Eier verschluckt. / Du und mein Schwanz, / Es ist *Dinner for One*. / Deine Nachgeburt hat das größere Zimmer bekomm'n.« *Hahnenkampf* hören ist wie Autoscooter fahren. Denn in der Mischung aus electrolastigen Kirmesbeats und den wohl humorvollsten und dabei sozialsatirisch überzeugendsten Texten im deutschsprachigen Hip-Hop erscheint das Album als ein tempogeladener Schwall immer neuer Bilderserien und überfallartiger Despektionsgewitter, deren einziges Ziel die Dar- und Bloßstellung moderner Kulturpathologien ist – von der neurotischen Selbstsucht eines männlichen Körperkults bis hin zur affektgeilen Fetischisierung von Pop-Existenzen. Und deshalb setzt die Kulturreflexion bei K.I.Z zumeist am Bereich des Popkulturellen selbst an, wobei sie diesen Bereich in der Folge nicht nur desavouiert, sondern regelrecht dekonstruiert.

Das Feuilleton liebt *Hahnenkampf* und K.I.Z, weil es der Musik gelingt, das Unmögliche möglich zu machen: authentisch vermitteln, dass es in der Plastikwelt der Kulturindustrie keine Authentizität gibt. So erscheint *Hahnenkampf* als das eigenwillige Stiefkind von Freundeskreis und Kool Savas. Das Album existiert in der Logik einer sich selbst hinterfragenden Kulturkommunikation, in der Kunst mithilfe von Pop gemacht und Pop mit den Mitteln der Kunst zerlegt wird. Durchdrungen von der Kraft des Lächerlichen, sind die Personae der drei Rapper Nico, Tarek und Maxim und ihres DJs Craft (der mittlerweile nicht mehr Teil der Gruppe ist) in der Welt ihrer popreflexiven Selbst(de)konstruktion so eigen, aber gleichzeitig so glaubwürdig wie Comicfiguren innerhalb ihrer Erzählwelt: »Du hast allen Grund, dein Gesicht zu verzieh'n / Ich lieg' in der Sonne, du in der Gerichtsmedizin«, »Dass deine Mutter ein Nilpferd ist, macht dich noch lange nicht zum Ägypter«, »Deine Gang trägt Schuhe mit Klettverschluss«. Im Moment der selbstermächtigten Selbstironisierung wird erst wirklich erkennbar, warum Rap ein Hahnenkampf ist und warum K.I.Z so gewaltig und unantastbar wie ein Walhai sind.

Zum Weiterhören: *Das RapDeutschlandKettensägenMassaker* (2005); *Böhse Enkelz* (2006); *Sexismus gegen Rechts* (2009); *Urlaub fürs Gehirn* (2011); *Ganz oben* (2013); *Hurra die Welt geht unter* (2015); *Und das Geheimnis der unbeglichenen Bordellrechnung* (2020); *Rap über Hass* (2021)

M.I.A.
Kala (2007)

XL/Interscope

I fly like paper, get high like planes
If you catch me at the border I got visas in my name
»Paper Planes«

M.I.A.s *Kala*, benannt nach der Mutter der britischen Künstlerin mit sri-lankischen Wurzeln, ist ein in Hip-Hop kondensiertes Musikfestival – ein rhythmisierter Nachhilfekurs über Bedeutung und Kraft kolonialer Widerstandsästhetiken in einer an Widerstandsmomenten nicht armen Kultur. Dieser einzigartige Mix aus indigen anmutendem Rap, indischem Bhangra, Südstaaten-Trap und unzähligen Soundtraditionen mehr mag zunächst Nischenmusik vermuten lassen, er entpuppt sich aber als großer Pop. Und spätestens die vierte Singleauskopplung des Albums, der oben zitierte Track »Paper Planes«, ließ dann auch die Letzten wissen: Hier schlägt etwas Gewaltiges in den Hip-Hop ein, ungeahnt und unerhört. Hier wird in Crossover-Rückkopplungen gepumpt, synthetisiert und immer weiter gepumpt. Keines der hier besprochenen Alben klingt wie *Kala.* Orient? Okzident? Global South? Westliche Urbanität? Who cares!?! Hier demonstriert eine sich globalisierende Musik gegen die dunklen Mächte der Globalisierung. M.I.A. macht deutlich, dass die Politisierung des Pop sich nicht im Untergrund abspielen muss, sondern die Stadien der Welt bespielen darf. Sie misst sich mit den Größten, und insofern ist es nicht ohne eine gewisse kompositorische und performative Konsequenz, dass das Album mit einem Timbaland-Track endet – mit einem Beat eines der innovativsten und gleichzeitig etabliertesten Hip-Hop-Produzenten der vergangenen Jahrzehnte. Seit Missy Elliott hat kaum jemand so gut verstanden, einen Timbaland-Beat für sich zu nutzen, wie M.I.A, die zeigt, dass sie sich auf die Tradition genauso einlassen kann, wie sie imstande ist, die Musik radikal zu entgrenzen.

Zum Weiterhören: *Arular* (2005); *Maya* (2010)

Lil Wayne
Tha Carter III (2008)

Cash Money / Universal Motown / Young Money

I don't owe you like two vowels
But I would like for you to pay me by the hour
»A Milli«

Hip-Hop ist zweifelsohne eine Kultur, die alle gesellschaftlichen Ebenen affiziert, nicht zuletzt die Politik. Doch während Künstler wie N.W.A oder Eminem noch den Zorn und die Verachtung der höchsten politischen Amtsträger:innen fürchten mussten, wurde dem wegen Waffenbesitzes verurteilten Lil Wayne Anfang 2021 die zweifelhafte Ehre zuteil, vom damaligen Präsidenten der Vereinigten Staaten, Donald Trump, begnadigt zu werden. Hierbei haben wir es freilich mit einer der abstruseren Episoden in der langen

Erzählung einer immer komplexer werdenden kulturellen Verstrickung von Hip-Hop und den diversen Feldern politischer, gesellschaftlicher und ökonomischer Praxis zu tun. Gleichwohl drückt sich hier auch ein Wille zur Macht aus, der längst nicht mehr nur Aufruhr und Ungehorsam bewirken, sondern eine Sonnenkönig-ähnliche Kulturherrschaft begründen möchte. Und der aus New Orleans, Louisiana, stammende Lil Wayne unterstrich spätestens mit dem bei Cash Money (dem Label von Künstler:innen wie Juvenile und Nicki Minaj) erschienenen *Tha Carter III* seinen Anspruch auf den Hip-Hop-Thron. Manche Kritiker:innen sahen im Track »Mr. Carter« mit Jay-Z sogar schon die Übergabe des Zepters vom König (Shawn Carter) an den ungestümen Prinzen (Dwayne Carter). Dabei sind die mit großem Herrschaftsanspruch präsentierten Synthie-Beats und die generisch repetitiven Texte über Drogen, Frauen, Autos und Schmuck von einer nachdrücklich irritierenden Inkonsequenz geprägt, was dem Album aber nicht zum Nachteil gereicht. Vielmehr zappelt und zittert sich das Hörerlebnis durch einen offensiv sich verstrickenden und von typischen Südstaaten-Trap-Elementen durchsetzten Wust an Höhen, Tiefen, Schlägen, Scheppern, Grummeln, Nuscheln und Kreischen, so dass nicht immer deutlich wird, ob zum Beat getanzt oder ins semantische Dickicht der Texte eingetaucht werden soll. Klar ist allein, dass es hier nicht um Kunst geht, sondern um den unbedingten Willen, die kommerzielle Breitenwirkung des Pop maximal auszureizen und in eine unverkennbare musikalische Ästhetik zu übersetzen. Und ja, auch das ist Hip-Hop. Gnade sei mit ihm.

Zum Weiterhören: *Tha Carter IV* (2011)

Peter Fox
Stadtaffe (2008)

Downbeat / Warner Music Group

Ich hab' meine alten Sachen satt und lass sie in 'nem
Sack verrotten
Motte die Klamotten ein und dann geh' ich nackt
shoppen
»Alles neu«

Stadtaffe ist der ganz große Wurf. Wenngleich die Verkaufszahlen nicht zwingend ein Gradmesser für die Qualität eines Albums sind, stehen die bislang weit mehr als eine Million verkauften Exemplare dafür ein, dass wir es hier mit einem der ganz wichtigen deutschsprachigen Pop-Alben zu tun haben. Dabei sollte die Geschichte dieses Albums ganz anders verlaufen, hatte Seeed-Frontmann Pierre Baigorry doch zunächst vor, ein Album für einen anderen Künstler zu produzieren, den Goodie-Mob-Mitbegründer Cee-Lo Green, der den frühen Sound des Dirty South prägte. Doch nachdem dieser aus terminlichen Gründen absagen musste, übernahm Baigorry als Peter Fox die Hauptrolle gleich selbst und legte mit *Stadtaffe* statt eines internationalen Rap-Pop-Albums eine Pop-Ode an Berlin vor. Dabei sah er sich nun aber vor die schwierige Aufgabe gestellt, ein musikalisch bestechend lässiges Pop-Album mit *coolen* deutschen Texten zu versehen. Nach Veröffentlichung des Albums war klar: Mission erfüllt. Denn tatsächlich gelingt es Peter Fox wie kaum einem anderen deutschsprachigen Künstler, der deutschen Sprache jede Menge

Swag abzuringen. Er erlaubt seinen Texten keine holprigen Brüche und glättet Kanten, ohne glatt zu klingen. *Stadtaffe* hatte geradezu befreienden Charakter und wurde generationenübergreifend zum Erfolg. »Schwarz zu Blau« und »Haus am See« wurden auf den Partys der Eltern genauso gespielt wie auf denen der Kinder. Die Platte hatte einen Nerv getroffen und landete punktgenau zur rechten Zeit am rechten Ort. Als deutscher Hip-Hop am Ende der 00er Jahre durch eines seiner tiefsten Täler ging, erlaubte der Zufall dem eigentlich im Dancehall verankerten Sänger die Möglichkeit, dem Hip-Hop neue Impulse zu geben. Acts wie Casper und Marteria sind nur zwei Beispiele für den revitalisierten Hip-Hop in den Post-*Stadtaffe*-Jahren. Peter Fox' rappender Gesang und gesungener Rap, die geniale Einbindung von Marching Drums und das Selbstbewusstsein, mit der Hip-Hop-Ästhetik zu spielen, ohne sich als Musiker zum Genre bekennen zu müssen, schufen einen Raum, in dem der lahmende Hip-Hop der Zeit sich neu entdecken und entwickeln durfte. *Stadtaffe* besticht textlich, musikalisch und konzeptuell, und es ist ein wichtiges Album in der Geschichte des Hip-Hop, weil es den Hip-Hop von außen aufzumöbeln vermochte. Mit Innovationsreichtum und Detailversessenheit tobt Fox sich aus und bedient in fast jedem Track das wiederkehrende Motiv des urbanen Primaten. Rollende Drum-Beats und kraftvoll nach vorne preschende Streicher spielen subversiv mit dem urdeutschen Faible für Marschmusik, die pathetisch anmutende Zusammenarbeit mit einem ganzen Orchester entpuppt sich als treffsicherer Kommentar auf den popeigenen Hang zur dramatischen Selbstüberbietung, und der Einsatz von Reggae- und Dancehall-Elementen provoziert die

Hip-Hop-Community, die Komfortzone zu verlassen und ihre Grenzbereiche auszuloten. Kurzum: *Stadtaffe* ist ein musikalischer und kommerzieller Geniestreich und ganz nebenbei das beste deutsche Nicht-Hip-Hop-Hip-Hop-Album.

Zum Weiterhören: Seeed, *New Dubby Conquerors* (2001)

Marteria
Zum Glück in die Zukunft (2010)

Four Music

> Du hast drei Wünsche frei und wünschst dir dreimal
> meine Platte
> *»Marteria Girl«*

Als der aus Rostock stammende Marteria nach drei eher unbemerkten Veröffentlichungen (zwei davon als sein Alter Ego Marsimoto) 2010 sein Four-Music-Debüt *Zum Glück in die Zukunft* gab, schickte er den poppigen Mainstream-Hip-Hop in seine nächste Phase. Deutscher Hip-Hop schien nach Jahren des Auf-der-Stelle-Tretens tatsächlich wieder eine Zukunft zu haben. Marteria hatte nicht nur verstanden, sondern mit dafür gesorgt, dass Stadion-Pop und Straßen-Kredibilität sich auch im deutschsprachigen Hip-Hop nicht gegenseitig ausschließen müssen. Zwei Jahre vor Erscheinen von *Zum Glück in die Zukunft* machte Peter Fox mit *Stadtaffe* bereits Mut, dass bald frischer Wind durch die Hip-Hop-Szene wehen würde und das Licht am Ende des Tunnels nicht mehr weit sein konnte. Marteria zeigte schlussendlich, dass dieses Licht von den grellen Scheinwerfern der ganz großen Bühnen kam. Dabei ist Marteria ohnehin ein außergewöhnliches Rap-Phänomen, das zwar weder textlich noch musikalisch aus der Reihe, wohl aber zu seinem ganz eigenen, verblüffend gemächlichen, jedoch keineswegs trägen Tempo tanzt. Das schnelle Rappen, mit dem so viele Hip-Hopper:innen sich einen Namen gemacht haben, liegt Marteria nicht. Und so hat er im besten Sinne aus der Not eine Tugend gemacht. Anstatt sich jahrelang darin zu üben, mit den Rap-Tempi eines Eminem oder Kool Savas mithalten zu können, machte Marteria die angezogene Handbremse zum Ausweis einer besonders coolen Coolness. Er ist weder in der Performance noch im Vortrag einer, der hinterherhechelt. Aber darin über Jahre standhaft zu bleiben, zeugt von einem enormen Selbstbewusstsein. Auf *Zum Glück in die Zukunft* spaziert Marteria mit stoischer Ruhe durch seinen Rap, während der Beat oftmals auf Hochtouren läuft und versucht, ihm Beine zu machen. Tiefenentspannt, aber druckvoll, unerschütterlich und auch ein wenig arrogant rollt Marterias Rap über den Takt. Dazu passend ist seine Stimme gehalten in einer Monotonie, die paradoxerweise mitreißt, anstatt zu langweilen. Marterias Hip-Hop macht wohl am ehesten das, was man in der Welt der Automobile »cruisen« nennt – ohne Hast und immer lässig mit dem Ellbogen aus der Fahrertür gestreckt.

Zum Weiterhören: *Zum Glück in die Zukunft II* (2014); *1982* (mit Casper, 2018)

Nicki Minaj
Pink Friday (2010)

Young Money / Cash Money / Universal Motown

Your game over, bitch, Gatorade, wet towel
»Blazin'«

Es leuchtet ein, dass Lil' Kim beim Anblick der aus Trinidad stammenden Rapperin Nicki Minaj brüskiert eine plumpe Kopie ihres bereits in den 90er Jahren erfolgreich etablierten Stils vermutet. Denn wenn man Nicki Minajs Hip-Hop in Wort, Bild und Sound ernst nimmt, ist es schwierig, hinter der grotesk überzeichneten Fassade ihrer entrückt wirkenden Puppenhauswelt nicht immer wieder nur die nächste Fassade und insofern ein leichtgewichtiges Zitat der Grande Dame des lasziven Hardcore Rap zu vermuten. Natürlich erwartet der gemeine Fan nicht bei jedem Pop-Phänomen den abgründigsten Tiefgang, aber Minaj, die mit mehr als 100 Millionen verkauften Tonträgern eine der erfolgreichsten Popmusiker:innen überhaupt ist, inszeniert sich und ihr Performance-Universum mit so viel ungebrochener Oberflächlichkeit, dass ihr Rebellion versprechendes Zitat einer Plastik-Pop-Camp-Ästhetik bisweilen ermüdend selbstgenügsam, ja, geradezu selbstgerecht daherkommt. An diesem Punkt ist es aber wiederum möglich, Lil' Kim zu widersprechen, denn es ist gerade diese Weise der Selbstgerechtigkeit, die einen dann doch in Trapbeat-Höchstgeschwindigkeit in den Bann dieser pink kreischenden Frivolität zieht. Und während Nicki Minajs vor *Pink Friday* veröffentlichte Mixtapes bei genauerem Hinhören noch sehr viel eindringlicher das Ausnahmetalent der Rapperin zeigen, leuchten auch auf ihrem Debütalbum immer wieder jene Momente auf, in denen ihr punktgenau gesetzter Hashtag Rap – also jener von ihr hochfrequentiert verwendete Rap-Stil, in dem die Punchline aus einem einzigen, durch eine kurze Pause abgesetzten Wort besteht (»You at a standstill, mannequin«) – auf wuchtig hämmernde Electrobeats trifft (wie im Track »Did It on 'em«). In diesen Momenten tut sich tatsächlich die nur mehr an Lil' Kim erinnernde Oberfläche auf, und Minaj lässt tief ins gar nicht so selbstgenügsame Kraftzentrum ihres Hip-Hop blicken.

Zum Weiterhören: *Sucka Free* (2008)

Drake
Take Care (2011)

Young Money / Cash Money / Universal Republic

I need you right now, are you down to listen to me?
»Marvin's Room«

In jeder Geschichte gibt es diese Kapitel, die einen recht unbefriedigt vor einem Rätsel stehen lassen. In dieser Geschichte ist das Drake. Dabei ist er überall: dieser kanadische Rap-R'n'B-Hip-Hopper, der den von sozialen Medien, Streaming-Plattformen und von einer allgengegenwärtigen transkulturellen Vernetzung geprägten Zeitgeist der 10er Jahre punktgenau getroffen zu haben scheint, obwohl seine

Musik nicht aus sich heraus erklären kann, warum. Drake ist so erfolgreich wie kaum ein anderer Musiker seiner Zeit. Für einen wie ihn wurde Pop erfunden. Plastik im Sound, Plastik im Auftritt, Plastik (wie Hip-Hopper:innen die Kreditkarte nennen) im Portemonnaie. Das Selbstverständnis des Pop macht Drake derart selbstbewusst, dass er einen glauben lässt, er wäre der Zeitgeist in Person. Klick. Klick. Klick. Im Takt Likes verteilender Tippfinger entpuppt sich in seinem Sound ein Tiefgang simulierendes Oberflächenphänomen in einer Tiefgang simulierenden Oberflächenkultur, in der nicht mehr Platten aufgelegt, sondern die Lautsprecherfunktion von Smartphones auf Anschlag gestellt werden. Wie bereits auf seinem ein Jahr vor *Take Care* erschienenen Debütalbum *Thank Me Later* konfrontiert Drake seine Hörer:innen mit küchenpsychologisch und kneipenphilosophisch gefärbten inneren Monologen (»You hate the fact that you bought the dream and they sold you one« oder »I learned workin' with the negatives could make for better pictures«), die er dann auf teflonbeschichtete Schmusebeats legt. Damit deutete Drake einen ästhetischen Trend an, der sich mit Folgealben wie *Views* (2016) oder *Certified Lover Boy* (2021) konsequent in ein Geschäftsmodell übersetzen lassen sollte. So erntet Drake in Form astronomisch hoher Klickzahlen – mittlerweile hat er z. B. weit mehr als 60 Millionen Spotify-Hörer:innen monatlich und damit etwa 30 Millionen mehr als Jay-Z – und in Unmengen an Geld die Früchte eines blind auf den Hype vertrauenden Spotify-Instagram-Kontinuums. Und was beim oberflächlichen Hinhören immer mal wieder klingen mag wie eine Mischung aus Frank Ocean und Loyle Carner, ist dann doch immer wieder nur der Kenny G des Hip-Hop. Die Musik des jungen Kanadiers ist auffallend gefällig und gefällt vielleicht gerade deshalb. Er ist massentauglich behaglich, weil er keine Kanten hat. Auf Einladung erscheinen auf seinen Tracks Nicki Minaj, André 3000 oder Kendrick Lamar, und man wird bei deren gefühlsarmen Feature-Parts das Gefühl nicht los, dass es hier nicht auch, sondern ausschließlich um Geld geht. Denn eines ist klar: Mit Drake im Schlepptau kann man abkassieren. Und zumindest das ist dann wieder ein bekanntes Kapitel in der Geschichte des Hip-Hop.

Zum Weiterhören: *Scorpion* (2018)

Ka

Grief Pedigree (2012)

Iron Works

I get it where they grow it, grip it when it's loaded
Script it like a poet 'cause I live it and I know it
»No Downtime«

Die Musik des aus Brooklyn stammenden Rappers und Teilzeitfeuerwehrmanns Ka schwingt irgendwo zwischen Gil Scott-Heron und Wu-Tang Clan. Und auch der Anspruch des Musikers schien sich innerhalb dieses künstlerischen Spektrums messen lassen zu wollen. Ka war ein Mystiker, Soziologe und Eremit, der im Schutze der Dunkelheit seiner Beats und Verse versuchte, die ihn umgebende, immer komplexer werdende Welt philosophisch zu durchdringen. Ohne größere Ausschläge, beinahe monoton, erklingt seine Stimme mit hypnotisch anmutender Ruhe. Aber Ka überzeugt nicht nur mit Stimme und Stimmung. Insbesondere seine Texte bestechen mit außergewöhnlichem dichterischem Können. Anders als Kendrick Lamar oder Kae Tempest ist Ka aber kein Bögen spannender Erzähler, sondern ein pointierter Poet, der Vers für Vers immer neue Bilder evoziert und die Vorstellungen dessen zu sprengen weiß, was Hip-Hop lyrisch zu leisten imstande ist. Jedes seiner Alben, nicht zuletzt das 2012 erschienene *Grief Pedigree*, gehört zum Besten, was der Underground Rap seit den Erfolgen von Rawkus Records zu bieten hat. Eng verbunden mit dem bekannteren Rapper und Produzenten Roc Marciano, streckte Ka seine Fühler immer wieder in den Mainstream aus, um sich dann, berührend schüchtern, wieder in das Schneckenhaus seiner Untergrundexistenz zurückzuziehen und dort weiter an seiner Kunst zu feilen. Ka war ein Intellektueller des Hip-Hop, der seiner Umwelt skeptisch und misstrauisch begegnete. Do it yourself war sein Credo: Er textete, rappte, designte alles selbst und produzierte schließlich seine eigenen Musikvideos. Sogar die Vinylpressungen seiner Platten verschickte er selbst und entschuldigte sich auf seiner Webseite, dass Lieferungen auch einmal etwas länger dauern können, da er nur unregelmäßig zur Post gehe. Fast hatte man das Gefühl, Ka wäre es eigentlich gar nicht so recht, sein Schaffen mit anderen teilen zu müssen. Zum Glück aber tat er es doch. Im Oktober 2024 ist Kaseem Ryan plötzlich verstorben.

Zum Weiterhören: *The Night's Gambit* (2013); *Honor Killed the Samurai* (2016); *Days with Dr. Yen Lo* (mit Preservation, 2015); *Reloaded* (2012)

Earl Sweatshirt
Doris (2013)

Odd Future / Tan Cressida / Columbia

I'm a bubble in the belly of the monster
With a duffel full of troubles, trunk rattle in the Mazda
»Molasses«

Ähnlich wie seine Odd-Future-Kollegen Tyler, the Creator und Frank Ocean ermöglicht auch Earl Sweatshirt seinen Hörer:innen mit *Doris* Tauchgänge in die psychedelischen, selbstreflexiven und – in der Mischung – abstrus selbstübersteigernd selbstverlorenen Abgründe einer verführerisch unnahbaren Millennials-Existenz. Bei kaum mehr als 50 bis 60 Beats pro Minute und pulsierend wummernden Basslinien wie in »Hive« rollt das Album schwer, aber nicht schwerfällig dahin. Kein Grund, den Blinker zu setzen und die Überholspur zu nutzen. Alles braucht seine Zeit, denn *Doris* ist keine Selbstfindungsphase, sondern eine in Musik übersetzte Identitätskrise. Hier geht es längst nicht mehr um subkulturelle Selbstbehauptung, ökonomischen Aufstieg oder sozialkritische Intervention. Im Zuge kulturumwälzender Phänomene wie der Digitalisierung, dem Siegeszug sozialer Medien und einer permanenten Kommunikation grenznarzisstischer Selbstbespiegelungen lässt einen Earl Sweatshirt fragen (und dasselbe gilt freilich auch für Tyler, the Creator und den außerordentlichen R'n'B-Sänger Frank Ocean, der sich 2012 als bisexuell outete und das männliche Selbstverständnis im Hip-Hop revolutionär auf den Kopf stellte), ob es seit der vorletzten Jahrhundertwende und den ästhetischen Selbstfindungsprojekten der klassischen Avantgarden je wieder eine derart selbstzweifelnde und suchende Generation gab wie die sogenannte Generation Z. Auf *Doris* sind diese Suchbewegungen bewusst verfahren, uneindeutig, aber kompromisslos; und sie werden an einem Punkt sogar romantisch, wenn sie sich im oben zitierten Track »Molasses« vor dem Hintergrund eines die Generationen X und Y nostalgisch affizierenden RZA-Beats abspielen. Letztlich ist der Blick in den Rückspiegel kostbarer als der Ritt auf der Überholspur.

Zum Weiterhören: *I Don't Like Shit, I Don't Go Outside* (2015); *Some Rap Songs* (2018); *Feet of Clay* (EP, 2019); Frank Ocean, *Channel Orange* (2012); Tyler, the Creator, *Igor* (2019)

Haftbefehl
Russisch Roulette (2014)

Urban/Universal

Aus Flex wird Crack, so wie gewohnt
Magic Rezept, doch nix Harry Potter, Hundesohn
»Ich rolle mit meim Besten«

Nachdem er 2013 mit seinem Track »Chabos wissen wer der Babo ist« die Türen zum deutschen Hip-Hop-Mainstream weit aufgestoßen und Ghetto-Kids ebenso verzückt hatte wie Deutschlehrer:innen, stellte Haftbefehl ein Jahr später mit *Russisch Roulette* endgültig das Game auf den Kopf. »Alles kleine Bushidos / So war die Lage / Bevor er kam«, erklärt er seinen Hörer:innen im Track »Ihr Hurensöhne«. Und tatsächlich: Als Haftbefehl auf den Plan trat, veränderte er den deutschen Gangsta Rap und Straßenrap so eindeutig in seinem Sinne, dass Bushido fast vergessen wurde und die Anzahl »kleiner Haftbefehle« nunmehr kaum noch zu überblicken ist. Immer wieder wird seit seinen ersten Erfolgen der von ihm wesentlich geprägte »Azzlack-Style«, dieses abgefahrene, selbstreflexiv orientalisierende Spiel mit der deutschen Sprache, nachgeahmt, doch in seiner Kunstfertigkeit nie erreicht. Haftbefehl selbst spricht liebevoll von »Räubermusik«, in der sich die sprachliche Transgression mitunter in Bereiche radikaler semantischer Unverständlichkeit entfaltet, so z. B. in den Versen »Doch Hafti macht für die Achis à la Habibi free Palestine / Es ist Hafti Abi, akhi, zu 'nem Schwanz gehört Cojones« (»Russisch Roulette«) oder »Matt in der Birne, Führerschein – nada / Kaffa lash auf Bukhâri, auf der Jagd nach Para / Nenn' mich a.k.a. Tijara« (»Schmeiß den Gasherd an«). Deutsch, Türkisch, Arabisch – es gibt keine Sprachgrenzen. Zudem werden einige Wörter derart verkürzt und schnell aneinandergereiht, dass sie zu einem einzigen zu verschmelzen scheinen. Andere werden derart gedehnt, dass sie Versenden überspringen und so in neue, zunächst maximal disparat scheinende Sinnebenen vordringen. Dabei folgt dann die Reihung von Satzgliedern eigenen und im Grunde nicht verifizierbaren Regeln, und jede Silbe wird um eine ihr eigene onomatopoetische Dimension und eine noch tiefgründigere Sinnebene erweitert. Haftbefehl, dessen Persona vom real existierenden Musiker Aykut Anhan kaum zu unterscheiden ist, nutzt diese virtuosen sprachlichen Mittel für sein außergewöhnliches romantisch-naturalistisches Erzählen, was sich selten so viel Raum nimmt wie in der dreiteiligen Interlude-Track-Reihe »1999«, die Hip-Hop-untypisch von einem ungeschminkten Ineinander von Nostalgie und Depression geprägt ist. Seine Texte sind dringlich und hart, die in Slang evozierten Bilder verstören, und es wird von Track zu Track deutlicher, dass Haftbefehl sich erzählen muss und seine Geschichten nicht anders erzählen kann. Und überall das alles durchdringende und alles zersetzende Kokain: als weißes Puder im Banken-, als Crack im Bahnhofsviertel. Die Droge ist, wie auch auf seinem 2020 erschienenen *weißen* (einer Hommage an die Beatles?) und seinem 2021 erschienenen *schwarzen Album* (einer Hommage an Jay-Z?), das Schmiermittel, das alles am Laufen hält, und der Sprengstoff, der alles zu zerstören droht. Haftbefehl selbst präsentiert sich in diesem Dilemma glaubhaft als Knotenpunkt eines Netzes, als kleines Rädchen in einem global agierenden Getriebe, das nicht zu überblicken ist und von seinem Hip-Hop nur als persönliche Erfahrung verständlich gemacht werden kann. Und Haftbefehl spricht auf seinen Alben offen über alles: den Suizid des spielsüchtigen Vaters, den Schulabbruch, die eigene Drogenabhängigkeit und das Geschäft mit den Drogen – die gesamte Bandbreite einer irgendwie verlorenen, aber umso nachdrücklicher in Musik übersetzten Jugend. Ein Hin und Her von brutaler Sensibilität und sensibler Brutalität, das auch immer wieder – und das ist womöglich die eigentliche Kunst seiner Musik – unglaublich humorvoll erzählt wird. Doch auch in diesen Momenten der vermeintlichen Leichtigkeit geht seine Musik einen im wahrsten Sinne an und bleibt dabei wundersam, geradezu traumhaft distanziert. Aus dem Zusammenspiel dieser Distanz und einer bemerkenswerten ästhetischen Geschlossenheit speist sich dann auch die filmische Poesie des Albums, das allein deshalb den Vergleich mit Jay-Zs *Reasonable Doubt* (1996) nicht scheuen muss.

Zum Weiterhören: *Azzlack Stereotyp* (2010); *Das weiße Album* (2020); *Das schwarze Album* (2021)

Shabazz Palaces
Lese Majesty (2014)

Sub Pop

From a cold clod cut in a deep zone
A sunken ship with the ghost on
»They Come in Gold«

Die Westküste der USA ist lang, sie erstreckt sich zwischen Mexiko und Kanada. Doch wenn es um Westküsten-Hip-Hop geht, denken viele nur an die Sonne Kaliforniens und kaum je an die verregnete, im Nordwesten liegende Stadt Seattle im Bundesstaat Washington. Und wer überhaupt je über die Bedeutung Washingtons in der Geschichte der Popmusik nachsinnt, wird besonders den radikal Hip-Hop-fernen Grunge von Bands wie Nirvana oder Pearl Jam im Ohr haben. In den späten 00er Jahren dieses Jahrhunderts aber formierte sich in Seattle mit Shabazz Palaces eine

Gruppe, die dem Hip-Hop einen psychedelisch-synthetischen und Genredifferenzen überbrückenden Sound gab, der in den gängigen Hip-Hop-Metropolen des Landes so nicht zu finden war. Rasante, Hi-Hat-lastige Beats, Synthie-Elemente, die weniger der Melodie als dem Effekt dienen, und Raps, die klingen, als würden sie durch eine analoge Telefonleitung gefiltert, verbinden sich (teils etwas erratisch und inkonsequent) zu einem Mainstream-kompatiblen Avantgarde-Sound, der keineswegs gefällig, aber auch nicht über alle Maßen kompliziert ist – ein Hauch von massentauglichem *Bitches Brew* (Miles Davis, 1970) für den geneigten Hip-Hop-Fan. So beweisen Shabazz Palaces, dass es der Jazz-inspirierte Hip-Hop seit A Tribe Called Quest und De La Soul weit gebracht hat, indem er nicht nur seine eigene Musiktradition zitiert und würdigt, sondern sich mit expansiver Geste das synkopisch verspielte Klanggewand progressiver Popkunst überstreift. Das hatte dem Hip-Hop – im wahrsten Sinne – gerade noch gefehlt.

Zum Weiterhören: *Black Up* (2011); *Quazarz vs. The Jealous Machines* (2017)

Kendrick Lamar
To Pimp a Butterfly (2015)

TDE/Aftermath/Interscope

What you want you, a house? You, a car?
40 acres and a mule? A piano, a guitar?
»Alright«

Kendrick Lamar ist eine der prägenden Figuren im Hip-Hop und einer der vielseitigsten und talentiertesten Rapper, ach was, *Dichter* seiner Generation. Alle drei seiner u.a. bei Aftermath Entertainment, dem Label des Produzenten Dr. Dre, erschienenen Alben – von *Good Kid, m.A.A.d City* (2012) über *To Pimp a Butterfly* bis hin zu *Damn* (2017), für das Lamar als erster Rapper mit dem Pulitzer-Preis ausgezeichnet wurde – hätten es verdient, hier besprochen zu werden. Die Wahl fiel auf *To Pimp a Butterfly*, weil es von einer besonderen dichterischen und musikalischen Vielseitigkeit gekennzeichnet ist und alle der für Lamar spezifischen Charakteristika destilliert. Lamar beleuchtet die dunkelsten Ecken der US-amerikanischen Geschichte mit der poetischen Strahlkraft eines Bob Dylan, Tupac »2Pac« Shakur, einer Lauryn Hill oder eines Leonard Cohen. Er entfaltet die kulturelle Matrix der Hip-Hop-Kultur vor dem Hintergrund avantgardistischer Jazzklänge und gräbt sich tief ein in die an Oberflächen ausgerichtete Popkultur. Inmitten anderer in den späten 10er Jahren für Furore sorgender afroamerikanischer Kulturphänomene wie der Comicverfilmung *Black Panther* (2018, Regie: Ryan Coogler), für die Lamar den Soundtrack produzierte, oder

der Fernsehserie *Atlanta* (ab 2016) von Donald Glover (auch bekannt als Rapper Childish Gambino) ist Kendrick Lamars *To Pimp a Butterfly* eine der bemerkenswertesten Hip-Hop-Interventionen in einer nach wie vor von Rassismus, sozialer Ungleichheit und den Ermordungen Schwarzer Männer und Frauen aufgewühlten Welt. Seit De La Souls *3 Feet High and Rising* (1989) und A Tribe Called Quests *Midnight Marauders* (1993) hat kaum ein Hip-Hop-Album die Ästhetiken afroamerikanischer (und afrikanischer) Expressivität musikalisch derart engagiert reflektiert. Und gleichzeitig verbindet Kendrick Lamars *To Pimp a Butterfly* im Grunde alles, was Hip-Hop zu dem hat werden lassen, was er heute ist: Coolness und Kredibilität (Kendrick Lamar braucht noch nicht einmal eine Rap-Persona), musikalische Virtuosität und poetische Eleganz, treffsichere Gegenwartsanalyse und reflektiertes Geschichtsbewusstsein. In Tracks wie »Alright« und »The Blacker the Berry« macht Lamar die eigene Musik zu einem Spiegel, in dem die US-amerikanische Gesellschaft nicht nur ihre jahrhundertealten Traumata, sondern den Bruch all ihrer Versprechen konfrontieren muss. Die oben zitierten »40 acres and a mule« – die den ehemals Versklavten nach dem Bürgerkrieg eine selbständige Versorgung sichern sollten – sind auch bei Lamar Sinnbild für die noch immer vorherrschende Desillusionierung der Schwarzen Community in den USA. Das Album ist die Anklage einer physisch und diskursiv gewalttätigen Gesellschaft, innerhalb deren sich auch der Rapper selbst zu fragen beginnt, wie es eigentlich zu rechtfertigen sei, sich und andere mit dem N-Wort zu adressieren. Wann und wo, so fragt das Album, endet die Fortsetzung der Sklaverei mit anderen Mitteln? Hier muss der dritte (und geheime Titel-)Track des Albums, »King Kunta«, hervorgehoben werden, in dem Lamar das visuelle Archiv um den versklavten Afrikaner Kunta Kinte – der Hauptfigur in Alex Haleys Roman *Roots* (1976) und der darauf basierenden gleichnamigen Fernsehserie (1977) – aufruft. Lamar wendet sich an diese Ikone der amerikanischen Popkultur und stellt mittels diverser weiterer popkultureller Referenzen, von James Browns »The Payback« (1981) bis hin zu Michael Jacksons »Smooth Criminal« (1987), die Südstaatenplantagen im 18. und 19. Jahrhundert in eine kulturgeschichtliche Linie mit den Straßen der dem County Los Angeles zugehörigen Stadt Compton im 21. Jahrhundert. Schonungslos verdichten sich in Lamars Hip-Hop Schönheit und Aggressivität. Anleihen bei N.W.A sind dabei ebenso zu erkennen wie bei den Schriftsteller:innen Langston Hughes und Toni Morrison. Für seine Texte nutzt er das gesamte Arsenal afroamerikanischer Kunstproduktion, und um sein poetisch-prophetisches Talent in ungeahnte Höhen zu katapultieren und seine komplette musikalische Strahlkraft angemessen entfalten zu können, arbeitete er mit Spitzenproduzenten wie Pharell Williams, Knxwledge und Dr. Dre sowie mit jüngeren Jazzgrößen wie dem Saxophonisten Kamasi Washington, dem Bassisten Thundercat, dem Drummer Robert Glasper oder dem Trompeter Ambrose Akinmusire zusammen. (Besonders prophetisch wird es am Ende des Albums, an dem Lamar sich in einen konstruierten Dialog mit dem bereits erwähnten Tupac »2Pac« Shakur begibt, um die poetischen Kräfte der Vergangenheit in die Zukunft zu teleportieren.) Auf *To Pimp a Butterfly* ist es zweifelsohne Lamars Anspruch, sowohl sich selbst als auch den Facettenreichtum afroamerikanischen Kulturschaffens in voller Blüte (man könnte sagen, im Glanz der eigenen schmetterlingsähnlichen Metamorphose) zu zeigen und davon ausgehend deutlich zu machen, dass Hip-Hop immer schon mehr ist als ein Musikgenre. Hip-Hop ist, wenn er sich wie auf *To Pimp a Butterfly* ernst nimmt, eben nicht unmittelbar eingängige, radiotaugliche Popmusik. Dem Hip-Hop, so Lamars poetischer Appell, sollte es um mehr als die eigene sub-, gegen-, oder massenkulturelle Identität gehen. Und so geht es bei Kendrick Lamar immer um alles. Es ist eine aufrührerisch widerständige Energie, eine selbstbewusst selbstreflektierte Schwarze Ästhetik, die sich in seinem *To Pimp a Butterfly* in die Welt setzt und kompromisslos Raum nimmt. Und das beginnt bereits beim Albumcover: Auf einem Schwarz-Weiß-Foto sehen wir eine Gruppe teilweise grinsender Frauen, Kinder und Männer – unter ihnen Kendrick Lamar, der ein Baby auf dem Arm hält –, die zum Teil oberkörperfrei und mit leeren Malt-Liquor-Flaschen und Geldscheinbündeln in den Händen und Mündern vor dem Weißen Haus (in dem zu diesem Zeitpunkt noch Barack Obama lebt und regiert) stehen und knien. Vor ihnen liegt ein weißer Mann in Talar und mit Richterhammer in der Hand auf dem Boden. Wie das Album lässt bereits das Cover die Grenze zwischen Fremd- und Selbstanklage verschwimmen. Ein Kritiker feierte das Album dafür, dass es Afroamerikaner:innen direkt anspreche, während es alle anderen einlädt mitzuhören, wenn sie denn wollten. Und tatsächlich: Lamar zwingt zum Zuhören. Und so ist *To Pimp a Butterfly* nicht mehr und nicht weniger als das Ergebnis einer musikalischen Revolte. Das Album geht einen an, wie nur Kunst es kann. Im Jahr 2016 wurde einem Musiker der Literaturnobelpreis verliehen, weil dieser, so die Jury, »neue poetische Ausdrucksformen in der amerikanischen Songtradition« geschaffen habe. Wenn man nicht wüsste, dass es Bob Dylan war …

Zum Weiterhören: *Good Kid, m.A.A.d City* (2012); *Damn* (2017)

Anderson .Paak
Malibu (2016)

Steel Wool / OBE / Art Club / Empire Distribution

They wanna know where I'll be in five, huh
What about today? What about tonight?
»Am I Wrong?«

Nachdem er 2014 sein experimentelles, musikalisch aber eher unausgewogenes Debütalbum *Venice* veröffentlicht und 2015 Dr. Dres *Compton* mit sechs Feature-Parts aufgemischt hatte, nahm der aus Oxnard, Kalifornien, stammende Drummer und Rapper-Sänger Anderson .Paak mit seinem zweiten Studioalbum *Malibu* vollends die Rolle eines exzentrischen und wagemutigen Hip-Hop-Musikers ein. Dabei klingt .Paak gar nicht wie der klassische Hip-Hopper, und er sieht auch nicht so aus. Anderson .Paak ist ein Hipster. Mit seinem ganz eigenen Funk-Schlagzeug-Sound und seiner hohen, klaren, aber bisweilen trotzig klingenden Gesangsstimme tauchte er plötzlich im Hip-Hop auf wie ein High-End-Coffee-Shop in einem noch nicht gentrifizierten Teil von Los Angeles. Und viel Zeit, sich auszuprobieren, brauchte er nicht. Er bewegte sich bereits in den richtigen Kreisen, knüpfte weitere Verbindungen in die Szene und war von Beginn an mit einem ungeheuren musikalischen Talent und Pop-Gespür gesegnet. Stellen wir uns (zugegebenermaßen euphorisch) vor, Stevie Wonder, Phil Collins, D'Angelo, David Bowie und Kendrick Lamar würden nicht gemeinsam, sondern in derselben unbeschwert-genialischen Person ein Album produzieren – *Malibu* könnte das Ergebnis sein. .Paak ist Chronist und Erkundungsreisender der Popmusik, der es wie niemand sonst versteht, rockige Gitarrenriffe, Funk-beschwingte Harmonien, Jazz-Percussions, Neo-Soul-Intonation und die Tradition des 90er-Jahre-R'n'B in einen straighten, aber ungewöhnlichen Hip-Hop-Sound zu gießen. Auf *Malibu* findet sich zudem ein treffsicheres Zusammenspiel mit Produzenten wie DJ Khalil, Madlib und Hi-Tek. .Paak selbst tritt immer wieder als sensibler Analytiker und Flüsterer seiner Musik auf. Dementsprechend zeigt *Malibu* auch kein Interesse an politischem und sozialem Engagement, sondern besticht erfolgreich als punktgenaue ästhetische Gleichung, die ihren hedonistischen Zeitgeist spiegelt.

Zum Weiterhören: *Ventura* (2019); NxWorries, *Yes Lawd!* (2016)

Ka(t)e Tempest
Let Them Eat Chaos (2016)

Fiction/Lex

We came from the four corners
We are the raw waters that course
The four horsemen will drink
from the water that pours
»Don't Fall In«

Kae Tempest (die im Englischen die non-binären Pronomina they/them verwendet und bis zum Jahr 2020 unter dem Namen Kate Tempest veröffentlichte) macht keine Hip-Hop-Texte von besonderer lyrischer Qualität. Nein, Tempest schreibt Lyrik, die rappend vertont wird. Aus den Gedichten – mal im *free verse*, dann wieder in strengeren Reimschemata verfasst – werden Hip-Hop-Tracks und aus einem Hip-Hop-Album ein Gedichtband.[17] Tempests *Let Them Eat Chaos* ist ein einziger selbstschöpferischer Synergieeffekt, ein explosiver Ritt auf der Schwelle zwischen Kunst und Pop. Das Album fokussiert eine Nacht im Leben von sieben Menschen in Tempests Heimatstadt London. In ineinandergreifenden Tracks werden intimste Sorgen, Begierden und Pathologien, Drogenexzesse, Insomnie und Depressionen kurzerhand zu Symptomen und Erzeugern einer globalen Krise alttestamentlichen Ausmaßes. Und in

17 Siehe Ka(t)e Tempest, *Let Them Eat Chaos / Sollen sie doch Chaos fressen. Lyrik*, übers. von Johanna Davids, Berlin: Suhrkamp, 2018.

einer Reflexion und kritischen Umdeutung postaufklärerischer Naturästhetik sind die Erderwärmung und die damit zusammenhängenden Unwetterkatastrophen das Ergebnis von narzisstischen Kränkungen, die in der sogenannten westlichen Welt über Jahrhunderte kultiviert wurden. Das ständig perpetuierte Höher-Schneller-Weiter verstelle laut *Let Them Eat Chaos* den Blick auf die Erde als einzigem Ort, an dem der romantisch-kathartische Effekt von Gemeinschaft und, ja, zwischenmenschlicher Liebe überhaupt möglich sei. Tempest ist nicht zynisch, die Lyrik ist nicht naiv. Vielmehr gilt es, wie es bereits der erste Vers verlangt, die eigene Existenz von der entrückten Vorstellung eines Vakuums (des Universums) aus zu denken und so Klarheit zu schaffen, wo die Hoffnung auf Klarheit bereits von den wortwörtlichen Fluten allzu großer Regenmassen verschlungen wurde und droht, auf ewig zu versinken. Mithilfe der von Dan Carey produzierten minimalistischen, aber hochkomplexen elektronischen Beats, die irgendwo zwischen New Order und The Streets anzusiedeln sind, entfaltet Tempest die Symbiose aus Hip-Hop und Lyrik als nachdrücklichstes Mittel für die Durchführung der künstlerischen Mission. Vom ersten Vers und vom ersten Takt an sollen die Hörer:innen das Chaos fressen, das diese sich selbst aufgetischt haben. In an GZA erinnernder Mystifizierung wird die transzendentale Kraft beschworen, die sich im Zusammenspiel von Performance, Pathos und Poesie potenziert. Die Verbindung von Lyrik und Rap, von Literatur und Hip-Hop verliert sich aber nicht in einer sich ans Bildungsbürgertum anbiedernden Kunst-Pop-Versöhnung. Tempest hat mit *Let Them Eat Chaos* und den anderen Alben nicht die Literatur zum Hip-Hop gebracht bzw. den

Hip-Hop an die Literatur herangeführt. Vielmehr ist in virtuoser und dabei schonungslos offenbarender Art und Weise dem Hip-Hop seine Literarizität entlockt worden. Das macht Tempests Hip-Hop nicht wertvoller, wohl aber außerordentlich.

Zum Weiterhören und Weiterlesen: *Everybody Down* (2014); *The Book of Traps and Lessons* (2019)

Trettmann

#DIY (2017)

SoulForce

Folg' dem Wendekind dorthin, wo Ma noch Hände ringt
Unbeschwerte Jahre früh zu Ende sind
Dir niemand sagt, dass es 'n gutes Ende nimmt
»Grauer Beton«

Klar, der damalige Bundeskanzler Helmut Kohl meinte sicher nicht die Entwicklungen im deutschen Hip-Hop, als er in einer Mischung aus Wunschdenken und Überheblichkeit blühende Landschaften im Osten versprach. Doch so, wie das infrastrukturelle, institutionelle und individuelle Blühen lange auf sich warten ließ (und in einigen Fällen noch immer auf sich warten lässt), mussten sich deutsche Hip-Hop-Heads in Geduld üben, bevor die neuen Bundesländer zu Hip-Hop-Exportländern wurden. Spätestens seit den 10er Jahren dieses Jahrhunderts aber zeigen sich Musiker wie Marteria (aus Rostock), Morlockk Dilemma (aus Leipzig), Audio88 (den die 90er Jahre in Cottbus hörbar beeinflusst haben) und nicht zuletzt Trettmann (aus Karl-Marx-Stadt, dem heutigen Chemnitz) mitverantwortlich, das Bild und Selbstverständnis einer sich in Deutschland – trotz verschiedener subkultureller Nischenphänomene dies- und jenseits der Mauer – maßgeblich erst nach der Wiedervereinigung entwickelnden Musik zu prägen. Wobei Trettmann, und das mag an seinem Alter (* 1973) und seiner die sächsische Herkunft verratenden Sprachfärbung liegen, derjenige ist, der die ostdeutsche Geschichte immer wieder sensibel und dadurch besonders gelungen ins Zentrum seines Schaffens stellt. Wenn man jedoch bedenkt, wie lange es gedauert hat, dass ein Hip-Hop-Künstler mit deutschlandweiter Wirkung diesen Teil der nationalen Geschichte entlang seiner eigenen Erfahrung reflektieren durfte, wirkt es beinahe zynisch, dass »die da« im Video zum gleichnamigen Track der Fantastischen Vier (1992) räkelnd vor einem ollen Trabant steht, dem – wie amüsant, haha – der Kühler geplatzt ist. Auch im Hip-Hop war der Osten kaum mehr als eine Projektionsfläche der Wessis. Trettmanns Hip-Hop ist eine (wenn auch späte) Intervention, die sich nicht in plumpen innerdeutschen Missverständnissen, Peinlichkeiten und Schuldzuweisungen verliert, sondern dem Zeitgeist auf den Zahn fühlen will. Irgendwo zwischen Peter Fox und City, aus einer grimmig-traurigen Ecke der deutschsprachigen Pop-Psyche, hämmert, kratzt und verzerrt Trettmann nicht weniger als die bedrohlichen Vorstellungsbilder der *Conditio humana*. Seine Musik: das depressive Leiden an sich selbst und der Welt nach zu vielen Nächten im Alkohol-, Kokain- und MDMA-Rausch. Hier geht es nicht um Lausbubenstreiche und Männerphantasien. Der konsequente Einsatz von Autotune, die stimmhafte Zitation Dancehall-evozierender Harmonien, dazu immer wieder das die Bassline setzende Klavier, minimalistische Synthie-Effekte und die in allen Hirnwindungen nachhallenden Hi-Hats der den Hip-Hop der frühen 20er Jahre nachdrücklich prägenden KitschKrieg-Produktionen schaffen eine stringente und dabei wummernde, bisweilen zermürbende, immer aber anrührend melancholische Monotonie, in der Dopamin, Serotonin und Adrenalin in Untiefen schießen, in denen man sich nicht allzu lange verlieren will. Gleichzeitig drückt sich in dieser vermeintlichen Monotonie eine gesetzte Unerschrockenheit aus, eine Selbstversicherung, aus der, wie im oben zitierten Track »Grauer Beton«, ein unverstellter Optimismus herauszuhören ist. Das ist alles nicht einfach nur professionell, sondern aus Erfahrung abgesichert. Trettmann ist, wie gesagt, kein Jungspund, und das hört und spürt man – im besten Sinne. Jeder Track: no bullshit. Dass es ihm gelingt, sich derart spät und dabei konsequent in eine Jugendkultur einzuschreiben, ohne sich unangenehm anzubiedern, ist außergewöhnlich. Er erscheint als Vertreter einer Tradition, die Hip-Hop in erster Linie als eine erzählende Songwriter-Musik versteht. Wer diese Tradition beherrscht, funktioniert transgenerational.

Zum Weiterhören: KitschKrieg, *KitschKrieg* (2020)

Wiley
Godfather (2017)

CTA

In grime, I've lined my catalogue up, prime seller
I'm never too far from the hype that I set up
»Bring Them All / Holy Grime«

Hip-Hop-Musik aus Großbritannien hat im Vergleich zu ihrer US-amerikanischen Schwester ganz eigene Wurzeln, entsprang sie doch – der britischen Musikgeschichte entsprechend – hörbar anderen Traditionslinien. Nicht so sehr Jazz, Funk und Soul sind das Fundament ihrer Soundtradition, sondern Garagenrock, Electro, Psychedelic, Ragga und Punk – der Sound Londons, Liverpools und Manchesters. Und nicht zuletzt Wileys *Godfather*, das elfte Studioalbum des aus London stammenden Künstlers, macht dies besonders deutlich. Wiley produziert einen sehr britischen und dabei unverkennbar individuellen Hip-Hop-Sound, der so kraftvoll und vibrierend ist wie eine nicht angemeldete Technobunkerparty. Das Album ist kein dahinfließender Dauerlauf. Es ist ein mit jedem Track neu ansetzender Sprint. Rasend, aber pointiert, exzentrisch, aber kontrolliert kloppen der von Wiley perfektionierte Grime und eine vornehmlich aus den Südstaaten der USA bekannte Trap-Ästhetik unerbittlich aufeinander ein. Wileys Hip-Hop ist kompromisslos. Synthetische Streicher, pulsierende Bassspuren, zitternd-schmetternde Hi-Hat- und Snare-Salven und darauf Wileys Schnellfeuererzählungen desorientierter urbaner Existenz. *Godfather* ist die wahnwitzige Verschmelzung klassischen MCings mit avantgardistischer Musikkunst. In Großbritannien macht man Hip-Hop anders.

Zum Weiterhören: *Race Against Time* (2009)

Cardi B

Invasion of Privacy (2018)

Atlantic

I don't dance now, I make money moves
»Bodak Yellow«

Cardi B ist wahrlich invasiv. Und das ist im Grunde noch eine Untertreibung. Sie kommt einem mit ihrer Musik und Performance dermaßen nahe, dass man nicht mehr unterscheiden kann, ob man sich verführt, ins Vertrauen gezogen oder bedrängt fühlt. In grellen, surrealistisch anmutenden Farben, knappen Kleidern und mit Texten, die derart emotional intim und zugleich sexuell provokativ sind, dass sie selbst hartgesottenen Hip-Hop-Fans die Schamesröte ins Gesicht treiben, nutzt Cardi B das Einmaleins der Camp-Ästhetik, um den ›Hip-Hop von Frauen‹ auf eine neue Ebene der Distinguierung zu hieven. Sie ist eindeutig keine Lauryn Hill, und womöglich entfaltet sich in ihrer Musik nur besonders eindrucksvoll all jenes, das bei Lil' Kim und Foxy Brown bereits angelegt war, aber dieses schmetterlingsartige Moment der Entfaltung und ihre fast schon comicartig persiflierende Drag-Inszenierung lassen das expressiv Invasive ihres Hip-Hop zu einer kompromisslosen Kunst werden. Cardi B unterlegt ihre aggressiv anmaßenden Bilder- und Sprachwelten geschickt mit harten Trap-Beats und erinnert in ihrem Flow an die Schnoddrigkeit eines A$AP Rocky. Track für Track ohrfeigt sie eine Welt, in der einer Frau (wie ihr) das Recht auf selbstbewusste und transgressiv-invasive Performativität abgesprochen wird und die stattdessen verlangt, die weibliche Promiskuität auf den glänzenden Oberflächenschein einer von Männerphantasien regulierten Kultur zu reduzieren.

Zum Weiterhören: *Gangsta Bitch Music, Vol. 1* (2016)

Griselda

WWCD (2019)

Griselda/Shady/Interscope/Universal

I told Virgil write ›Brick‹ on my brick
The nicest with this shit, ain't write this, I just spit
Conway in »Dr. Birds«

Im Jahr 1983 unternahm der Maler Jean-Michel Basquiat (1960–1988) mit den Hip-Hoppern Rammellzee und K-Rob den Versuch, mit der in geringer Stückzahl gepressten Single »Beat Bop« die Hip-Hop-Musik und die postmoderne Avantgardekunst miteinander zu verbinden. Wie in seiner Malerei wagte Basquiat den Spagat zwischen Galerie und Straße – zwischen bürgerlicher Hoch- und einer bisweilen widerständigen, im Grunde aber doch auf Konsum ausgelegten Mainstreamkultur. Für viele Rapper:innen ist Basquiat deshalb zu einer Art Schutzpatron geworden – allen voran den drei Rappern Westside Gunn, Conway the Machine und Benny the Butcher des von Westside Gunn und Conway gegründeten Labels Griselda Records, die den viel zu früh verstorbenen Maler und dessen Kunst in unzähligen Versen und Skits prominent erwähnen. Immer geht es dabei um die Frage, wie die Verbindung von Kunst und Kommerz gelingen und der hohe künstlerische Anspruch ein möglichst großes Publikum erreichen kann. Die Antwort haben die drei Rapper in der musikalischen und modischen Entwicklung einer ganz eigenen Formsprache, einer ganz eigenen *Realness* gefunden, so dass die kongeniale Kombination aus Conways brutal-realistischer Grime-Ästhetik, Westside Gunns stimmlicher und modischer Exzentrik und Bennys kompromissloser Selbststilisierung als »Black Soprano« die drei schon nach kürzester Zeit kein Geheimtipp mehr sein ließ. Das Who's who der alternativen Hip-Hop-Szene (von Alchemist bis Camoflauge Monk und von Mach-Hommy bis Meyhem Lauren) versammelte sich rasch um das Dreigespann aus Buffalo, New York, und ließ Griselda zum ästhetisch-stilistischen Taktgeber eines neuartigen Hip-Hop-Selbstverständnisses werden, in dem sich klar gesetzte Beats, simpel geloopte Melodiebausteine und raue Verse der schrillen Kleidung, dem Vertrieb eigener Modeproduktionen und einem Hang zu androgyn anmutendem Hipstergehabe nicht diametral gegenüberstehen. Die Griselda-Rapper sorgten mit ihrer Eigenwilligkeit für so viel Aufruhr, dass Eminem sie kurzerhand unter Vertrag nahm. 2019 erschien das von Shady Records vertriebene *WWCD*, dessen Titel mit dem Akronym »WWJD« (»What Would Jesus Do«) spielt und als Hommage an den verstorbenen Bruder von Benny und den Cousin von Westside Gunn und Conway, den Rapper Chine Gun, für »What Would Chine Gun Do« steht. Das Album übersetzt den Griselda-Sound in ein Major-Label-Großereignis. Dabei kann hier von Sell-out höchstens finanziell, nicht aber musikalisch die Rede sein. Vielmehr ist Eminem im ästhetischen und kommerziellen Planspiel der drei Rapper, wenn überhaupt, eine Warhol-ähnliche Figur, die den Griselda-Basquiats kaum mehr als einen weiteren Raum für die Fliehkräfte ihrer Kreativität eröffnet hat. Im Spannungsfeld von expressionistischem Alternative-Sound und kommerziellem Willen zur Macht wird Authentizität immer wieder neu zur Auslegungssache. Und so ist zwar nie ganz klar, ob das, was auf *WWCD* (und überhaupt in der Selbstvermarktung der Künstler) mit großer Avantgarde-Geste daherkommt, wirklich mehr ist als kulturindustriell verzerrter Pop-Ästhetizismus, doch kann man behaupten, dass seit Prince kaum weitere Popkünstler:innen die ästhetizistische Selbstüberbietung so überzeugend verkörpert haben wie die drei Griselda-Rapper. Während ein Hip-Hop-Musiker wie Jay-Z die New Yorker Pace Gallery nicht allein dafür nutzt, die eigene Musik im Beisein von Künstler:innen wie Marina Abramović und Lawrence Weiner als Kunst mit hochkulturellem Anspruch zu vermarkten, sondern sich überdies als Drogendealer mit bürgerlicher Finesse zu stilisieren, ergehen sich Westside Gunn, Conway und Benny vor dem Hintergrund ihrer eingerappten Gangster-Stereotype in einem Camp-artig überfrachteten Neo-Dandyismus, der der Ästhetik des dadaistischen Spiels ebenso verpflichtet ist wie den Gesetzmäßigkeiten eines außer Kontrolle geratenen Kunstmarkts. Nicht zuletzt in dieser Hinsicht hat Basquiat in den Griselda-Künstlern ein angemessenes Hip-Hop-Pendant gefunden.

Zum Weiterhören: Westside Gunn, *Hitler Wears Hermes* (bislang elf Mixtape-Alben, seit 2012); *Pray for Paris* (2020); Conway the Machine, *Reject 2* (2015); Westside Gunn & Conway (als Hall & Nash), *Griselda Ghost* (2015); Benny the Butcher, *Tana Talk 3* (2018)

Tyler, the Creator
Igor (2019)

Columbia / Sony Music

I do not have self-control
I am startin' to wonder
Is this my free will or yours?
»Puppet«

Tyler, the Creator ist einer jener Künstler, die den Zeitgeist sensibel beobachten, während sie sich selbstbewusst darin versuchen, ihn zu gestalten. Wie manch andere im Hip-Hop des noch jungen 21. Jahrhunderts beschwört er das alles bestimmende Diktat seiner Zeit, stets kreativ sein zu *müssen*. Viel wurde seit Beginn der 00er Jahre in den Kulturwissenschaften, der Soziologie und in den Feuilletons über die Macht eines alles beherrschenden »Kreativitätsdispositivs«, die Vielfalt der »Kreativindustrien«, und die Schöpfung einer »kreativen Klasse« geschrieben. Dieser kulturellen Gemengelage entsprang im Jahr 2019 auch *Igor*, das fünfte Studioalbum des aus Kalifornien stammenden Tyler, the Creator (dem Mitbegründer der Gruppe Odd Future, der u.a. auch Earl Sweatshirt und Frank Ocean angehörten). Ein eigenwilliges Schwarz-Weiß-Porträt des Künstlers ziert das ansonsten pinkfarbene Cover des Albums, in Großbuchstaben stehen die unmissverständlichen Worte: »All Songs written, produced, and arranged by Tyler Okonma.« Und dieser Tyler Okonma, das ist klar, ist der Schöpfer – der »Creator«. Dementsprechend ist *Igor* das Produkt eines Hip-Hop, der sich in der Tradition der Neptunes oder Kanye Wests als Do-it-yourself-Kultur versteht und nach Künstler:innen verlangt, die ihr Schaffen irgendwo zwischen nerdigem Garagentüftlertum und romantisch-expressivem Genie verorten. In der Konsequenz dieser kulturellen Logik steht dann auch stets der Musiker, der seine Texte selbst schreibt, seine Beats eigenhändig produziert und die Tracks höchstpersönlich arrangiert, als schöpferisches Subjekt im Zentrum des konzeptuellen Albumkunstwerks. Bei Künstlern wie Anderson .Paak, den Rappern von Griselda Records oder eben Tyler, the Creator geht es vornehmlich ums Basteln und Experimentieren in Perfektion und gerade nicht um das Ausprobieren als Würdigung der kulturhistorisch idealisierten Praxis der Improvisation im Hip-Hop. Das Tüfteln wird zur Kunstform und dient als Distinktionsmerkmal einer Musik, die mit Alben wie *Igor* immer wieder neu nach Wegen sucht, um der hegemonialen Gefälligkeit des gemeinen Pop-Mainstream-

Sounds zu trotzen und ein stetig selbstbewussteres künstlerisches Selbstbild zu kreieren, dessen potentielle Provokation sich nicht als Selbstzweck verliert. In diesem Spiel der Distinktion müssen Alben grundsätzlich Konzeptalben sein, was im Falle von *Igor* bedeutet, dass der selbstreflexive Umgang mit der Kreativität kurzerhand zu einem chaotischen, aber erzählerisch eng vernetzten Spiel mit der Identität wird. So entfalten sich die zwölf Tracks des Albums als ein fiktionales, die Grenzen von Sexualität und Gender destabilisierendes Beziehungsdrama. Musikalisch wie textlich werden mit Pathos und Kitsch, Disharmonien und Brüchen, Verletzlichkeit und grotesker Selbstüberzeichnung die (Un-)Möglichkeiten einer queeren Dreiecksbeziehung ausgelotet, in der die Figur des Igor seinen Freund begehrt, was dessen Partnerin wiederum dazu bewegt, sich gleichermaßen schützend und störend zwischen die beiden zu stellen. Auf der narrativen Mikroebene wird hier also ein denkbar atypisches Thema zum Ausgangspunkt eines Hip-Hop-Albums. Auf der Makroebene werden die kreativen Pionierarbeiten eines RZA, Dr. Dre oder Timbaland zitiert und in immer neue identitätsbrüchige Gefilde befördert, in denen zwischen Schöpfer und Figur, Selbst und Abbild, Liebe und Sex nicht mehr unterschieden werden kann. Und immer wieder geht es *Igor* im Kern um die komplizierte und strapaziöse Beziehung zur eigenen Kunst, in der die (Un-)Möglichkeiten der Kreativität selbst ins Zentrum des kreativen Verständigungsprozesses rücken.

Zum Weiterhören: *Call Me If You Get Lost* (2021)

Run the Jewels

RTJ4 (2020)

Jewel Runners / BMG

> And every day on the evening news, they feed you fear for free
> And you so numb, you watch the cops choke out a man like me
> Until my voice goes from a shriek to whisper, ›I can't breathe‹
>
> *Killer Mike in »Walking in the Snow«*

Benannt nach einem Vers aus LL Cool Js Track »Cheesy Rat Blues« (1990), sind Run the Jewels die antiautoritären Autoritäten im Hip-Hop. Ihr Logo – bestehend aus zur Pistole geformten Fingern und einer geballten Faust, die einander konfrontieren – avancierte zu einer Ikone des Hip-Hop. Mit ihren bislang vier Alben haben sich die Hip-Hop-Urgesteine Killer Mike (der zwischen 2003 und 2012 bereits fünf Soloalben veröffentlichte) und El-P (u. a. Crewmitglied von Company Flow) als Duo tief in die Geschichte des Hip-Hop eingeschrieben. Während ihr Debütalbum *Run the Jewels* (2013) zwar im Vergleich zu vielen anderen Produktionen seiner Zeit bereits außergewöhnlich gut war, wurde es gemeinhin noch als humoristische Spielerei zweier Elder Statesmen rezipiert. Mit den zwei Folgealben aber, die 2014 und 2016 erschienen, etablierten sich Run the Jewels als politische Gruppe, die den Zeitgeist sensibel erspürte, um mit voller Wucht und mithilfe außerordentlicher musikalischer und poetischer

Virtuosität auf ihn zu reagieren. Und damit so viele Hörer:innen wie möglich in den Genuss ihrer Tracks kommen können, veröffentlichen Run the Jewels ihre Alben seit jeher nicht nur in den üblichen Tonträgerformaten, sondern auch in Form vorübergehend kostenloser digitaler Downloads. Mit ihrer Musik, die den Kopf gleichermaßen zum Denken und zum Mitnicken zwingt, machen der aus Atlanta, Georgia, stammende Killer Mike und sein New Yorker Partner El-P, der von Beginn an den Großteil der avantgardistisch synthetischen Electrobeats produziert hat, den Untergrund ebenso glücklich wie den Mainstream. Run the Jewels beglücken die Fans von anspruchsvollem Conscious Rap ebenso wie die bassversessenen Banger, die Beat-Aficionados ebenso wie textorientierte Hörer:innen. Dabei sind sie keine perfekt harmonierende Musikmaschine, sondern ein eigenwilliges und dadurch ungemein kraftvolles Team. Für Killer Mike und El-P war Hip-Hop nie nur poppiges Entertainment. Bereits in ihren Solokarrieren und in El-Ps Zeit mit der Gruppe Company Flow nutzten die beiden ihre Musik für eine auf Beats gelegte Auseinandersetzung mit kapitalistischer Hegemonie, systemischem Rassismus und toxischer Männlichkeit. *RTJ4* ist in dieser Hinsicht das wütendste Album der Gruppe. Wie die Tracks »Walking in the Snow« oder »Ju$t« deutlich machen, entstand das Album vor dem Hintergrund einer nach wie vor aktuellen Debatte über Reparationszahlungen an Schwarze US-Amerikaner:innen, der rassistisch autokratischen Trump-Präsidentschaft und nicht zuletzt der Ermordungen von Ahmaud Arbery, Breonna Taylor und George Floyd (siehe die oben zitierten Verse). Das Album ist eine ausdrucksstarke Reaktion – die nicht zuletzt deshalb so bemerkenswert ist, weil Run the Jewels in der US-amerikanischen Popmusik eine der wenigen kongenialen Zusammenarbeiten eines Schwarzen und eines weißen Musikers ist. Und auf keinem Album zuvor haben Killer Mike und El-P die Themen *race* und *race relations* so sehr in den Mittelpunkt gerückt. Mit punktgenau gesetzten Features von Musiker:innen wie DJ Premier, Gangsta Boo, 2 Chainz und Pharrell Williams wird *RTJ 4* zu einer dringlichen, emotional ungefilterten, aber lyrisch und musikalisch ungemein reflektierten Einmischung in die Reform einer instabilen und immer fragiler werdenden Gesellschaft. Wobei die Zusammenarbeit mit Zack de la Rocha, dem politischen Aktivisten und Gründer der Crossover-Rockband Rage Against the Machine, besonders hervorgehoben werden muss. Nachdem de la Rocha bereits 1998 den fulminanten Track »C.I.A. (Criminals in Action)« mit KRS-One und The Last Emperor für Vol. 1 der *Lyricist-Lounge*-Kompilation beigesteuert hatte und Rage Against the Machine 2007 mit dem Wu-Tang Clan tourten, ist de la Rocha auf mittlerweile drei RTJ-Alben vertreten. Nicht zuletzt im bereits erwähnten Track »Ju$t« mit de la Rocha ist der von den Fans geliebte und für Run the Jewels typische pointierte Battle Rap nicht mehr – wie noch auf den ersten beiden Alben – die Auseinandersetzung mit einem fiktiven Gegenüber im Rap-Game, sondern ein Angriff auf bestehende soziale Systeme der Ungleichheit und institutionalisierten Gewalt. *RTJ 4* ist dementsprechend nicht so sehr der Soundtrack unserer Zeit, sondern ihr aus den dunkelsten Ecken hervordringendes schlechtes Gewissen. Das Album ist in Musik übersetzter ziviler Ungehorsam in der Tradition Martin Luther King

Jr.s und Malcolm X'. In einer einzigartigen Mischung aus einer Sozialanalyse, die an die Speerspitzen der Bürgerrechtsbewegung erinnert, und einer Sozialsatire, die in ihrer Leichtigkeit den *Simpsons* ähnelt, ergehen sich die beiden Rapper in einer Kulturkritik, die immer auch Selbstkritik ist. Run the Jewels stehen nicht über den Dingen, sondern mischen sich ein, als wäre politisches Engagement der Sprung in einen Moshpit. In der Tradition von Mos Defs und Talib Kwelis *Black Star* (1998) und Madlibs und MF Dooms *Madvillainy* (2004) haben Run the Jewels aus Überzeugung den Raum besetzt, den u. a. diese beiden Alben geöffnet haben, und sich als Hip-Hop-Act etabliert, der polarisiert, ohne sich innerhalb der Kultur Feinde zu machen. So geht Politik im Pop.

Zum Weiterhören: *Run the Jewels* (2013); *Run the Jewels 2* (2014); *Run the Jewels 3* (2016); Company Flow, *Funcrusher Plus* (1997); Killer Mike, *I Pledge Allegiance to the Grind* (2006); *R.A.P. Music* (2012); El-P, *Cancer 4 Cure* (2012)

Audio88 & Yassin

Todesliste (2021)

Normale Musik

> Fick das braune Pack und ihre Politik!
> Überraschung, wir hab'n auch 'ne Liste und ihr habt euch hochgefickt
> *Yassin in »Plus 1«*

Das selbsternannte »schlechte Gewissen« des deutschen Hip-Hop legte mit *Todesliste* ein Album vor, das wahrlich den Zeitgeist traf – und zwar mit Wurfsternen, Handgranaten und Schnellfeuerwaffen. Hier wird abgerechnet. Und nicht nur der deutsche Hip-Hop, sondern ganz Deutschland bekommt vor dem Hintergrund eines wiedererstarkenden Rechtsextremismus, turbokapitalistischer Ausbeutung und eines nicht enden wollenden Sexismus die verdiente Quittung. Bedroht, beleidigt und bepisst werden Dieter Nuhr, Alice Weidel, die AfD und die Stadt Cottbus – und das sind nur die beim Namen Genannten. In jedem Track werden die Hörer:innen dazu verdonnert, schaummündig mitzufluchen, mitzupöbeln und im besten Falle auch mitzudenken. Im Vergleich zu ihren mittlerweile legendären Independent-Veröffentlichungen aus der *Herrengedecke*-Ära (2009/10), die noch mit bewusst sperrigem, oftmals reimfreiem Flow, mit jazzig-minimalistisch dahinkreisenden und dann wieder übersteuert schmetternden Lo-Fi-Beats daherkamen und so ein besonders Hip-Hop-affines Publikum mit Sinn für ungeschminkten Sarkasmus ansprachen, ist *Todesliste* aufgrund seiner eingängigen und teilweise gar gesungenen Hooks und seiner qualitativ hochwertigen, aber unkomplizierten Produktionen (hie ein paar Trap-Beats, da ein paar Autotune-Spielereien) zumindest musikalisch ein Album mit Mainstream-Format. Aber eines, das den Mainstream hasst; ein poppig wirkendes Album, dem man nie ins Gesicht sagen würde, dass es poppig sein könnte. Insgesamt hat das Album, das bei Audio88 und Yassins eigenem Label Normale Musik erschien, einen Sound, dessen Pathos bisweilen an die Eminem-Alben der mittleren Schaffensphase erinnert, der aber nicht auf die Nerven geht. Es ist das Album zweier Musiker, die ihren Sound gefunden haben und bereit sind, den deutschsprachigen Hip-Hop auch jenseits der Alternative- und Independent-Szene aufzurütteln. *Todesliste* ist Conscious Rap, der Bewusstsein schafft, während er bewusstlos schlägt. Wobei die beiden Rapper nicht der Frage nachgehen, *was* Satire darf, sondern darauf bestehen, dass gute Satire *alles* darf. Soll der Zeitgeist doch sehen, wie er damit umgeht. Audio88 kann ihn eh nicht leiden, wie er uns süffisant in »Schlechtes Gewissen« mitteilt.

Zum Weiterhören: *Normaler Samt* (2015); *Halleluja* (EP, 2016); *Die Herrengedecke* (2017)

Lil Nas X

Montero (2021)

Columbia

I wanna sell what you're buying
I wanna feel on your ass in Hawaii
I want that jetlag from fucking and flying
»Montero (Call Me By Your Name)«

Mit seinem offen und kompromisslos für eine Akzeptanz alles Queeren, Homosexuellen und Non-Binären streitenden Debütalbum *Montero* hat Lil Nas X 2021 einen Beitrag zu einer Kulturgeschichte beigesteuert, der in den vorherigen Jahrzehnten ebenso kompromisslos verhindert worden wäre. Denn es dürfte unbestritten sein, dass der Hip-Hop seit seinen ersten Gehversuchen eine in weiten Teilen patriarchale, homofeindliche, misogyne, sexistische und wertkonservative Populärkultur ist, die zwar modisch, sprachlich und stilistisch im eigentlichen und im übertragenen Sinne bunt und vielfältig, doch mit Blick auf alternative Gender- und Sexualitätsidentitäten, wenn überhaupt, von Grautönen, in aller Regel aber von einem exkludierenden Schwarz-Weiß-Denken geprägt ist. Hörer:innen werden bis heute in unzähligen Tracks mit Idealisierungen heteronormativer Rollenbilder, übersteigerten Vorstellungen von männlicher Potenz und weiblicher Promiskuität und der Herabwürdigung von männlichen Konkurrenten als homosexuell und dementsprechend »soft« konfrontiert. Künstler:innen wie Queen Latifah, Salt-N-Pepa, Missy Elliott, Lizzo oder auch Frank Ocean räumen zwar nach wie vor mit aller Kraft und den ihnen eigenen Mitteln mit Klischees, Zuschreibungen und Abwertungen auf, um ein progressiveres und transgressiveres Bild von Frauen und queeren Menschen im Hip-Hop zu etablieren, doch beharrt eine Vielzahl der sich männlich identifizierenden Hip-Hop-Künstler weiterhin auf der Selbststilisierung als heterosexuellem und dementsprechend »wahrem« Mann, dem es obliegt, alles »Unmännliche« abzuwerten.

Mit der Veröffentlichung von Lil Nas X' *Montero* hat der geradezu ironische Streit um die Sichtbarkeit von Marginalisierten in einer in seinen Ursprüngen wesentlich auf den Kampf gegen Marginalisierung ausgerichteten Kultur und Musik aber einen seiner bislang schillerndsten Momente erlebt. Der mit hohen Klickzahlen und positiven Rezensionen untermauerte Erfolg des Albums legt die Vermutung nahe, dass der Hip-Hop nicht nur bereit war für einen Künstler wie Lil Nas X, sondern weite Teile der Hörer:innenschaft sehnsüchtig auf ihn gewartet haben. Mit lässig dahinrollenden Rhythmen und Melodien und schnell gesetzten, trapartigen Hi-Hat-Beats, wie z. B. in »Dead Right Now«, oder mit schwungvollen Gitarrenklängen, wie in »That's What I Want«, mutet sich Lil Nas X zwar nicht unbedingt ästhetisch, dafür aber politisch viel zu. Denn während die von Eminem und Elton John schmalzig inszenierte »Stan«-Performance bei der Grammy-Verleihung im Jahr 2001 noch als Schockwellen produzierender Coup gefeiert wurde, weil einer der in seinen Texten homofeindlichsten Rapper und eine offen homosexuell lebende Popikone geradezu liebevoll die Bühne miteinander teilten, lockt die Zusammenarbeit mit Elton John auf Lil Nas X' Track »One of Me« niemanden mehr hinter dem Ofen hervor. Zu divers ist die Popwelt mittlerweile. Und doch besetzt Lil Nas X' Pop-Rap eine ungemein wichtige Position im Hip-Hop, denn hier offenbart ein Künstler die offenen Flanken des Genres und macht dessen Konservativismus von innen heraus angreifbar, aber eben auch reformierbar. Konsequenterweise ist das Album dann auch benannt nach dem Vornamen jener Person, die sich hinter der Persona Lil Nas X verbirgt. Diese autobiographische Selbstbehauptung ist entscheidend dafür, dass Lil Nas X' Musik nicht als reine Diversitätsinszenierung oder schlicht als neue camp-ästhetische Volte missverstanden werden kann. Vielmehr ist *Montero* der in Hip-Hop übersetzte Ausdruck eines höchst persönlichen Anliegens, aber auch eines größeren sozialen, kulturellen und politischen Kampfes um Sichtbarkeit und Anerkennung. Hier singt einer, den die eigene Musik im besonderen Sinne angeht. Es wurde Zeit, dass der Hip-Hop lernt, auch mit dieser Kritik an den von ihm selbst vorangetriebenen gesellschaftlichen Missständen umzugehen.

Zum Weiterhören: 7 (2019)

Roc Marciano
Marciology (2024)

Pimpire / Marci Enterprises

This rap shit is fun, it's passive income
»Tapeworm«

Roc Marciano ist seit der Veröffentlichung seines Debütalbums *Marcberg* (2010) nicht wegzudenken aus dem US-amerikanischen Hip-Hop-Untergrund. In der Musik des New Yorkers verbindet sich zu vieles, was guten Hip-Hop ausmacht: minimalistische, aber durchaus komplexe Beatproduktionen; originelle Samples; eine Stimme mit hohem Wiedererkennungswert; pointierte, aber nicht hermetische Texte; und vor allen Dingen der Mut, immer wieder Neues auszuprobieren. In *Marciology*, seinem neunten Studioalbum, bringt der mittlerweile etablierte Roc Marciano all diese Elemente nuanciert zusammen und legt damit ein Album vor, das den avantgardistischen Untergrund authentisch an die Hörgewohnheiten des Mainstreams heranführt, ohne sich dabei ästhetisch unglaubwürdig zu machen. In einem Musikgenre, das seit seinen Anfängen von der Kraft der Kollaboration lebt – ob nun im Zusammenspiel von DJ und MC, im Sampling oder in der Einbindung von Feature-Parts –, sticht Roc Marcianos Bereitschaft zur kreativen Zusammenarbeit heraus. Er ist ein Musiker, der die Wirkung der eigenen Musik dadurch steigert, dass er auf allen Ebenen in einen Dialog tritt, sich aber stets zu behaupten weiß. Dabei muss insbesondere die künstlerische Zusammenarbeit mit dem befreundeten und im Herbst

2024 verstorbenen New Yorker Underground-Rapper Ka hervorgehoben werden. Kas unvergleichliche Poesie und Roc Marcianos prollige Schnoddrigkeit, mit der er immer wieder das *Sprechen* im Sprechgesang betont, haben den New Yorker Untergrund zu einem Tempel für Fans eines unverhohlen authentischen Hip-Hop gemacht. Und auch auf *Marciology* wartet Roc Marciano mit allerlei Underground-Schwergewichten auf: ob nun mit Produktionen von Alchemist oder Feature-Parts von Crimeapple und Flee Lord. Und so eigenwillig eigenbrötlerisch ein Track wie der das Album eröffnende »Marciology« mit seiner minimalistischen Klangwelt und den fast schon gegen die Melodie gerappten Parts auch wirken mag, Roc Marciano ist immer im Gespräch – mit der Tradition, seinen Kolleg:innen und all den zu empfehlenden Alben, die er vor *Marciology* veröffentlichte.

Zum Weiterhören: *Marcberg* (2010); *Rosebudd's Revenge* (2017); *KAOS* (mit DJ Muggs, 2018)

Über die Auswahl

Entgegen allzu romantisierten Vorstellungen von der Hip-Hop-Kultur als Ausdruck inklusiver Kameradschaftlichkeit und formal-ästhetischer Homogenität – ich denke hier an die etablierte Erzählung von Hip-Hop als *Four-Elements*-Kultur, die ihre Kraft in einem harmonischen Ausgleich aus Rap, DJing, Breakdance und Graffiti entwickelt –, erzählt dieses Buch die Geschichte des Hip-Hop als Musikgeschichte und im Spannungsfeld seiner heterogenen kulturellen Selbstreferenzialität. Hip-Hop wird hier in erster Linie als eine Praxis selbstbezüglicher kultureller Kommunikation verstanden, die sich schon seit Jahrzehnten und vornehmlich in der gegenseitigen Bezugnahme bzw. ausgestellten Unterscheidung seiner wichtigen Alben entwickelt. Man könnte sagen, Hip-Hop ist derart selbstbezüglich, dass er seine Geschichte im Grunde immer schon selbst erzählt: Jedes Album behauptet im Hin und Her seiner eigenen musikhistorischen Verortung seine Stellung im Kampf um die kulturelle Deutungshoheit. In keinem anderen Genre der Popmusik werden in Text und Musik derart häufig und ausdrücklich die eigenen Traditionslinien angesprochen und vorgeführt, werden andere Musiker:innen gewürdigt oder diskreditiert und der Zeitgeist derart kompromisslos referiert, kommentiert und dadurch mitgestaltet. Mithilfe verschiedener Techniken und Praktiken wie dem Sampling, den teilweise Genregrenzen sprengenden Gastauftritten anderer Musiker:innen oder dem direkten und indirekten Zitieren der kulturellen Umwelt leuchten Hip-Hop-Musiker:innen den Grenzbereich zwischen

Autonomie, Aneignung, Gemeinschaft und kreativer Überbietung aus und übersetzen ihn in wieder neue Produktionen. Dabei zieht Hip-Hop seine kreative Energie gerade daraus, die eigene Selbstbezüglichkeit nicht harmonisch, sondern im Sinne seiner kulturellen Entwicklung und Selbstbehauptung in Auseinandersetzung mit einem Gegenüber auszuleben. Er polarisiert dementsprechend gerne und effektvoll: Gut gegen Böse, Kunst gegen Kommerz, Osten gegen Westen, Hamburg gegen Berlin. Und darin ist dieses Genre der Popmusik gerade nicht in den von ihm selbst beförderten Dichotomien gelähmt, sondern zwingt sich immer wieder zu lyrischen und musikalischen Neubestimmungen. Insofern gibt es kaum eine weitere Popmusik, in der Musiker:innen ein so dringendes Bedürfnis zu verspüren scheinen, die kulturelle Bedeutung und das ästhetische Spiel der eigenen Musik ständig im Gespräch miteinander zu redefinieren und diese Neudefinitionen performativ und kompetitiv auszustellen. Was nicht heißen soll, dass nicht auch Rock 'n' Roll, Punk oder Schlagermusik von selbstreflexiven Entwicklungsprozessen geprägt sind. Im Grunde ist popkulturelle Kommunikation überhaupt, ob nun im Film, im Fernsehen oder in der Musik, systemisch wesentlich selbstreflexiv und selbstreferentiell. Hip-Hop aber macht diese Selbstbezüglichkeit offensichtlicher als andere Pop-Praktiken zu einem entscheidenden und immer schon sichtbaren und in seinen Texten nachvollziehbaren Teil seiner formalen Expressivität: Die Anzahl der Tracks, in denen die Formel »Hip-Hop ist …« aufgerufen wird, und der Alben, in denen sich künstlerische Zusammenarbeiten in nicht enden wollenden Disputen über die eigene Kultur verlieren, ist nicht mehr zu überschauen und dementsprechend stil- und kulturprägend. Immer wieder geht es um Selbstbehauptung und darum, Recht zu haben. Es geht um Eingrenzung und Abgrenzung, um Selbstverständnis und Fremdbestimmung. Und es geht um die Frage nach Authentizität und ironischer Distanz und die Diskrepanz zwischen individueller Selbstermächtigung und künstlerischer Selbstentgrenzung, was sich besonders eindrücklich in der Spannung zwischen autobiographisch verbürgtem Selbst und der strategischen Inszenierung selbstgeschaffener Personae zeigt. Insofern hebt dieses Buch 111 Alben hervor, entlang deren sich die Geschichte des Hip-Hop besonders eindrucksvoll als die Geschichte einer kulturellen Kommunikation mit besonderem gesellschaftlichem Einfluss und Sendungsbewusstsein verstehen lässt.

Dabei ist die den Hip-Hop charakterisierende Selbstbezüglichkeit Fluch und Segen zugleich: Denn zum einen führt zwar die binnenkulturelle Infragestellung des Anderen und des eigenen Selbst zu immer neuen Möglichkeiten der Neuerfindung, z. B. in der Camp-artigen Überspitzung der künstlerischen Persona oder der aktiv inkludierenden Aneignung transidentischer Positionen. Zum anderen aber bedeutet der bisweilen schon pathologisch anmutende Hang zum Selbstbezug immer auch den möglichen Regress in narzisstisch motivierte Grabenkämpfe und die Kultivierung von Misogynie, Rassismus, Sexismus, Homofeindlichkeit und zahlreichen weiteren Formen der Schmähung und Verunglimpfung von im heteronormativen Mainstream abweichenden Identitätsentwürfen. Dieses Spannungsverhältnis prägt nicht nur das Werk einzelner Musiker:innen (wobei in dieser Kritik der Fokus vornehmlich auf die sich männlich identifizierenden Musiker gelegt werden muss), sondern die Geschichte dieser Musik im Ganzen. Insofern nimmt dieses Buch den Anspruch des Hip-Hop an die kreative Kraft der eigenen Selbstreferentialität gerade darin ernst, dass die besprochenen Alben gleichermaßen ins Verhältnis zu der sie umgebenden historischen soziokulturellen Wirklichkeit und ins Gespräch mit vor und nach ihnen erschienenen Alben gesetzt werden. Die Auswahl der 111 Alben ist der beschränkten Anzahl entsprechend freilich mit Auslassungen verbunden. So sind die Leser:innen ermuntert, die Liste zu ergänzen. Denn selbstverständlich dürfen die Fragen in den Raum gestellt werden, warum keine Alben des Labels No Limit, aber mehrere von Rawkus Records aufgenommen wurden; warum unbedingt das vierte und nicht das zweite Album von Run the Jewels besprochen wird und warum Blumentopf kritischer beäugt werden als die Stieber Twins.

Die Auswahl legt den Fokus auf die USA und Deutschland, was zweierlei Gründe hat: Auf der einen Seite muss den USA als Ursprungsland der Hip-Hop-Musik im Kontext einer kulturhistorischen Erzählung ein besonderer Stellenwert beigemessen werden, auf der anderen Seite trägt die große Anzahl deutschsprachiger Alben, die oftmals Biographien geprägt haben, den Hörerfahrungen der Leser:innen Rechnung. Darüber hinaus, und dies hängt sowohl mit der popkulturellen Relevanz der Musik als auch mit den Sprachkenntnissen des Autors zusammen, werden ausgewählte, für die Internationalisierung des Hip-Hop prägende Alben aus Großbritannien und Frankreich einbezogen. Grundsätzlich erschien es bei der Auswahl aller Alben sinnvoll, sich an etablierte Kanons zu halten und ausgehend von diesen – und insbesondere mit Blick auf Veröffentlichungen aus den vergangenen Jahren – Mutmaßungen darüber anzustellen, welche Alben die Geschichte des Hip-Hop in zukünftigen Kulturgeschichtserzählungen und Bestenlisten prägen werden. Sogenannte *Instant Classics* wie Haftbefehls *Russisch Roulette* (2014) oder Kendrick Lamars *To Pimp a Butterfly* (2015) werden dabei ebenso berücksichtigt wie avantgardistische Form- und Sprachspiele wie Kae Tempests *Let Them Eat Chaos* (2016). Und weil die Erzählung dieser Geschichte so dynamisch ist wie die Entwicklungen im Hip-Hop selbst, wird die überarbeitete Auflage des Buches um zwei neue Alben ergänzt: Lil Nas X' *Montero* (2021) und Roc Marcianos *Marciology* (2024). Um dabei dennoch bei 111 Alben zu bleiben, finden die Alben der deutschsprachigen Rapper Casper und der 187 Strassenbande keine Berücksichtigung mehr.

Nicht allzu entscheidend für die Auswahl der Alben, wohl aber für die Art und Weise der jeweiligen Besprechungen, ist die Perspektive des Autors. Dabei spielt die kulturwissenschaftliche Ausbildung zum Amerikanisten eine ebenso große Rolle in der Erzählung dieser Kulturgeschichte wie die eigentliche und unhintergehbare Subjektposition eines in den 80er Jahren in West-Berlin aufgewachsenen weißen Mittelschichtsmannes. Denn wenngleich die Autor:innenperspektive bei der Erstellung und Rechtfertigung eines kulturellen Kanons immer von besonderer Bedeutung ist und sensibel reflektiert werden muss, gilt dies umso mehr in der kritischen Diskussion einer traditionell Schwarzen (und lateinamerikanischen) Kulturpraxis, die sich im Laufe der vergangenen Jahrzehnte von einer subkulturellen Widerstandsästhetik hin zu einer transnational wirkenden Universalästhetik entwickelt hat. Dieses Buch ist insofern Ausdruck eines auktorialen Selbstverständnisses, dessen Typus zwar nicht die kreative Praxis des Hip-Hop geprägt hat, der wohl aber stellvertretend für das Stereotyp seines klassischen Publikums – der weißen Mittelschichtsjugend diesseits und jenseits des Atlantiks – einstehen kann. Auch dieses Spannungsverhältnis will das Buch in seiner Erzählung zur Geltung bringen.

Hip-Hop wird in den 111 Besprechungen gleichermaßen in seiner poetischen und seiner soziokulturellen Dimension ernst genommen, und der Fokus wird auf die Form des Albums als Träger mehr oder weniger durchkonzipierter Erzählungen innerhalb des größeren kulturgeschichtlichen Narrativs gelegt, so dass auf die Diskussion einzelner Tracks, Filmsoundtracks oder Kompilationen verzichtet wird. Obwohl wir uns mittlerweile in einer Zeit von zumeist disparat erscheinenden Streaming-Playlists und YouTube-Autoplayschleifen befinden, wird also das Album, auch mit Blick auf die wiedererstarkte Produktion von Vinylplatten, als dominante, weil einen bestimmten schöpferischen Kontext unmittelbar bündelnde Form der Musikdistribution im Hip-Hop vorgestellt.

Dabei war das Album in den frühesten Jahren der Hip-Hop-Geschichte, in den späten 70er und frühen 80er Jahren, eine eher unbedeutende Form für die Kommunikation der Kultur. Seine Vorbilder fand der Hip-Hop u. a. in der live vorgetragenen Widerstandspoesie der Last Poets – einer Gruppe von *Black-nationalist*-Musiker:innen und -Schriftsteller:innen, die sich aus der Bürgerrechtsbewegung formierte. Auch in der Spoken-Word-Protestmusik eines Gil Scott-Heron fand der Hip-Hop einen Vorgänger.

Die Musik konzentrierte sich zunächst auf das unmittelbar in der Gemeinschaft (ob nun an der Straßenecke, im Park oder im Club) gesprochene Wort, das vornehmlich aus kurzen Grußworten (sogenannten *Shoutouts*) und rhythmisierten, pointiert identitätsstiftenden Ausrufen wie »I am somebody!« oder »I'm Black and I'm proud!« bestand. Darüber hinaus hat der Mangel an frühen Alben natürlich auch einen sozialpolitischen Grund, gegen den in der Folge massiv und auch innerhalb der Musik selbst angegangen wurde: die zumeist Schwarzen Musiker:innen bekamen schlichtweg keine Plattenverträge. Stattdessen konzentrierten sie sich notgedrungen auf den Live-Auftritt und die wachsende Popularisierung als MC, DJ oder sampelnd improvisierende:r Produzent:in innerhalb der eigenen Community. Das hat natürlich Konsequenzen für die Kanonisierung, denn da sie nie Soloalben veröffentlichten, werden Hip-Hop-Pioniere wie Kool Herc (der Erfinder des Breakbeat) oder Jazzy Jay beispielsweise nur in den Geschichten anderer erwähnt.

Die Institutionalisierung des Hip-Hop-Albums beginnt schließlich mit dem u. a. von Sylvia und Joe Robinson gegründeten Label Sugar Hill Records im Jahr 1979. Im Stile Motowns hatten nun auch im noch jungen Hip-Hop Schwarze Produzent:innen die Möglichkeit, Schwarzen Musiker:innen in einer hegemonial weißen Plattenindustrie eine berufliche Zukunft zu ermöglichen. 1980 und 1982 erschienen die Debütalben von The Sugarhill Gang und Grandmaster Flash & The Furious Five: Die in Alben erzählte Geschichte des Hip-Hop begann. Sie beschleunigte sich in voller Konsequenz mit den ersten Veröffentlichungen von Musiker:innen wie Run-D.M.C., MC Lyte und den

Beastie Boys Mitte der 80er Jahre. Seit dieser Zeit folgen Hip-Hop-Alben häufig bestimmten erzählerischen und/oder konzeptionellen Choreographien, die nicht nur der Tradition des mündlichen Erzählens (des insbesondere für die afroamerikanische Kultur prägenden *oral storytelling*) verpflichtet sind, sondern entlang deren die Alben strukturell und ästhetisch ein Spektrum bedienen, innerhalb dessen sie zwischen Spielweisen romanhaften und fast schon filmischen Erzählens und dem Objektstatus entgrenzter Kunst lustwandeln. Trotz individueller Unterschiede stoßen Hörer:innen dabei meist auf bekannte Abläufe, in denen ein Intro das Geschehen eröffnet, in denen sogenannte Skits mithilfe von zeitgeschichtlichen Zitaten und Soundeffekten die einzelnen Episoden wie in einem Hörspiel verbinden und in denen ab und an ein Outro das Geschehen abrundet. Es ist vor diesem Hintergrund also gerade die in Albumform überführte kulturelle Kommunikation, entlang deren sich die Geschichte des Hip-Hop besonders eindrucksvoll erzählen lässt.

Dieses Buch hätte in dieser Form nicht ohne die Hilfe und Unterstützung anderer entstehen können, so dass ich mich zunächst beim Team des Reclam Verlags für die Zusammenarbeit bedanken möchte. Außerdem danke ich all meinen Kolleg:innen, Verwandten und Freund:innen, allen voran Till Schmidt, die in den vergangenen Jahren und Jahrzehnten mit mir Musik hörten, Konzerte besuchten, über Alben diskutierten und in Erinnerungen schwelgten.

Verzeichnis der Alben nach dem Erscheinungsjahr

Verzeichnis der Alben nach dem Namen der Künstler:innen und Gruppen

Verzeichnis der Alben nach dem Albumtitel

Literaturhinweise

Weiterführende Literatur

Bradley, Adam: Book of Rhymes. The Poetics of Hip Hop. New York: Basic Civitas, ²2017.

Coleman, Brian: Check the Technique. Liner Notes for Hip-Hop Junkies. New York: Villard, 2007.

DJ Semtex: Hip Hop Raised Me. Mit einem Vorw. von Chuck D. London: Thames & Hudson, 2018. [Dt. Ausgabe übers. von Susen Truffel-Reiff. Oetwil a. S. / Zürich: Edition Olms, 2018.]

Dyson, Michael Eric: Know What I Mean? Reflections on Hip-Hop. Mit einem Vorw. von Jay-Z und einem Nachw. von Nas. New York: Basic Civitas, 2007.

Klein, Gabriele / Friedrich, Malte: Is this real? Die Kultur des HipHop. Frankfurt a. M.: Suhrkamp, ⁴2011.

Perry, Imani: Prophets of the Hood. Politics and Poetics in Hip Hop. Durham (NC): Duke University Press, 2004.

Rose, Tricia: Black Noise. Rap Music and Black Culture in Contemporary America. Middletown (CT): Wesleyan University Press, 1994.

Serrano, Shea: The Rap Year Book. The Most Important Rap Song from Every Year since 1979, Discussed, Debated, and Deconstructed. New York: Abrams Image, 2015.

Wehn, Jan / Bortot, Davide: Könnt ihr uns hören? Eine Oral History des deutschen Rap. Berlin: Ullstein, ²2019.

Für Reportagen und Rezensionen der Zeit empfehlen sich u. a. die Archive der Zeitschriften *Juice*, *Backspin*, *The Source* und *Rolling Stone*.

Filme und Serien

Dave Chappelle's Block Party. R: Michel Gondry. 2005. (Film.)

Hip-Hop Evolution. R: Darby Wheeler, Sam Dunn und Scot McFadyen. HBO/Netflix [u. a.], seit 2016. (Serie mit mehreren Staffeln.)

The Defiant Ones. R: Allen Hughes. HBO [u. a.], 2017. (Miniserie.)

Kleines Glossar

Alternative/Independent/Underground Rap Eine treffende Definition liefert der Rapper Talib Kweli in der Netflix-Serie *Hip-Hop Evolution*: »Underground is an aesthetic.« Ob ein Album ›Underground‹ bzw. ›Independent‹ oder ›Alternative‹ ist, lasse sich dementsprechend nicht einfach an der gewählten Thematik, dem Rap-Stil, den Beats oder den Verkaufszahlen ablesen. Vielmehr bemisst sich diese Kategorisierung zum einen an seinen Produktions- und Rezeptionsbedingungen und zum anderen an seinem ideologischen Unterbau und seinem ästhetisch-formalen Überbau. Der Alternative/Independent/Underground Rap (eine Dreiheit, die durchaus noch binnendifferenziert werden kann) ist zumeist Ausdruck einer kommerzkritischen Distinktion vom sogenannten Mainstream und von jenen Alben, die von Majorlabels produziert und vertrieben werden. In dieser Rap-Form drückt sich ein alternatives kulturelles Selbstverständnis aus. Nicht selten fungiert der Underground als Avantgarde, die den Takt vorgibt und ihm gleichzeitig auf der Nase herumtanzt. Zu denken sei hier an Labels wie Royal Bunker, Rawkus oder Stones Throw, ebenso an Acts wie MF Doom, M.O.R. oder Company Flow.

Backpack Rapper beschreibt radikal antikommerzielle Independent- bzw. Alternative-Musiker:innen, denen unterstellt wird, sie würden stets mit vollgepackten Rucksäcken zu den Konzerten und Jams kommen und dort ihre selbstproduzierten Alben unters Publikum bringen. Backpack Rap ist eine grundsätzlich romantisierende Auslegung der Hip-Hop-Kultur und ihrer ursprünglich proklamierten *Realness*.

Battle Rap untersteht vollends einer Überbietungslogik, innerhalb deren es darum geht, tatsächliche oder fiktive Kontrahent:innen mit einer möglichst großen Anzahl origineller, aber meist disparat aneinandergereihter Pointen (Punchlines) rhetorisch zu demütigen. Aufgrund seines primären Interesses an unmittelbarem Effekt mangelt es dem Battle Rap (im Vergleich zum →Conscious Rap, →Gangsta

Rap oder → Straßenrap) häufig an inhaltlicher Erzähltiefe und einem komplexen Konzept. Dafür sticht er nicht selten mit homofeindlichen, sexistischen und misogynen Anfeindungen hervor. Battle Rap interessiert sich auch kaum für eine geschlossene Albumstruktur. Besonders effektvoll ist er im Live-Auftritt, insbesondere im sogenannten Battle zwischen zwei oder mehr Musiker:innen auf derselben Bühne. Ein gutes Beispiel findet sich im finalen Showdown des Films *8 Mile* (2002, Regie: Curtis Hanson).

Boom Bap Die onomatopoetische Beschreibung eines klaren und simplen, von einigen Produzent:innen aber virtuos in Szene gesetzten Zusammenspiels einer eindringlich wummernden Bass Drum und einer schlagartig scheppernden Snare. Berühmt für ihren Boom-Bap-Sound sind u. a. Run-D.M.C., Mobb Deep und DJ Premier.

Conscious Rap will mit einem weltverbessernden Ansatz und mit besonders philosophisch, politisch, theologisch und spirituell anmutenden Texten und eher ruhigen, tiefenentspannten Beats zum Denken und so das ›Bewusstsein‹ anregen. Musiker wie Common, Talib Kweli oder Mos Def in den USA oder Freundeskreis in Deutschland sind bedeutsame Vertreter dieses Genres.

Dirty South (Down South) beschreibt den von schwüler Luft, hohen Temperaturen und dem Geruch von frittiertem Huhn geprägten Süden der USA und steht, man denke an Acts wie Outkast, Geto Boys oder Killer Mike, gleichbedeutend für die soulige und Synthielastige Musikästhetik des dort entspringenden Hip-Hop ein. Der Begriff »Dirty South« entstammt dem gleichnamigen Track der aus Atlanta, Georgia, stammenden Gruppe Goodie Mob.

DJ → MC/DJ

East/West Coast »JFK 2 LAX« heißt ein Track auf Gang Starrs *Moment of Truth* (1998), in dem es um die für Hip-Hopper:innen ideologisch brisante Reise von New York nach Los Angeles, von der Ostküste an die Westküste, geht. Welcher Musik fühlt man sich näher?

Dem harten, eindringlichen → Boom Bap oder dem geschmeidigen, dahingroovenden → G-Funk? An den Küsten der USA hatten sich bereits in der 80er Jahren charakteristische Hip-Hop-Stile entwickelt, die nicht nur auf dem Plattenmarkt um die Gunst der Hörer:innen konkurrierten, sondern in den 90er Jahren im → Gangsta-Rap-Konflikt zwischen Death Row und Bad Boy Records, zwischen Snoop Doggy Dogg und Mobb Deep und nicht zuletzt im tödlich endenden Drama um 2Pac und The Notorious B.I.G. auch rhetorisch und physisch eskalierten. Im Hip-Hop des 21. Jahrhunderts spielt die Gegenüberstellung der Küsten hingegen kaum mehr eine Rolle.

Gangsta Rap Die Musik basiert auf den Erfahrungen der Rapper:innen als Emporkömmlinge der Straße und den damit zusammenhängenden Verbindungen ins kriminelle Milieu, insbesondere in Form von Gangmitgliedschaft und/oder Drogenhandel. Die Beats sind oftmals so kompromisslos wie die Texte. Viele Tracks verherrlichen das Leben als Gangster:in, ab und an versuchen sie aber, den emotionalen, psychologischen und soziodynamischen Konsequenzen einer Existenz als kriminellem Outsider-Subjekt nachzuspüren, um die besungene Subjektposition hinter sich lassen zu können. In aller Regel weiß der Gangsta Rap aber die Musik dafür zu nutzen, mit außerordentlicher Kaltschnäuzigkeit und Skrupellosigkeit die körperliche in rhetorische Gewalt zu übersetzen. Die Gruppe ist dann häufig nicht die gute alte Crew, sondern die territorial agierende Gang, die nicht mehr (nur) verlangt, dass einem besonderen Rap-Talent gehuldigt wird, sondern dass sich einer kompromisslosen Autorität unterworfen wird. Mit seiner Ästhetik des Schreckens ist der Gangsta Rap, man denke an N.W.A oder Haftbefehl, immer auch eine Spielart des Hip-Hop, mithilfe derer soziale, politische und ökonomische Missstände einer Gesellschaft offengelegt werden.

G-Funk ist eine größtenteils auf synthetisierten, takt- und tempomodulierten Variationen traditioneller Funk-Harmonien basierende Variante des → Gangsta Rap, die im Wesentlichen den frühen Produktionen Dr. Dres zugeschrieben wird. Nach dessen *The Chronic* (1992) und Snoop Doggy Doggs *Doggystyle* (1993) machte insbesondere der

Sänger-Rapper Warren G mit seinem Album *Regulate... G Funk Era* (1994) und nicht zuletzt mit der Hit-Single »Regulate« den kalifornischen Gangsta Funk zu einem internationalen Exportschlager.

Golden Age of Hip-Hop umfasst den Zeitraum von Mitte der 80er bis Anfang der 90er Jahre, in dem Musiker:innen wie EPMD, Big Daddy Kane, MC Lyte, Eric B. & Rakim, Ice-T oder De La Soul die musikalischen, geschäftlichen und kulturellen Geschicke des Hip-Hop lenkten und Alben veröffentlichten, die als *Instant Classics* die Entwicklung der Musik unmittelbar beeinflussten und noch bis heute prägen.

Grime bezeichnet eine aus der elektronischen Musik (u. a. aus dem Jungle und Two Step) stammende Beat-Ästhetik, die ihren Weg auch in den Hip-Hop gefunden hat, mit ihren 130–140 bpm (*beats per minute*) aber in aller Regel deutlich rasanter ist als herkömmliche Hip-Hop-Tracks mit ihren im Schnitt 80–90 bpm. Grime ist gekennzeichnet von einem düsteren, mürrischen und aggressiven Sound, der häufig von derart gefärbten Texten bestätigt wird. Aufgrund seiner Pionierarbeit bezeichnet sich der britische Hip-Hop-Musiker Wiley selbst als »Godfather of Grime«.

Hardcore/Horrorcore Rap Harte Beats, harter Rap-Stil und harte Texte über noch härtere Erfahrungswelten. Ein Paradigma ist Mobb Deeps *The Infamous* (1995). Härter und abgründiger wird es nur noch im Horrorcore Rap z. B. von den Geto Boys.

Independent Rap → Alternative/Independent/Underground Rap

Loop Eine in der immer selben Schleife wiederholte Sequenz. Das Looping ist eine im Hip-Hop häufig mit dem Drehen einer Vinylplatte auf dem Plattenspieler korrespondierende Technik der Beatproduktion.

MC/DJ *Master of Ceremony* (also Rapper:in, auch »Emcee« geschrieben) und Discjockey bilden die Basiseinheit des Hip-Hop, man denke an das kongeniale Duo Eric B. & Rakim.

Sampling Die Verwendung von Beats, Harmonien, einzelnen Tonspuren oder Gesangsmitschnitten bereits existierender Tracks (aus diversen Genres) für die Gestaltung neuer Beats und Effekte. Das kann so offensichtlich sein wie im Falle von Eminems »My Name Is« (1999), für das Dr. Dre das Gitarren- und Bassriff aus Labi Siffres »I Got the…« (1975) nutzte, oder so subtil wie RZAs Verwendung von Barbra Streisands »The Way We Were« in »Tearz« (1993), einem Track des Wu-Tang Clans. Im deutschen Hip-Hop wurde das Sampling zu einem juristischen Streitfall zwischen der Electro-Band Kraftwerk und dem Hip-Hop-Produzenten Moses Pelham, der einen zweisekündigen Tonfetzen aus einem Kraftwerk-Song entlehnte. Der Fall beschäftigt diverse Gerichte seit über zwanzig Jahren – und wurde noch immer nicht abschließend entschieden.

Straßenrap Die Verse sind gewitzt, lausbubenhaft oder auch *street smart*, wie man im Englischen sagen würde. Der Stil ist oft genauso hart und dreckig wie die Straßen, aus denen er kommt. Straßenrapper:innen glorifizieren im Unterschied zum → Gangsta Rap aber eher die Kleinkriminalität und konzentrieren sich auf die Erzählung der eigenen Wohngegend und der unmittelbaren kameradschaftlichen Gemeinschaft, so z. B. in Nas' »Memory Lane (Sittin' in da Park)« (1994) oder Sidos »Mein Block« (2004).

Studentenrap bezeichnet eine bisweilen klamaukige, sich zumindest nicht allzu ernst nehmende und teilweise arrogant »reflektierte« Spielart des → Conscious Rap, die sich radikal vom → Gangsta Rap und → Straßenrap unterscheidet und, so das Klischee, von Rapper:innen mit Hochschulreife für Hörer:innen mit Hochschulreife gemacht ist. Die Münchner Gruppe Blumentopf, deren Mitglieder sich selbst als »Jungs aus dem Reihenhaus« (2001) beschrieben haben, ist ein Paradebeispiel für dieses (klein-)bürgerliche und im wohlwollenden Sinne harmlose Genre im Hip-Hop.

Trap Zunächst die in Atlanta, Georgia, gängige Slang-Bezeichnung für einen Ort, an dem Drogen illegal verkauft werden. Darauf basiert ein vornehmlich aus den US-amerikanischen Südstaaten stammender Hip-Hop-Sound, der textlich von Erzählungen des Drogenhandels und musikalisch von tiefen Bässen, dahinmahlenden Rhythmen und überdurchschnittlich beschleunigten Hi-Hats geprägt ist. Mit Doubletime wird der Beat zwischen 50 und 90 bpm variiert, die Stimmen der Rapper:innen werden oftmals tiefer gepitcht.

Underground Rap →Alternative/Independent/Underground Rap

West Coast →East/West Coast